怒發衝冠
憑闌處
瀟瀟雨歇
抬望眼
仰天長嘯
壯懷激烈
三十功名塵與土
八千裏路雲和月
莫等閒
白了少年頭

王曾瑜 著

河南大学出版社

滿江紅

[陆] 关山怅望

图书在版编目(CIP)数据

满江红.关山怅望/王曾瑜著.－郑州:河南大学出版社,2014.9
ISBN 978-7-5649-1622-0

Ⅰ.①满…　Ⅱ.①王…　Ⅲ.①长篇历史小说－中国－当代
Ⅳ.①I247.5

中国版本图书馆 CIP 数据核字(2014)第 222448 号

责任编辑　王四朋
责任校对　陈广胜
封面设计　王四朋

出　版	河南大学出版社
地址:	郑州市郑东新区商务外环中华大厦2401号　　邮编:450046
电话:	0371－86059701(营销部)
网址:	www.hupress.com
排　版	郑州市今日文教印制有限公司
印　刷	开封智圣印务有限公司
版　次	2014年10月第1版　　印次　2014年10月第1次印刷
开　本	710mm×1000mm　1/16　　印张　18
字　数	260千字　　定价　229.00元(7册)

(本书如有印装质量问题,请与河南大学出版社营销部联系调换)

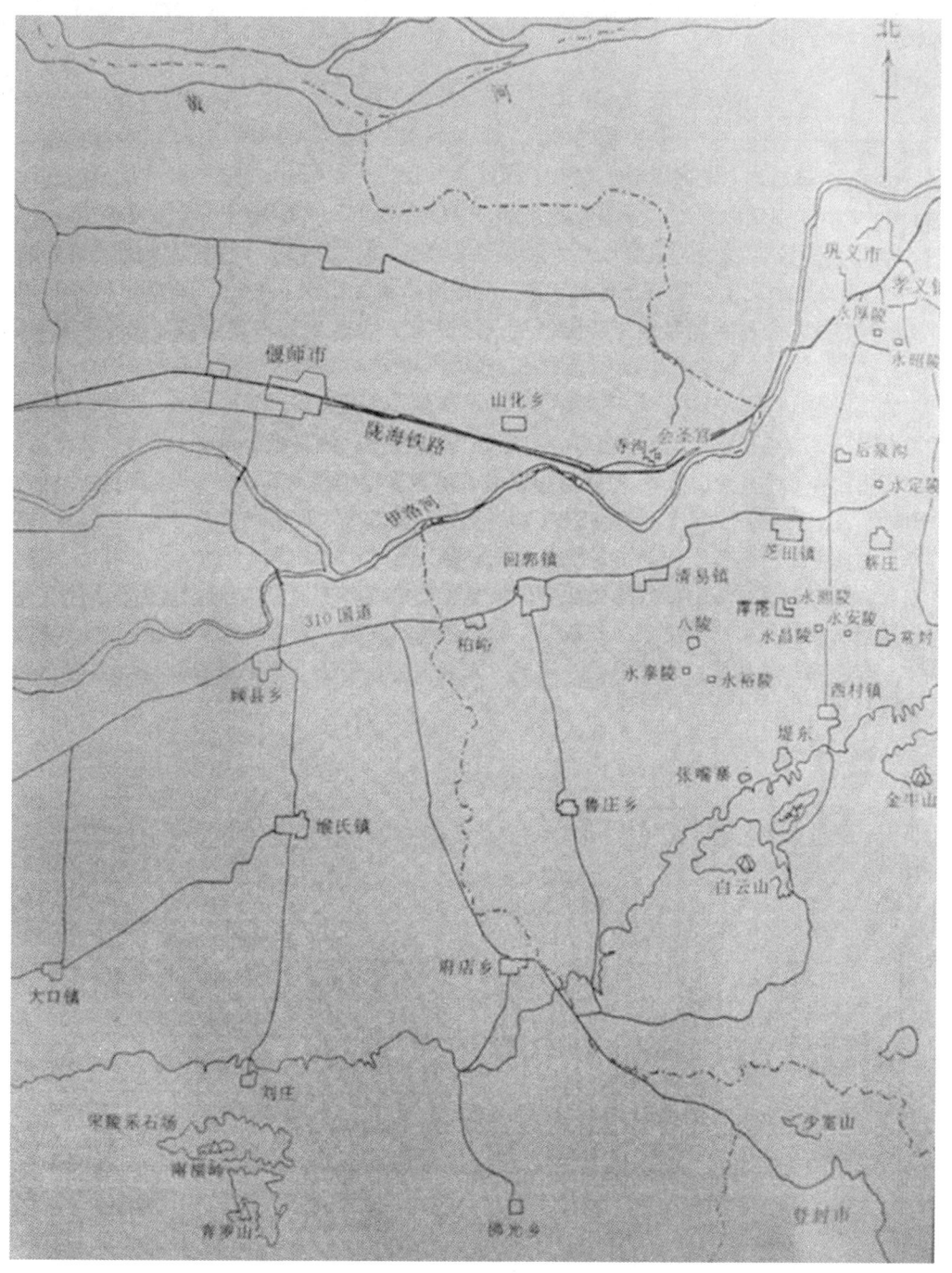

北宋皇陵地理环境图

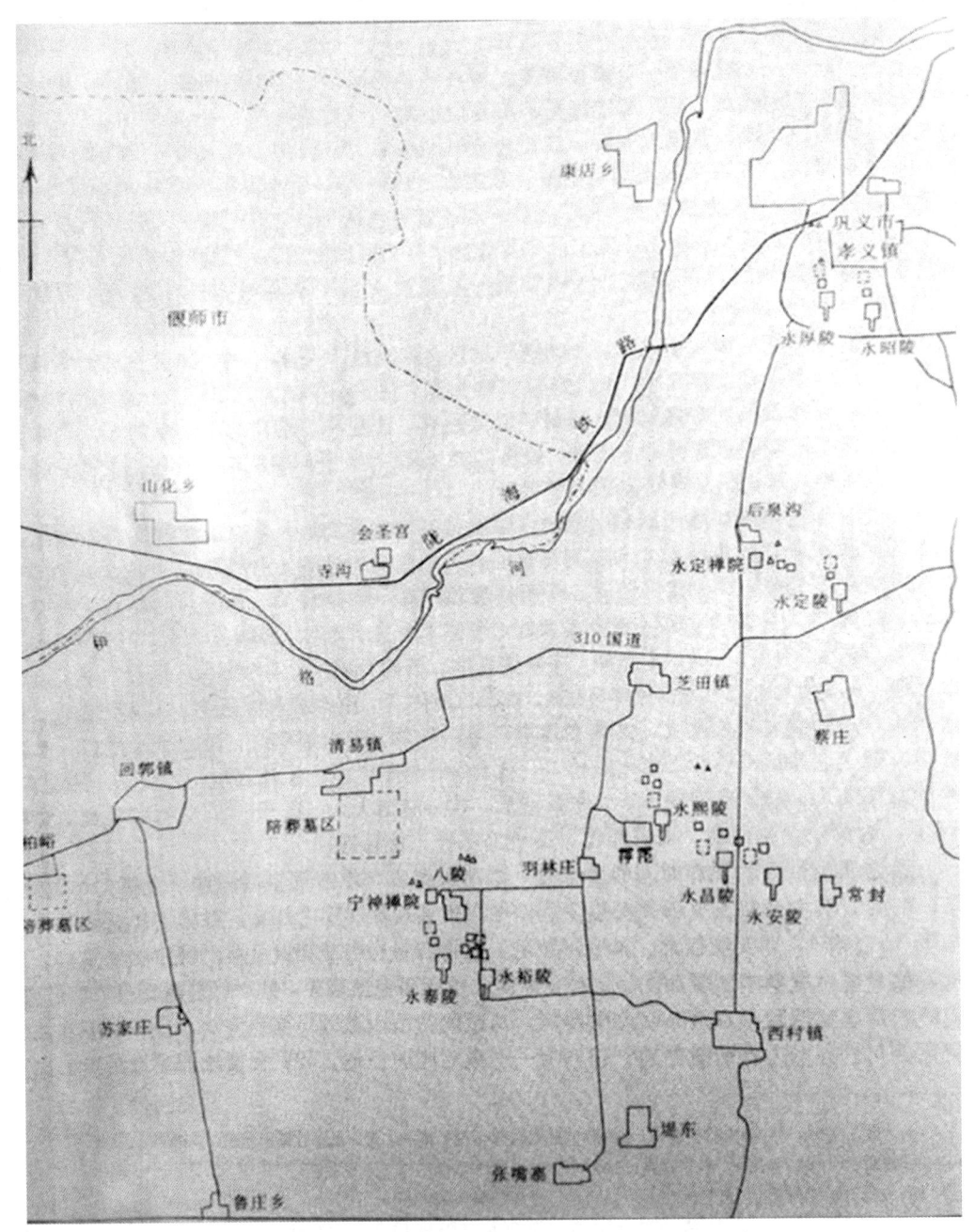

北宋皇陵陵墓分布图

宋太祖永昌陵全景

宋太宗永熙陵东列石雕像

宋真宗永定陵全景

宋哲宗永裕陵全景

北宋皇陵西列石雕像

宋陵神路

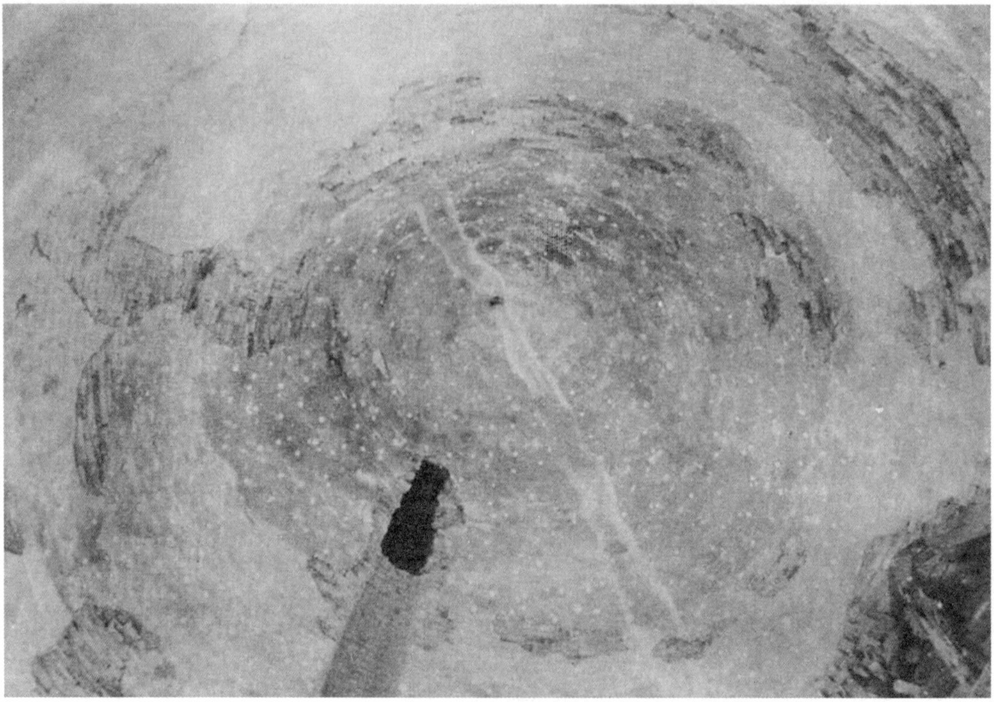

北宋皇陵墓室顶部星象图

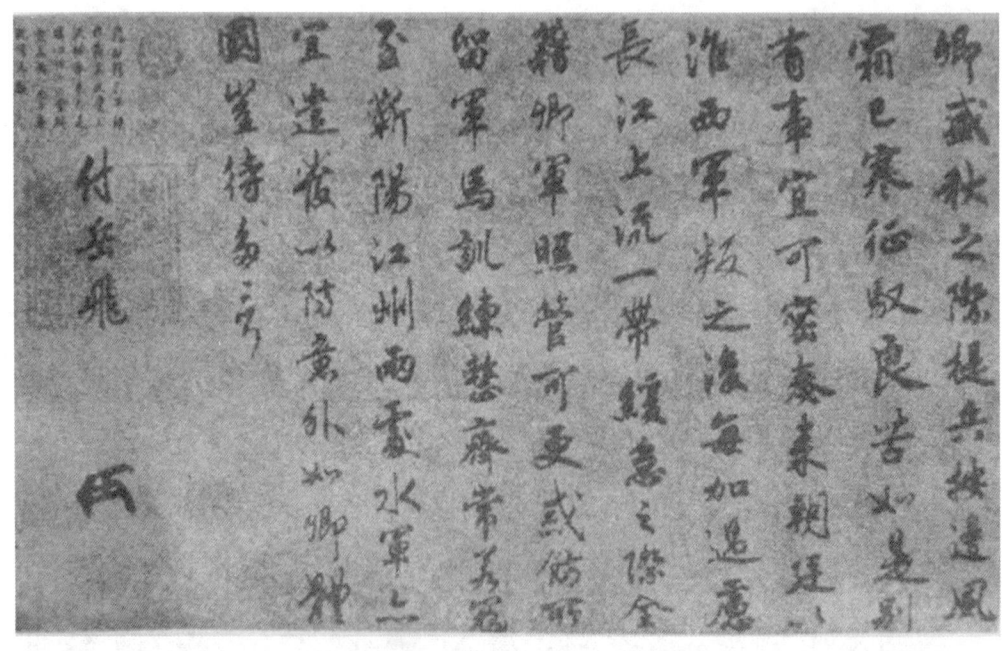

宋高宗《赐岳飞手敕》

重要人物表

张浚　宰相。
宋高宗赵构　宋徽宗第九子,南宋开国皇帝。
赵鼎　宰相。
秦桧　枢密使,后再任宰相。
王癸癸　秦桧妻。
沈与求　同知枢密院事。
陈与义　参知政事。
刘豫　金朝所立伪齐子皇帝和臣皇帝。
完颜挞懒　汉名昌,右副元帅。
完颜兀术　汉名宗弼,金太祖子,元帅左监军,人称四太子。
金熙宗完颜合剌　汉名亶,金朝第三代皇帝。
完颜粘罕　汉名宗翰,领三省事。
完颜蒲鲁虎　汉名宗磐,金太宗长子,领三省事。
完颜斡本　汉名宗幹,金太祖庶长子,领三省事。
完颜谷神　汉名希尹,尚书左丞相。
高庆裔　渤海人,尚书左丞。
萧庆　契丹人,尚书右丞。
岳飞　武胜、定国军节度使,荆湖北路、京西南路宣抚使,为南宋方面军统帅。
王贵　提举一行事务、中军统制。
张宪　同提举一行事务、前军统制。

薛弼　参谋官。

李若虚　参议官。

黄纵　主管机宜文字。

岳雲　岳飞长子,书写机宜文字。

于鹏　干办公事。

张节夫　干办公事。

王庶　荆南知府,后任枢密副使。

胡寅　永州知州。

胡铨　枢密院编修官。

黄彦节　宦官。

张莺哥　宋高宗婕妤,后为婉仪。

赵瑗　宋太祖七世孙,宋高宗养子,后为宋孝宗。

韩世忠　宣抚使,为南宋方面军统帅。

陈公辅　左司谏,后任礼部侍郎。

李娃　岳飞后妻。

高芸香　张宪后妻。

岳雷　岳飞次子。

巩岫娟　岳雲妻。

牛皋　左军统制。

徐庆　右军统制。

寇成　后军统制。

郭青　背嵬军同统制。

王俊　前军副统制。

慧海　庐山东林寺住持僧。

李纲　前宰相,江南西路安抚制置大使、兼洪州知州。

孙革　干办公事。

王敏求　干办公事。

吕祉　兵部尚书、都督府参谋军事。

张宗元　兵部侍郎、都督府参议军事。

王德　行营左护军都统制。

郦琼　行营左护军副都统制。

张守　参知政事。

张俊　宣抚使,为南宋方面军统帅。

张去为　宦官。

吴金奴：　宋高宗才人,后为皇后。

赵璩：　宋太祖七世孙,宋高宗养子。

赵不尤　宋朝皇族,背嵬军第一将副将,改任横州知州。

高林　副都训练,改任背嵬军第一将副将。

芮红奴　原是岳翻妻,改嫁高林。

李光　江南西路安抚制置大使、兼洪州知州,后任参知政事。

管蕙卿　李光妻。

宇文虚中　宋朝降臣,金人尊为"国师"。

洪皓　宋使。

李清照　女诗人,号易安居士。

完颜讹鲁观　汉名宗隽,金太祖子,左丞相。

王伦　宋使。

王继先　医官。

吕颐浩　前宰相。

范同　吏部员外郎,后任参知政事。

赵士㒟　同判大宗正事、祗谒陵寝使。

张焘　兵部侍郎、同祗谒陵寝使。

柔福帝姬赵嬛嬛　宋徽宗第二十女,封福国长公主。

高世荣　驸马都尉。

朱芾　参谋官。

郑亿年　秦桧亲戚,金朝归宋官员。

杜充　宋朝降臣,金朝行台尚书省右丞相。

冯益　宦官。

王燕哥　新兴郡夫人,绰号一丈青。

宋金时代语汇简释

梓宫　皇帝的棺材。

谅阴　帝王守丧。

冬学　见本书第一卷《靖康奇耻》一五　尽忠报国。

村书　见本书第一卷《靖康奇耻》一五　尽忠报国。

奉朝请　宋时赋闲的官员每月初一、五日、十日、十五日、二十一日、二十五日，共计六天，上朝立班，称为奉朝请。

台谏官　宋代称御史台官员为台官，称谏议大夫、司谏、正言为谏官。由于两类官员的职责在事实上有所重叠，故常合称为台谏官。按照儒家伦理，称职的台谏官应是敢于直言。

偶语　私下议论，散布流言。

宣判　宣抚判官简称。

添差　官员有固定编额，额外增加，往往冠以"添差"两字，添差官一般只领俸禄，不管事务。

承局　小军官的一种名称。

枢副　枢密副使简称。

和买绢　南宋的一种苛捐杂税，税额很重，民间须向官府缴纳丝绢，负担很大。

监丞　军器监丞、将作监丞等的通称。

员外　员外郎简称。

八坐　六部尚书的别名。

编修　枢密院编修官简称。

提刑　提点刑狱简称。

给事　给事中简称。

端明　端明殿学士简称。

运副　转运副使简称。

开府　开府仪同三司简称。

参政　参知政事简称。

迪功　迪功郎简称。

资政　资政殿学士简称。

大 事 记

绍兴七年正月,秦桧任枢密使。

宋徽宗死耗传到南宋行朝。

岳飞启程赴行在平江府。

二月,岳飞面奏时,以良马与驽马为喻。

岳飞赴资善堂会见赵瑗。

宋高宗将行在迁往建康府,岳飞随行。

三月,宋高宗召岳飞至寝阁,特命他统率全国大部份兵力北伐。

岳飞上奏,提出军事计划,并表示功成身退之意。

张浚和秦桧说服宋高宗,取消成命。

张浚召见岳飞,暗示取消成命,因岳飞直言,彼此不欢而散。

岳飞提出辞呈。

左司谏以陈公辅婉言为岳飞辩护,谏劝宋高宗。

四月,张浚委任宣抚判官张宗元到鄂州。张宪、薛弼等设法抚定军心,调解关系。

岳飞在庐山东林寺守孝,不愿复职。李纲亲到庐山,以行规劝。

五月至六月,岳飞上奏待罪。

岳飞返回鄂州,上奏请求率本军单独北伐。

七月,金廷处死完颜粘罕。

八月,庐州发生郦琼兵变。

张浚被劾罢相。

九月,赵鼎复相,与秦桧决计将行在迁至临安府。

岳飞到建康府朝见,奏请宋高宗立皇储,受到呵斥。

李纲上奏反对迁都,而被削职。十一月,李光到洪州,接任江南西路安抚制置大使。

金朝废伪齐。

完颜挞懒命宋使王伦等南归,转达愿和之意。

绍兴八年正月,宋高宗命王伦再次出使,与金和谈。

吕颐浩举荐王庶任枢密副使。

二月,南宋行在正式复回临安府。

三月,王庶视察沿江各军。

岳雲兄弟到楚州韩世忠军中,与生母刘巧娘相会。

六月,金使兀林答撒卢母到临安会谈。

自夏至秋冬,金廷和宋廷都为和战发生激烈争议。

九月,岳飞、韩世忠和张俊三大将到临安朝见,申述不同政见。

李清照拜访韩世忠和岳飞,韩世忠为李清照解难。

十月,秦桧施展奸计,赵鼎罢相。

李光赴行朝,王庶和胡铨夜访李光。王庶罢枢密副使。

十一月、十二月,朝野抗议对金屈膝媾和。胡铨张胆论事。秦桧等代宋高宗向金使跪拜称臣。

绍兴九年正月,岳飞上表奏,继续反对降金乞和。

三月,赵士㒟和张焘到鄂州。

四月,岳飞命张宪、岳雲护送赵士㒟和张焘,北上祭扫北宋皇陵,赵士㒟代念柔福帝姬祭文。

七月至八月,金廷政变,杀完颜挞懒等人。

九月,岳飞赴临安府朝见,收留抗金义士李宝。

十二月,李光罢政。

绍兴十年正月,李纲病逝,一丈青前往吊祭。

目 录

[壹]　秦桧重新执政　1
[贰]　过时的哀悼　9
[叁]　良马对　17
[肆]　资善堂的特殊会见　24
[伍]　寝阁特命　30
[陆]　变卦　35
[柒]　且疑且用　41
[捌]　释疑　45
[玖]　复职的曲折　52
[壹零]　淮西兵变　61
[壹壹]　张浚被劾　赵鼎复相　71
[壹贰]　建议设立皇储　79
[壹叁]　决议迁都　李纲赋闲　90
[壹肆]　完颜粘罕的末日　100
[壹伍]　伪齐臣皇帝的废黜　112
[壹陆]　行在搬迁前后　120
[壹柒]　特殊的辞旧迎新　128
[壹捌]　勇将自尽　母子相会　135
[壹玖]　从庐州到鄂州　147

［贰零］　金使南下　154

［贰壹］　宰执廷争　泪水妙用　163

［贰贰］　三大将朝见　170

［贰叁］　秦桧独相　179

［贰肆］　张胆论事　187

［贰伍］　跪拜成礼　197

［贰陆］　可忧而不可贺　205

［贰柒］　八陵之痛　214

［贰捌］　骨肉相屠　226

［贰玖］　面折廷争　238

［叁零］　苦心筹划　246

［叁壹］　李光罢政　254

［叁贰］　巨星陨落　263

岳家军在绍兴四年冬到六年冬,先后救援淮西,平定杨幺叛乱,举兵北伐,扬威南北。然而正当岳飞准备继续大举用兵之际,宋高宗的政策却出现了明显的转折。本书继第五卷《扬威南北》之后,叙述自绍兴六年冬到十年初宋金双方内部激烈的和战争议。宋高宗开始重新起用秦桧,置忠义之士的面折廷争于不顾,全力进行对杀父之仇称臣的屈辱和议。李纲在屡遭打击之后抑郁辞世,抱终天之恨。

[壹]
秦桧重新执政

绍兴六年(1136年)十一月,右相兼都督张浚返回行朝。现在是张浚最感得意的时刻,对刘豫进犯措置的正确,使自己在与左相赵鼎的明争暗斗中,完全居于优胜者的地位。他未回平江府前,就指使一些文人,针对赵鼎和参知政事折彦质的惊惶失措,写成若干首讽刺小诗,传播朝野。他还听说,一些台谏官已经对赵鼎和折彦质上了弹劾奏疏,而赵鼎和折彦质也已分别向皇帝上了辞职奏。

踌躇满志的张浚并不先去政事堂,与赵鼎、折彦质哪怕是做礼貌性的会见,而是径赴行宫面对。宋高宗当然很乐意接见这个自前沿凯旋归来的右相。张浚到便殿按常例行礼,"恭祝圣躬万福"以后,宋高宗高兴地说:"此回却贼之功,皆出右相之力。非卿识虑高远,出人意表,何以破贼在旬日之间。"张浚听后,犹如醍醐灌顶,甘露润心,但他在表面上却采取谦避的态度,说:"此皆是陛下英果独断,不为群议所摇,臣唯是秉承圣旨,又何功之有?"

当时宋廷还没有接到敌人再犯岳家军防区的奏报,宋高宗说:"此回虏人慑于前年冬犯淮上失利,不敢轻易举兵,而逆贼刘豫遭此大败。自今而后,东南自当奠安。"张浚说:"陛下虽是巡幸东南,而一食之间,未尝不思念二圣,一席之上,又何尝不焦虑中兴。如今刘豫僭窃,人神共愤,若不能及早剪除,又何以立国?臣请乘战胜底兵威,于明年督诸将出师,一举讨灭伪齐,收复河南地界。然而刘光世身为大将,不能上体圣意,纵情声色,骄惰玩敌,亦不可不罢。不罢刘光世,便难以举兵北向。"

宋高宗说:"此是大事,卿可曾与赵鼎计议,他又有甚说?"他虽然已经接到赵鼎的辞职奏,但并没有下定罢相的决心,所以要想听一下赵鼎的议论。张浚心里不免有点不快,在他看来,赵鼎下台已是指日可待,何须与赵鼎商量,但嘴上只能说:"臣违离阙下已是三月,急欲瞻拜圣颜,尚未去政事堂。"宋高宗说:"卿可与赵鼎熟思详议。"张浚尽管内心一万个不情愿,也只得说:"臣恭领圣旨。"

张浚退殿以后,稍事休息,就来到政事堂,会见赵鼎和折彦质。双方虽然内心都怀着某种敌意,但在表面上仍然虚与委蛇,尤其是赵鼎,处处要显示他的雍容大度,对张浚再三表示慰劳之意。政事堂举行夜宴,为张浚洗尘,赵鼎和折彦质又轮流向张浚敬酒。在一片似乎是欢快轻松的气氛中,张浚开始按皇帝的旨意,与对方讨论实质性的要务,他把讨伐刘豫和罢刘光世兵权两件事重复了一遍。

赵鼎皱着眉头说:"德远锐意于功名,下官岂得不赞助。然而世上万事,须是量力而行。刘豫乱臣贼子,本是俎上肉,然而他倚仗虏人。便是擒灭刘豫,尽得河南故地,德远可保虏人不入侵否?如是虏人再次进犯,又不知怎生抵御?刘光世是将门之子,他底部属往往是他家旧部。下官亦是陕西人,知得陕西将士最重世族。若是无故罢之,窃恐将士不安,易生变乱。"

张浚立即面露不悦之色,责问说:"依元镇底意思,不知中原何时可复?国耻何时可雪?且如行在已依元镇底计议,移跸平江,元镇却待下官不在朝,翻覆奏请,回跸临安,此是甚底意思?"赵鼎显示自己特有的涵养,反而面露微笑,说:"德远不须恁地,自家们皆是为国尽忠,只是所见有异。既是与虏人强弱不侔,宜且自守,待国力完养得强盛,然后可议进取。"他又和折彦质主动给张浚劝盏,以求维持宴会的和睦气氛。

翌日,赵鼎单独面对皇帝。宋高宗表示挽留,说:"卿自辅朕以来,分朕宵旰之忧,多有勋劳,不得轻言去就。"赵鼎却坚决地说:"臣始初与张浚亲如兄弟,不意近日因吕祉辈离间,遂成睽异。如今同居相位,已是势不两立。陛下志在迎还二圣,尽复故疆。张浚近在淮上立功,气势甚锐,当教他尽展平生所学,以副陛下底雄心壮志。张浚当留,臣当去,此是势之必然。"

宋高宗还是再三表示挽留的诚意,赵鼎仍然坚持要求辞职,最后,宋高宗说:"卿且在绍兴府,朕他日另有用卿之处。"赵鼎还是辞谢,说:"臣愚才疏智短,昧于周防,无补于国事底分毫,徒然招致怨咎。须是安分守己,屏迹山林。"但君命不可违,到十二月,赵鼎最终就以观文殿大学士、两浙东路安抚制置大使、兼知绍兴府的头衔,离开平江府,到绍兴府赴任。

张浚得知赵鼎离开政府,兴奋得几乎一夜未睡。他早就盼望有朝一日,能够独掌朝政,得以没有牵扯地施展才智,现在总算是如愿以偿。他考虑最多的,当然是援引新的执政人选,因为折彦质既然与赵鼎同时下台,如今中枢只剩下自己一人,按照制度,是非要任命新的执政不可。

尽管张浚睡眠不足,次日还是精神抖擞地单独面对。宋高宗对张浚说了表示信用和全权委任的话,果然就转入新的执政人选的议题,他说:"赵鼎与折彦质已是离别政府,执政不得无人,依卿之意,当以何人执政?"张浚说:"依臣底愚见,第一便是秦桧。秦桧在靖康末围城中底大节,世所共知。任相时虽有小咎,愿陛下记功掩过。臣尝与秦桧议论天下事,知得他颇具见识,又深知虏人底情实,若是辅佐陛下,必可济国事。"宋高宗自从上次召见秦桧,已经产生好感,就说:"便依卿奏。然而秦桧曾任右相,若是入朝,当居甚职?"张浚乘机把自己的盘算说出来:"依臣愚见,先教他做枢密使,以便圣明考察。"宋高宗当即准奏,两人又商量其他人选,准备重新起用沈与求。

就在岁末,秦桧以侍候皇帝讲解儒学经典的身份被召到平江府。皇帝正式的召命未发表,而在临安府的秦桧却通过宦官和王继先的渠道,得知这个好消息。秦桧高兴得一夜睡不着,在床上翻来覆去,就把睡梦中的王癸癸弄醒了。王癸癸喜怒无常，有时会因此对丈夫发脾气，但她今夜却带着几分睡意，轻轻抓住秦桧的鬚子，表示亲昵，说："老汉此回煞是时来运转。"秦桧却说："到行朝后，尤须如临深渊，如履薄冰，小心谨慎。且不论天心难测，便是张浚，他虽是志大才疏底小丈夫，如今却是正值得意之秋。赵鼎原是与他同列，一心荐引，而稍有违忤，便翻目成仇。"

王癸癸问道："老汉到行朝，如何与张浚相处？"秦桧说："我料得，张浚荐我，直是教我做三……"他"三旨相公"的后三字尚未脱口，又随即咽到肚里。因为长期以来，被人们讥为素餐尸禄典型的"三旨相公"，正是王癸癸的祖父。此事本书第一卷已有交待。王癸癸不解地问："怎生底？"秦桧连忙改口说："教我做他底备员、伴食。我须是小心伺候，待机而发。"王癸癸到此睡意全消，她大笑说："老汉整日在政事堂陪坐，与张浚饮酒食肉，亦是快活。"秦桧却恶狠狠地说："我岂是张浚掌心中底物事。他处分军国大事，必有失误，日后自当取而代之。"王癸癸说："唯愿老汉日后重登相位，亦教老身得以扬眉吐气。"

秦桧一家来到平江府，已是岁末。国势粗安，又到了一个辞旧迎新的时节，行在开始热闹起来，大批士大夫带来了东京的旧俗，而当地百姓则往往还是沿袭吴地的遗俗，两者并行，或同或异。腊月二十四日，家家户户酹酒，烧纸钱，祭灶神。东京的风俗是在灶上贴灶马，用酒糟涂抹灶门，称为醉司命，而吴地的风俗则是男子用熟烂的猪头、双鱼和豆沙粉饵团祭祀灶神，女子却必须回避。祭祀的目的是让灶神醉饱之后登天门，无法向昊天上帝奏禀各户的坏处。腊月二十五日，按吴地的风俗，家家户户吃豆粥，除了优质稻米和豆之外，另加姜丝、桂屑和蔗糖。宋时蔗糖的产量尚不多，并且还没有漂白技术，只是食用红黑色的原糖，称为"砂糖"。从当天开始，人们在大街小巷不断地烧爆竹和火盆。前面已经交待，宋时的爆竹是用竹子，把竹烧得通红，在石阶或硬地上猛击，就会发出响亮的爆裂声。在各家门前都安放火盆，在盆里燃烧豆秸、干柴甚至带叶的青枝。于是整个府城就被青烟所笼罩。这些风俗都是为了驱祟。人们不论贵贱，都戴上一朵丝质的大白蛾花。

张浚独坐都堂，闲着无事，就举行一次特别的夜宴，邀请秦桧一同喝豆粥。用的是一套处州龙泉窑新近出产的粉青釉食具，吏胥们捧上两碗香喷喷、热腾腾的豆粥,还有一盘四川遂宁府所产的糖冰。秦桧赞叹说:"粉青釉赛似青玉,煞是青瓷底绝品。下官乡贯建康,久闻吴地豆粥甘滑无比,今日才嗅其味,已是不胜馋欲。"张浚说:"久闻吴米如珠,到得此地,方知所言非虚,自家底故土蜀中无此上好稻米。"他用银筷指着盘里的糖冰说:"然而蜀中底糖冰,又是天下无双。"他说完,就用筷夹了一块糖冰,放在粥碗里搅拌。秦桧其实还是见过糖冰,却故意说:"闻得有人赋诗云:'不待千年成琥珀,直疑六月冻琼浆。'今日得见,煞是名不虚传。此亦是四川地灵,便产物华与人杰。"他也跟着用银筷夹起一块糖冰,放入粥里。

张浚也听得出,秦桧所谓"人杰",当然是指自己,就哈哈大笑。秦桧起身为张浚注上一盏美酒,说:"闻得吴人吃豆粥,只为疫鬼闻香,便无处藏身。唯愿张相公明年称心如意,大展宏图。"张浚也为秦桧注上一盏酒,说:"会之满饮此盏枢密酒。"按古代的君臣伦理,秦桧当枢密使只能是君恩。秦桧明白,在任命还没有正式发表前,张浚抢先向自己发布这个消息,当然是要自己感恩戴德,就说:"下官若得受张相公驱策,便了却平生底志愿。"张浚更加高兴,说:"自家唯是愿与会之同辅明主,助成中兴大业。"两人又哈哈大笑起来。

秦桧虽然还没有当上执政,但宋高宗有意让他陪同张浚面对。张浚口奏,再次复述迁都建康的重要。宋高宗对秦桧说:"秦卿以为如何?"秦桧说:"建康是臣故里,臣须避嫌,难以面陈曲折。"宋高宗说:"卿须以国事为重,何须避嫌。"秦桧说:"移跸建康底道理,张相公已是备述无余,臣亦是难以另有议论。"宋高宗笑着说:"既是恁地,可教词臣草诏,于来年正旦播告遐迩,知朕未敢安处江左,寤寐不忘二圣之意。"

转眼就是绍兴七年(1137年)元旦,宋高宗仍然不可能按东京旧例举行大朝会,只是下令百官放假,自己在齐云楼与妃嫔宴饮。吴才人说:"臣妾与张娘子于绍兴四年冬到福建路,未得与官家在平江府欢度新春。闻得官家欢庆虏、伪退兵,在行宫稍行东京旧俗。吴地元宵,亦有灯会,臣妾今与宫女结扎得一盏龙灯,献于官家。"宋高宗高兴地说:"且将龙灯取来,待朕一观。"宫女和宦官把龙灯拿来,这盏龙灯足有八宋尺长,以琉璃做眼珠,整个身体和鳞片是用红、黄、白三色碎罗拼成,确是做得十分精致,栩栩如生。

宋高宗大悦,说:"且待元宵张挂齐云楼头,以示大宋国运稍安,与民同乐底意思。"张婕妤说:"臣妾偶读本地风俗志,当太平时节,郡城坊郭户在坊巷挂灯,常以连枝竹缚成洞门,或有数十重,而河港船户亦各于桅樯上置灯,远处望去,犹如繁星。"宋高宗感到兴趣,说:"此亦是东京所未有,此间元宵灯会有甚名灯?"张婕妤说:"吴地灯亦是名目繁多,其中以莲花灯最多,其他如犬灯、鹿灯、琉璃灯、栀子灯、葡萄灯、月灯、小球灯、大滚球灯、大方灯、马骑灯之类,尤以万眼灯工夫妙于天下。"宋高宗问道:"甚底是万眼灯?"张婕妤说:"此是以碎罗红、白两色相间而砌成,有一万眼。"

宋高宗立即命令张去为说:"可去晓谕知府,教他做一个万眼灯,献于行宫。"张去为说:"小底领旨!"宋高宗感到做一个万眼灯还不过瘾,又说:"你可以自家底意思晓谕知府,如今大兵大灾之后,已是八年,民间生理粗足,亦须迎春行乐,可教百姓依旧俗举行灯会。"张去为已经明白皇帝的用意,宋高宗不愿明目张胆命令平江知府,以免张扬,招惹一些臣僚上奏谏诤,说是国耻未雪,皇帝岂能宴安耽乐,但又必须让平江府城举行元宵灯会,以便自己在子城上观灯,就说:"官家底圣意,小底已自理会得,当以己意晓谕知府。"宋高宗知道张去为已经领悟自己的圣意,就面露笑容,不再多说。

万眼灯很快由知府私下交付张去为。在元宵之夜,平江府城的坊郭户,果然在知府的强迫命令下,不论贫富,一概出资,到处张灯结彩。宋高宗与妃嫔们在行宫的子城上俯瞰灯景,欢度良宵,自不必细述。

秦桧因王继先的事先通报,再加上张浚敬他饮"枢密酒",满以为做枢密使,已是十拿九稳,不料皇帝此项任命,竟迟迟不发表,又使他纳闷。在元宵之夜闲着无事,就换穿便服,辞别王癸癸,准备带着砚童,出外观灯。尽管秦桧今年已有四十八岁,但王癸癸对他的管束却丝毫不放松,秦桧完全明白妻子的意思,所以特别让砚童随从,就是为了使妻子放心。王癸癸近日心境颇好,但是遇到丈夫单独私行,还是免不了耳提面命:"老汉出外观灯,亦是赏心乐事,然而不得寻花问柳,须于三更前回家!"她一面叮咛,一面给砚童使眼色,砚童也马上以眼神回答女主人。秦桧对妻子诺诺连声,然后与砚童出门。

秦桧与砚童在熙来攘往的人群中穿行,街市的各式灯景,也令人眼花缭乱,目不暇接。秦桧虽然曾与砚童私下通关节,瞒昧过王癸癸。但王癸癸既已发令,三更前必须回家,寻花问柳就断无可能。尽管如此,秦桧还是不忘在灯月交辉之中,睁大眼睛搜索,如有美女,哪怕看上一眼,也可稍解馋欲。

主仆俩来到一座露台前,只见台上有一对伶人在说诨话。伶人并不是用当地方言,而是一口道地的京腔,当然是北方的流寓者无疑。原来宋时是以洛阳话作为标准语,而开封话与洛阳话几乎没有差别,读书人念书、赋诗、填词之类,都是以洛阳话作为标准音。

一个伶人打扮成官员,另一个伶人打扮成宦官。官员首先向宦官长揖,显出摧眉折腰的媚态,而宦官却摆出挺胸凸肚,爱理不理的模样。官员说:"下官拜见冯五大官。"宦官说:"秦八教授,别来无恙。"官员说:"下官今敬献二千贯,意欲觅一个优便差遣。"宦官说:"二千贯,且通判。"官员无可奈何地叹口气,说:"且追加三千贯。"宦官说:"五千索,直秘阁。"官员说:"下官再敬献一斗珍珠。"宦官笑脸初绽,说:"斗量珠,便龙图。"官员说:"下官养得一对金色鹁鸽。"宦官惊讶地说:"难道天下鹁鸽竟有金色,速献于我,你从此必是宦运亨通。然而你若是觅得绝色女娘子,又胜似鹁鸽十倍。"官员问道:"冯五大官已是净身,便是美姝,亦难以受用。"宦官立即纵声大笑,笑而不答。表演结束,台下观众爆发出一阵经久不息的欢呼和喝彩声,只有一个人却恨得咬牙切齿,他就是秦桧。

这段表演是根据讽刺时政的民谣改编的,其中的"冯五大官"无疑是以冯益作为原型,但又有意将他的排行减落一个"十"字,而"秦八教授"其实并无固定的讽刺对象。秦桧曾经当过密州州学教授,他做贼心虚,对号入座,认为伶人是在讥刺自己,尽管他本人的排行又不是第八。秦桧恨不得当时就把两个伶人处斩,但转念自己如今还是无权,决定咽下这口气。他再无观赏灯景的闲情逸致,就要回家。砚童正玩得开心,突然发现主人变脸变色,也不便多问。

王癸癸见秦桧不到二更返回,颇有点意外,就发问说:"老汉如何败兴而归?"秦桧被妻子一问,反而有几分尴尬。王癸癸起了疑心,就厉声问砚童："难道他要去花街柳巷？"砚童说："秦相公观看露台伶人说诨话，便要归来。"王癸癸又问："伶人说什么诨话？"砚童又介绍情况，王癸癸到此已经明白，反而纵声大笑，说："秦八教授不是秦十相公，老汉何苦自寻烦恼。常言道，宰相肚里可划船，老汉底心胸，如何容不得一段诨话。"她说完，就亲切地抓住秦桧的髯子，把他拉入卧室。

延挨到正月二十五日，秦桧的枢密使任命终于发表，由于他曾任宰相，所以宋高宗特别规定，他的一切官场待遇完全依宰相的规范。就在秦桧重新执政的同一天，宋廷得到宋徽宗死耗。在秦桧之前，宋高宗已重新任命沈与求为执政，出任同知枢密院事，又任命陈与义为参知政事。

[贰]
过时的哀悼

在本年度第三次战败之余，刘豫又在文德殿召见刘復、李成等一批败将。他显示出无所谓的态度，颇出大家意料，其实，这是一种今人所谓破罐破摔的心理。刘豫反而安慰说："胜负乃兵家底常事，众卿已是努力。朕今日慰劳众卿，各赐白银五百两。"众人没有想到除了预赏第宅一区，宫女十名以外，又在兵败之后，另有赏赐，于是一齐叩头谢恩。接着，刘豫又厉声对刘復说："卿用兵不当，临阵先遁，不可不罚。可削除知济南府底差遣，闭门思过。"刘復也没有料到自己身为皇弟，居然与众将赏罚有别，气得红涨着胖脸，却又不得不下跪，说："罪臣叩谢皇恩。"

众人退殿后，刘豫又屏退宦官，一人在殿里踱步思考。他现在已不担心兵败，反而希望宋军向河南地区发动进攻，以便请求金军渡过黄河，前来决战。他真正担心的，是金人对自己不满，要废除臣皇帝的帝位，另立宋钦宗之子赵谌。他冥思苦想了半天，就下令召见皇子府参谋冯长宁，命令他挟带大批珍宝前去金朝会宁府御寨，请求金朝册封刘麟为太子。刘豫希望通过立太子，藉以堵塞另立赵谌的图谋。他当然不能将自己的用心向冯长宁和盘托出，但对如何打通各方面的关节，却布置得非常具体，最后说："卿此回若得乞大金册封太子，便是大齐社稷底第一功臣，朕当不吝封赏。"冯长宁也多少明白此项任务的艰难，只能说："臣当勉力前去，庶几不负陛下圣恩。"

冯长宁渡河以后，第一步当然是到燕京元帅府，参拜金朝右副元帅完颜挞懒和元帅左监军完颜兀术。当时金朝没有设都元帅等更高的军职，这两人就是军中权位最高者。宋廷派遣的修武郎何藓早已在燕京停留两年,金方只是把他安排在馆舍中,不予接见。冯长宁到达后,金方有意将他安排在同一馆舍住宿。宋齐双方的使者得知此事,却互不往来。

三天之后,完颜挞懒和完颜兀术在城西南原辽朝行宫的武功殿上,接见冯长宁,却没有给他赐座。冯长宁按刘豫的事先安排,奉上两份厚礼和两封内容相似的书信。信中刘豫以最卑屈的言词,请求将自己的皇子册封为太子。冯长宁只能叉手站立,他也按刘豫的意图,说了一些话。完颜挞懒和完颜兀术互相用女真话交换了一阵意见,完颜挞懒最后对冯长宁说:"齐国臣皇帝立太子,此是大事。我正要前往御寨,你可随行。"冯长宁感到对方没有表示反对,已是上上大吉,就诺诺连声而告退。

完颜挞懒次日就与冯长宁启程,与此同时,完颜兀术也按完颜挞懒的吩咐,在武功殿接见何藓。何藓入殿行揖礼毕,完颜兀术就通过通事翻译说:"你来此已久,自当放你南归。你可归报康王,赵氏老主、昏德公已于天会十三年四月二十一日病故。在此之前,昏德公妻郑氏亦于天会八年九月初五病故。教你归报,须是教康王知大金底厚恩。"何藓一时惊得目瞪口呆,通事说:"你尚不谢恩!"何藓只能含泪向完颜兀术叩头,说了谢恩的话。通事又翻译说:"四太子教你收拾行李,于明日离得燕京,回归江南。"于是何藓再次谢恩,然后离去。

完颜挞懒北上,冯长宁一路上察颜观色,小心侍奉。他知道完颜挞懒对刘豫已有颇深的嫌隙,也希望设法稍微缓和那种相当僵化的关系,却无成效。完颜挞懒对冯长宁本人还是比较善待,但只要提及刘豫,就毫不掩饰对他的冷峻和鄙视。冯长宁明白,在立皇子的问题上无论如何也无法指望得到完颜挞懒的赞助。

天会十五年,即绍兴七年初,他们到达东北会宁府御寨。冯长宁按刘豫的指令,首先找到尚书左丞高庆裔,接着在高庆裔的安排下,拜见了领三省事完颜粘罕、尚书左丞相完颜谷神和尚书右丞萧庆,给每人都赠送一份厚礼,并且附有刘豫的亲笔书信。高庆裔私下对冯长宁交待金廷的人际关系,说:"粘罕国相与谷神丞相自当一意赞助大齐立太子。蒲鲁虎郎君与挞懒郎君自来过从甚密,便是卑辞厚礼,切恐亦难以赞助。唯有斡本郎君,他是郎主底仲父,郎主极是亲爱礼敬。此人无才能,却不喜货赂。"

冯长宁说："不喜货赂，便难以通关节，不知高左丞有甚计议。"高庆裔只是摇头叹息，说："更说与你，我与萧右丞虽是官居执政，在廷议时便与木偶土人无异，开口不得。此事唯是你自去陈乞。"他想了一下，又说："郎主在后宫甚是宠溺张娘子，称小西施，已封为妃，你若是献礼，或是有济。"

冯长宁经高庆裔指点，在会宁府紧张活动，将刘豫请求立太子的奏疏呈送金廷，并对上上下下进行贿赂打点，在刘豫的指令之外，他又设法给汉人张妃也转送了一份厚礼。张妃因为是宋俘出身，对宋人十分同情，而对刘豫却非常憎恨。她把收到的珍宝首饰摆满了一桌，金熙宗到她房里，颇感惊异，问道："此等物事从甚处来？"张妃跪倒在地，说："此是刘豫为教郎主册封太子，贿赂臣妾，臣妾岂敢私受贿赂，恭请郎主处分。"金熙宗大怒，说："不料刘豫那厮，竟敢进赂朕底后宫。"说着又急忙把张妃扶起："此等物事，如今便是朕亲赐，张娘子只管受用。"聪明的张妃只是做了这么一个小手脚，就一箭双雕。

金熙宗自然把这件事告诉了"仲父"完颜斡本和"国师"宇文虚中。完颜斡本原先对刘豫请求立太子一事，还是模棱两可，现在也转变态度，而宇文虚中自然与张妃持同样态度，竭力对金熙宗做工作。于是不待廷议，而大局已定。

金熙宗御乾元殿，召见冯长宁。与宋廷的礼仪不同，完颜粘罕等一批群臣还是分坐两旁。冯长宁进殿叩头，说："齐国臣皇帝刘殿下遥祝大金国皇帝圣躬万福。"金熙宗说："齐国臣皇帝底奏疏，朕已亲阅。先帝太宗官家所以立齐国，封刘豫为子皇帝，只为河南百姓拥戴。如今既已称臣勿称子，皇子刘麟是否受百姓拥戴，朕当遣人到河南咨访，然后决断。"金熙宗这席话是宇文虚中所教，既是为刘豫保留一点体面，也可以调和完颜粘罕等人的反对意见。

冯长宁只能谢恩退殿。完颜粘罕等人原来准备在廷议时出面，为刘豫力争，不料金熙宗竟绕开廷议，擅自决定。完颜粘罕不由怒火中烧，但他到此地步，也只能克制自己，说："郎主，依自家底意思，可教高左丞出使河南，体访百姓意愿。"完颜挞懒却用轻蔑的口吻说："刘豫那厮做了八年子皇帝与臣皇帝，日削月朘，百姓怨恨入骨，何须教高左丞体访。"完颜谷神说:"便是刘豫有过失,亦是老郎主生前所立,须是教刘麟做太子。"完颜蒲鲁虎以金太宗长子的身份说:"便是阿爹当年立刘豫,自家们目即亦可废刘豫。"完颜粘罕大吼道:"你如何敢废刘豫?"完颜蒲鲁虎也大吼道:"我如何不敢?"完颜粘罕拔出佩刀,完颜蒲鲁虎也马上拔出佩刀。金熙宗面对这种场面,一点也无法施展郎主的威权,他只能胆怯地望着自己的继父。还是完颜斡本和完颜挞懒出面,把两人拉开。金熙宗一句话也不说,就离开了乾元殿。这场激烈的争吵就此告终,而金熙宗在事后就是不派高庆裔出使河南,完颜粘罕也无可奈何。

完颜挞懒在离开御寨前,特别拉了完颜蒲鲁虎去找完颜斡本。完颜挞懒说:"粘罕已无兵权,却是骄横如旧,待怎生底?"完颜斡本只是叹息不语,完颜蒲鲁虎急不可耐地说:"须是将粘罕洼勃辣骇!"完颜斡本说:"然而粘罕当年追随阿爹灭辽,又统兵破宋,有大功于世。"完颜挞懒说:"郎主既是极喜宇文国师,上回便是教宇文国师设计,定大金新制,教粘罕与谷神不得统兵。怎生诛除粘罕,亦可教宇文国师设计。"他的话算是提醒完颜斡本,完颜斡本说:"便依你底计议。"

再说何藓南归心切,兼程而行,于绍兴七年正月渡过淮水后,就立即向宋高宗递发急奏,报告宋徽宗和郑太后的死耗。宋高宗接到此奏,正值发表秦桧出任枢密使的当天,与此同时,张浚和秦桧也得到了何藓一份内容相同的紧急申省状。当时沈与求和陈与义已先到建康府安排迁都事宜,不在行朝。

按古代的记时习惯,宋徽宗和郑太后的死讯,分别已是晚到三年和八年。张浚接到这份申省状,心里暗自叫苦不迭。因为依照儒家的伦理,对太上皇之死负有政治和道义罪责者,第一个当然是九子宋高宗,可以被指责为不孝,第二个则是现任首相张浚,可以被指责为不忠。张浚此时真后悔自己不该如此性急,把赵鼎挤出政府。如果赵鼎哪怕是晚走半月,首当其冲的就应是左相,而不应是如今独任右相的自己。

张浚哭丧着脸,对秦桧说:"太上皇与太上皇后在异域归天,下官不忠之罪,上通于天,如今尚是叨居首辅,委是无地自容,愧心汗颜,唯有面对主上,恭请主上明赐罢黜,亟正典刑,以为百僚不忠之戒。"秦桧心中暗喜,他真希望张浚因此罢相,自己正好乘机取而代之,但表面上依然装出痛心疾首的模样,说一些得体的话:"臣子一体,下官亦是罪责难逃,唯有与德远见圣主谢罪,同共乞赐罢黜。"

两人连忙临时更换丧服,来到行宫,请求面对。不料宦官张去为传旨说:"官家号恸擗踊,哀不自胜,教张、秦二相公且回都堂。官家心痛意乱,不饮不食,已是不得裁决庶政,又不知祖宗故事当怎生处分,唯恐坏乱了旧制,便成非礼之举。"张浚流泪满面,说:"圣上哀毁过甚,此是臣子底深罪。然而依祖宗之法,便是在天子三日听政之前,大臣亦可以入见。臣等不胜犬马瞻恋之情,不胜忧惧,知得圣上哭踊过甚,切望一见天表。"

张去为进去不久,就把张浚和秦桧引入行宫。在特殊的形势下,宋高宗不能照旧在殿内召见,所以就把会面的地点改在内殿的后庑,皇帝只能坐在一把素木椅上。张浚和秦桧下跪叩头,泣声道:"当此国恤时,臣等切望陛下善保圣躬,切勿哀毁过甚,须以大宋社稷江山为重。"宋高宗也哭泣着说:"卿等少礼。"于是张浚和秦桧起立。

人生一台戏,得表演处须表演。此时此刻,无论是宋高宗还是张浚,其内心世界都十分复杂。宋高宗对宋徽宗不能说完全没有父子之情,而张浚也不能说没有臣子对君父之死的哀痛,但是,彼此都只能用加上几倍的泪水,藉以洗刷各自无可推诿的政治和道义罪责。秦桧的内心其实没有一点哀痛,但是又不能不在一旁陪哭,他完全懂得,自己的泪水不应比皇帝和右相的少。三人哭成一团,半天不说话。秦桧哭了一阵,实在难以再挤出泪水,他真想抢先打破哭局,却又不敢做这种僭越的举动,只能在一边有节制、有礼貌地干嚎。

张浚恸哭多时,感到必须由自己收场,就用悲声慷慨地说:"臣以为天子之孝,自与臣僚、庶民不同,须是仰思祖宗建国,守江山之难,当如何继承宗庙,奉安社稷。如今梓宫未返,天下涂炭,大仇深耻,亘古所无。陛下须是挥泪而起,一怒以安天下之民。此方是圣天子底大孝大德。"宋高宗也咬牙切齿地说:"朕与仇虏誓当势不两立。卿等当为朕急思所以报国复仇底大计。"张浚和秦桧连忙说:"臣等遵旨!"张浚准备退下,又说:"闻得陛下不饮不食,此非是天子之孝,伏望陛下强进饮食。"宋高宗又悲声大放,说:"教朕如何进膳?"张浚急忙下跪,秦桧也连忙随着跪下,两人再三请求皇帝进食,宋高宗最后说:"朕当听二卿底言语,稍进饮食。"张浚用手按住额头,说:"陛下俞允强进饮食,便是天下之大福!"秦桧说:"此是圣天子底大孝至德!"宋高宗嘱咐说:"二卿当检举祖宗底典故,定大行皇帝与皇后底礼仪,奏与朕知。"张浚和秦桧得旨而退。

中国古代的丧礼是大事,更何况是皇帝的丧礼。经过臣僚们的讨论,宋高宗特别下诏,命令各地禁止屠宰三日,各州县佛寺和道观各做道场七天,行在平江府各寺院敲钟十五万次。百官禁乐二十七日,庶民禁乐三日。行在平江府七日之内禁止办婚事,各地赵氏皇族也在得知噩耗三日之内不得嫁娶。古代儿子须为父母守丧服孝二十七个月,但张浚率文武百官上奏,请求遵守以日易月的旧制,宋高宗表示不同意。臣僚们前后七次上奏,申述各种理由,宋高宗才下诏勉强听从,宣布依祖宗礼制,三日后听政,十三日举行小祥典礼,二十七日举行大祥典礼,但自己在行宫仍然行三年丧礼。经过有关官员讨论和皇帝批准,为死去的太上皇确定庙号为徽宗,而郑太后谥宁德皇后,又很快改谥为显肃皇后。

为了两个远在东北异域,其实早已腐朽的尸骨,整个平江府城都笼罩着一片悲悼的气氛,佛寺的钟声梵呗不绝于耳,向全城坊郭户报告大行皇帝殡天的消息。按照宋代的专制伦理,既然天子是代表昊天上帝,治理国家,故不论好坏,理应受到臣民们的顶礼膜拜。宋徽宗在位二十六年,穷奢极欲,挥霍民脂民膏无数,但是,一旦听到凶讯,一些草民还是落下眼泪,他们自动为宋徽宗披麻戴孝。当然,在当时的特殊历史背景下,大行皇帝之死,又成了国难和国耻的象征,激发了不少人的敌忾。

张浚回家后又急忙起草两份文件,一是皇帝的诏书,二是自己的待罪奏。他命令将两份文件送到宫中,而自己就以待罪之身,听候皇帝处分。当天就有宦官前来传达宋高宗的诏命,让张浚依旧视事办公。张浚又再次上奏辞免,皇帝又再传圣旨不准。经过几个来回,张浚就不再上辞职奏,因为他继续占据相位已经获得了合理性和合法性,即使是反对者,也无法对其作出恋栈的讥评了。

宋高宗对张浚所草的诏书文字没有更改,就公开发布,却引起不少批评。张浚和秦桧参加宋高宗听政后的第一次面对,三人都保持着国丧期间的哀容,而宋高宗更略见消瘦。张浚说:"臣等得以再睹天颜,陛下忧戚过甚,圣容清癯。臣委是忧心忡忡,切望陛下以天下大计为重,善保圣躬。"宋高宗说:"朕近日唯是勉强吃粥。"秦桧说:"陛下春秋鼎盛,须是进饭食。"宋高宗又开始流泪,说:"朕委是难以下咽。"于是两个大臣也只能陪着掉泪。

宋高宗说:"闻得颁诏之后,都下议论藉藉。"张浚说:"村秀才们不识大体,唯是指责诏书中未正虏人之罪,不声讨仇敌。然而陛下圣孝,朝廷须是与虏人求索大行皇帝、皇后底梓宫,岂得鲁莽行事。"宋高宗说:"朕已知张卿草诏底深意,故一字不易。"秦桧说:"村秀才们底议论,唯是取快于一时,而无补于国计。"他想建议派遣使者,向金人请求宋徽宗和郑太后的尸骨,又转念这项建议不能抢在张浚之前,就欲语还休。

宋高宗说:"朕以为,目即当遣使者,迎奉梓宫。"张浚说:"此是陛下圣孝,亦足以杜村秀才之口。"秦桧说:"圣虑高远。"君臣经过商量,决定马上任命王伦为奉使大金国迎奉梓宫使,高公绘为副使。宋高宗当即下令,召两人入行宫。

王伦和高公绘进入内殿,向宋高宗叩头,"恭祝圣躬万福",然后由张浚当场宣布两人的任命。宋高宗一面流泪,一面哽咽着说:"二卿曾冒不测之险,出使异域,朕所简知。此回出使,不须与虏人计较礼仪,若能求得归回梓宫,便是为朝廷立大功,朕岂得吝于封赏。你们面见虏酋,可致朕意,河南之地,大金上国既是不欲占有,则与其付与刘豫,不如归于本朝,朕自当与大金永修和好。"张浚没有想到,宋高宗到此地步,竟还是念念不忘向杀父之仇求和,他只觉得皇帝的思维与众不同,言语不当,但又不能出面阻止或纠正。秦桧则心中暗喜,他觉得,皇帝的思考和言语,还是证实了自己原先的估计没有错。

秦桧回家之后,只觉得有一种难以形容的喜悦。王癸癸见到这种情形,觉得有些奇怪,就问道:"如今天子谅阴,群臣哀悼,老汉何以欣喜如此?"秦桧把宋高宗对王伦、高公绘的谈话重复一遍,王癸癸不解地问:"此话怎生教老汉欣喜?"秦桧说:"我曾在朝廷三年,料得主上愿和不愿战。上回面对,主上言道,誓与仇虏势不两立,不料数日之后,便是故态复萌。张浚那厮轻器好战,终有一日,不为主上所喜,下官便当取而代之。"王癸癸说:"且说与你,主上哀痛数日,如今饮食男女已一如往时。"秦桧知道,这是妻子从王继先那里得来的消息,就兴奋地评论说:"饮食男女,人之大伦,吾未闻好德如好色者。既是居危思安,岂得不欲与虏人讲好。煞好!"

[叁] 良 马 对

岳飞率领大军回鄂州后,与家人共同守岁,又欢度新春。元宵刚过,岳飞就接到朝廷的省札,命令他疾速起发,前往行在奏事。岳飞与众将和幕僚商议,决定在自己入朝期间,本宣抚司事务由提举一行事务、中军统制王贵,同提举一行事务、前军统制张宪与参谋官薛弼主持。参议官李若虚押解战俘去行在平江府,还未归来,岳飞决定与主管机宜文字黄纵、书写机宜文字岳雲、干办公事于鹏和张节夫,另带一百名背嵬亲兵,一同入朝。行期定在正月十七日,准备分乘三艘水军战船顺江而下,船上不但住人,也装载马匹。等到了江阴军泊岸,就骑马陆行去行在。

岳飞一行登船,正准备出发,不料荆南知府、荆湖北路经略安抚使王庶突然赶来拜访,岳飞只得临时把他请到船上。岳飞与王庶有几面之交,颇喜欢王庶的刚气,认为这是在文官中相当少见的。王庶正好比岳飞年长二十岁,他是崇宁五年进士,当他中举时,岳飞还只有四岁。尽管岳飞算是王庶的上司,但岳飞见他,是以后辈的身份称"王丈",而王庶则称岳飞表字。

岳飞望着王庶因旅途跋涉而饥疲的面色,就一面昐咐赶紧为王庶准备吃食,一面谈话。王庶带着十分伤痛的表情,取出一纸文字,递给岳飞,说:"此是出使底洪尚书为太上皇所撰底祭文,已传到此间。其中言道'故宫为禾黍','遗民失望而痛心,孤臣久絷唯呕血',读了教人掩涕。"岳飞明白,洪尚书就是指洪皓。他把祭文从头到尾看了一遍,用疑惑的目光望着王庶,说:"或恐传闻失实。"王庶用不容置疑的口吻说:"非是如洪尚书辈忠臣，便不得撰此祭文，决无伪冒之理。"岳飞到此才确定宋徽宗已死，也流下了眼泪，说："下官身为大将，素餐尸位，以致太上皇在龙沙殡天，万诛何赎！"在座的其他幕僚也陪着落泪。

大家哭了一阵，有军士临时为王庶送上点心，王庶边吃边说："如今赵相公罢相，下官曾在陕西与张相公有隙，此回有劳鹏举，将洪尚书底祭文带到都堂，相机行事。"岳飞说："会得。"本书第四卷已交待，张浚在富平兵败之后，王庶曾劝他下定守蜀道的决心。但后来张浚又听信谗言，贬黜王庶，所以王庶说自己与张浚有隙。他又取出一纸文字，说："此是下官所拟事目，以为宜用黄帝鼎湖乘龙升天底故事，奉太上皇底衣冠、弓剑，建造陵庙，葬于名山，举行送终底典礼，使天下与虏人皆知，梓宫归还与否，不足以为国家轻重。若是遣使而不得归梓宫，便当以大兵进讨，因神民痛愤之情，刷宗庙存亡之耻。此亦请鹏举到朝中相机行事。"岳飞说："下官已是理会得王丈底忠心。"王庶把事情交待完毕，就起身告退，岳飞送他上岸，两人长揖而别。

岳飞一行的船队乘风顺流，很快来到江州。他特别稍作停留，同岳雲来到庐山岳家市附近的姚氏墓前，焚香、烧纸钱等，进行悼念。岳氏宗族也闻讯纷纷赶来，参加悼念。岳飞在墓前长跪不起，各种各样的哀思涌上心头，使他不断地流泪叩头。岳雲开始念着由李娃为他们所写的祭文：

维大宋绍兴七年正月二十日，起复检校少保，武胜、定国军节度使，荆湖北路、京西南路宣抚副使，兼营田使岳飞并长男雲，谨致奠于母周国夫人姚氏墓前。美操懿行，柔德仁心。母慈罔极，痛念鞠育之艰；人生有涯，常忆训导之严。五兵扰攘，四海荼毒。义不苟活，勉捐身而赴难；婺不恤纬，誓尽忠以报国。千里转战，生不得奉菽水之欢；百感焚心，死不能终衰绖之制。音容如生，丹心难泯，孤坟虽寄存于庐山，神魂犹依傍于汤阴。遥望故园，心折骨惊。唯当驰马长驱，克复旧地，再造江山，以慰母灵。馨香三炷，纸钱百缗，薄荐墓前，聊表孝诚。魂兮安乐，伏唯尚飨！

岳飞最后跪在墓前，用沉痛的语调说："儿子不孝，不得朝夕看坟守墓，伏侍妈妈，乞妈妈恕不孝之罪。"说罢起立，向族人们告别，依依不舍地离去。临行之前，又委托族人给东林寺慧海和尚捎带一封问安的短简。

因为时间太匆忙,岳飞已不可能去东林寺了。

岳飞一行在半路得到了宋徽宗的讣告,证实了王庶所得的消息。二月八日,他们抵达行在平江府,而李若虚却已经离开行朝回鄂州。宋高宗亲自赦免了薛亨等战俘,下令将他们分配各军,戴罪立功,其中薛亨就分拨给岳家军,由李若虚带回。

平江府是黄纵的故乡,他先去城外北郊看望老母。岳飞一行在馆舍刚安顿停当,就有两个文官相访,他们是新任永州知州胡寅和枢密院编修官胡铨。岳飞与胡寅已是相识,而与胡铨还是初次会面。胡铨是江南西路吉州庐陵县人,字邦衡。胡寅这次是再任永州知州,按照制度,他要到行朝朝见和辞谢,然后赴任。岳飞和胡寅见面,还是在六年前,当时岳飞官位不高,如今却是威名震于南北的大将。岳飞为表示对两位文士的尊敬和谦恭,在见面之初,就建议彼此以表字互称。这自然给胡铨带来第一个好印象。

胡寅、胡铨与岳飞及其幕僚分宾主坐下,岳飞首先说:"物以类聚,下官虽是未曾见得邦衡,然而既是与明仲为友,便必是慷慨豪迈之士。"胡寅说:"自家们只为徽宗皇帝梓宫底事上奏朝廷,又违忤了张相公。"岳飞说:"怎生底?"胡铨说:"考之于《礼记》,此是不共戴天之仇,仇不复,则天子孝服不得除。自家们各自上奏,建议主上仗大义而诏天下,梓宫不归,誓不与虏俱存;六军皆缟素,以讨不义。然而朝廷隐忍含垢,尚守和议,使军民失望,正堕虏人之计。"

岳飞听后,就取出王庶给自己的两份文件,递给胡寅和胡铨,并且说明情况。胡寅感叹说:"此足见王子尚谋国之忠。天下不患无忠义智计之士,而患在不得重用。"胡铨问岳飞:"鹏举到朝廷,欲如何行事?"岳飞说:"下官是武将,唯有乞朝廷出兵,先取河南,后复两河,以报此不共戴天之仇。"胡寅说:"依下官之见,鹏举气直,若为大行皇帝行丧礼底事,与张相公争议,便成不智之举。"岳飞说:"然而王丈嘱托下官,又如何相机行事?"胡铨说:"王子尚条画底事目,与自家们底上奏大同小异,鹏举便是为此陈述,亦无异于以药投石,无补国事。况且自祖宗以来,武将不得问朝政。鹏举第一紧切底事,便是力争朝廷用兵。"岳飞以征询的目光投向自己的幕僚们,于鹏和张节夫都回报以赞同的眼色。

大家正在谈论,有三省吏胥进入,向岳飞唱喏,说:"今夜张、秦、沈三相公在都堂为岳相公设宴洗尘。"胡寅和胡铨听后,准备起身告辞,岳飞却拉着他们的手,殷勤挽留,说:"人生难聚易散,便是下官去赴宴,你们亦得与众官人开怀畅叙。"于鹏等人也一同挽留,于是胡寅和胡铨又留下,与于鹏等三名属官共进晚餐。

岳飞身穿白麻布袍,戴首绖,系腰绖,来到都堂,这是他与秦桧初次见面。岳飞首先作揖,说:"下官拜见张、秦、沈三相公。"三名穿戴丧服的宰执还礼。张浚说明参知政事陈与义因病不能赴宴,又居中为岳飞和秦桧介绍一下,岳飞对秦桧尚无坏印象,说:"下官久闻秦相公在靖康时,义存赵氏,名满天下。"秦桧也客气地说:"我拘押在北地时,亦已闻得岳太尉底勇名。"当时还是宋徽宗丧礼的小祥刚过,这四个臣僚都保持了国丧的哀容,彼此说话,都不苟言笑。

四人各一张食桌,张浚面南,居首席,秦桧面西,沈与求面东,而岳飞面北。菜肴用素食,三名宰执都不酌不饮,而岳飞当然是不饮酒。张浚说:"岳太尉自去秋迄冬,横戈马上,往返奔波厮杀,此回赴朝,不知有甚计议?"岳飞怀着悲愤之情说:"下官知得太上皇与皇后底讳闻,五内崩裂,此是做臣子底失职不忠。此回到行在,唯有恭请三相公赞助圣上,决复仇大计,兴起哀兵。下官自当效命,愿为前驱。"沈与求问:"岳太尉与伪齐交兵,熟知情实。如是讨灭刘豫,当以几年为期?"岳飞说:"期以二年。"其实,按他自己的计划,是准备在当年一举收复伪齐盘踞的河南之地,但他有意为自己的军事行动留有余地。张浚又问:"若是虏人发兵支援刘豫,便当如何?"岳飞慷慨地说:"下官自当激励将士,与仇虏决战。唯是乞朝廷督诸大将并力,向前厮杀。"

张浚对岳飞的回答还是相当满意的,却并没有进一步讨论各战区如何共同行动。沈与求又询问了一些军事细节,岳飞逐一回覆。唯有秦桧基本上不说话,只是用心听他们谈话。他重返朝廷之后,尽量不露声色,韬光养晦,藏锋守拙,事事处处让张浚出头露面,自己甘愿伏低做小,实际上却是在窥测时机,准备在张浚背上插刀。

宴会将散,岳飞又提出一个要求,说:"下官宣抚司干办文武皆资,尽心职事积年,如今官为武功大夫、辰州刺史、兼阁门宣赞舍人,欲乞朝廷考试,将他换授文资。"岳飞所以请求为于鹏改换文官,是因为当时的官场风气,如果改换文官,将便于于鹏到行朝办事和联络。张浚说:"岳太尉可上一个札子,举荐于干办,恭请圣恩。然而换授文资,须是降等。"岳飞说:"下官与于干办知得换授底制度,而于干办亦是情愿。"

岳飞回到馆舍,只见胡寅、胡铨两人与黄纵等四人谈兴正浓,原来黄纵看望母亲后,也来到馆舍。岳飞加入他们的谈话,胡寅和胡铨介绍了行朝的一些情况,特别是赵鼎和张浚发生龃龉的若干细节。岳飞听说张浚和赵鼎在罢免刘光世问题上的分歧,有感于怀。夜阑更深,胡寅和胡铨告辞,岳飞一行把他们送出馆舍门口,依依惜别。两天之后,胡寅就离开平江府,前去永州。

黄纵在送走客人后,对岳飞说:"下官料得,岳相公知得张相公欲罢淮西刘相公底兵柄,必是心有所动。然而此事唯是主上圣断,岳相公切不可做越职底事。"岳飞对黄纵领首示意,用眼神表示感谢。

次日,岳飞赴内殿引对。在守丧期间,宋高宗改在几筵殿,即办公和听儒臣讲解儒家经典的地方接见臣僚,并且不在殿上,而是在西庑上张挂素幄,设置御榻。他本人戴着首绖和腰绖,身穿淡黄袍。按当时仪制,百官参加朝会,要穿戴特殊的朱色朝服,参加面对则可穿戴公服。按岳飞的官品,本应穿紫袍。但岳飞今天也特别戴首绖,系腰绖,穿白麻布袍,以示对宋徽宗的哀悼。岳飞下跪叩头,喊"恭祝圣躬万福"后起立,开始面对。

在特殊时刻,宋高宗内心的哀痛已相当淡薄,但在引见臣僚时还须面带戚容。他首先对岳飞去秋至冬的战绩做了一番褒嘉和慰劳,说:"本欲召卿到行在共议今年破贼大计,不意上帝降罚,讳闻远至。朕万不得已,遣王伦等出使,奉迎梓宫。如今唯是等王伦等归国,然后再议军机。"

岳飞听说要暂缓出兵,不免着急,他真想立即提出异议,但转念自己身为臣子,还是以转弯抹角地提出异议为好。宋高宗见到岳飞欲语还休的模样,就说:"君臣一体,卿有所见,可悉心开陈。"岳飞想了一下,说:"君命召,不俟驾。臣一路未敢延迟行程,唯是到江州后,不免前去庐山,往臣母坟前,叩头泣血,谢不孝之罪。臣父底庐墓远在汤阴,久失奉祀,又与母坟分处两地,遥隔千里,不得相聚,煞是言之痛心。"说完,就滴下泪来。宋高宗听后,也不免感恸地说:"卿尚有母坟,可寄托哀思。朕贵为天子,却不得尽孝,岂不痛断肝肠。"他说着,就大哭起来。

岳飞也陪着落泪,他用激愤的语调说:"主忧臣辱,主辱臣死。臣敢请陛下伸天子底大孝,效法古君主底典型,衰麻枕戈,即戎衣墨,乘去年王师三败刘豫之威,一举破灭伪齐。"宋高宗说:"然而梓宫在远,朕底母后又陷龙沙。此事待朕与宰辅议而后决。"岳飞望着宋高宗的痛苦表情,就不忍心使用王庶"梓宫归还与否,不足以为国家轻重"一类言语,决定暂时不就用兵问题进行劝说。

宋高宗又向岳飞了解一些去年的战事,他发问说:"虏人用兵,全仗马力。卿去冬一举夺取刘豫底牧马监,可得良马否?"岳飞灵机一动,就说:"尚未见得有良骥。臣愚以为,良骥岂但有马力,亦有马德。"宋高宗听岳飞谈论"马德",颇觉新鲜,问道:"何以称马德?"岳飞说:"臣有二马,一是陛下所赐,一是死难底大名府刘钤辖所赠,煞是奇骥。二骥日啖刍豆达数斗,饮泉至一斛,然而泉秣不精洁,便宁愿忍饿而不饮不食。臣披挂器甲,跨马驰骋,最初似不甚疾速,而行至百里外,便振鬣长嘶,奋迅直前。自午时到酉时,犹可行驶二百里。待卸脱鞍甲,则不见喘息,又无汗湿。此便是马德,受大而不苟取,力裕而不求逞,是致远之材。可惜二骥在复襄阳、平杨么之时,不幸先后病故。"岳飞说到此处,不由得面露哀惜的表情。

宋高宗听得入神,问道:"卿如今可有良马?"岳飞摇头说:"臣如今所乘有黑、白二马,每日啖刍豆不过数升,而秣不择粟,饮不择泉。揽辔未定,便踊跃疾驰,方行得百里,却又力竭汗喘,似欲倒毙。寡取易盈,好逞易穷,此便是驽钝之材。"

宋高宗到此已经明白岳飞的比喻,他用略带兴奋的语气说:"卿如今议论颇有长进。不知平时可读甚么书?"岳飞说:"臣出生庄农之家,每恨自幼不得多读诗书,少知礼义。如今臣每于闲暇时读书,或就教于文士们,商论古今。臣猥蒙圣恩,执掌大兵,如《孙子》兵法、《武经总要》之类,不得不读。臣亦喜读《史记》、《资治通鉴》等史书,以求稍知古今治乱。"宋高宗立即联想到如刘光世、韩世忠身为大将,尚不识字,内心不免感叹。

当岳飞告退时,宋高宗说:"朕不日便移跸建康,卿可扈从前去,卿所率亲兵,亦可随朕禁卫。待朕与宰辅计议,然后教卿回鄂州。"岳飞说:

"臣领旨!"

岳飞回到馆舍,向幕僚叙述奏对的情况,张节夫说:"第一紧切底事,便是说服君相,于今年出师讨伐刘豫,不得教他有喘息之机。"于鹏说:"奉迎梓宫底事,自可与用兵并行不悖。"黄纵说:"岳相公可先委曲劝谕张相公。"岳飞说:"你们底计议甚合我意,然而说服张相公,亦非轻而易举。"他与大家商量下一步的行动。

宋高宗在翌日召见宰执大臣,对岳飞大为称赞。他与大臣们商议,依据岳飞去年的战功,下令将岳飞由检校少保晋升太尉,宣抚副使升宣抚使,营田使升营田大使。太尉是正二品的武官最高品级,太尉和宣抚使的级别都相当于执政。至此,岳飞的实职就超越了尚任宣抚副使的吴玠,而与韩世忠、刘光世、张俊三大将平列。

[肆]
资善堂的特殊会见

二月上旬,刘豫派遣间谍,几乎同时在楚州、真州、扬州、镇江府、太平州、襄阳府、鄂州等地纵火,焚烧仓库储存的粮草、绢布、兵器等军用物资。唯有在襄阳府和鄂州两地,纵火的二十名间谍被守卫仓储的岳家军将士及时发现和捕获,并未造成损失。其他五地都不同程度发生火灾,特别是在太平州,刘光世行营左护军的帑藏被烧个精光,还烧死两名官员。消息先后传到行在,宋高宗和张浚等都感到震惊。张浚自从赵鼎罢相后,又屡次向宋高宗建议罢免刘光世,宋高宗却一直犹豫不决。这次火灾事故,岳飞和刘光世两军的处置和损失形成鲜明的对比,宋高宗有感于岳飞治军有方,而终于下定了罢免刘光世的决心。

再说岳飞到行在已有十多天,却是闲着无事,他又不能成天到政事堂去,只是找了张浚两次,陈述及时用兵的必要。张浚只是应付说:"且待主上移跸建康后再议。"他倒并不是不想用兵,只因为目前既然向金朝遣使,请求梓宫,总是希望得到王伦的回报。

一天,黄彦节来到馆舍找岳飞,说:"官家有旨,教岳相公去资善堂,拜会建国公。"岳飞明白,皇帝命令他去拜会养子赵瑗,也是一种表示信用和亲近的特殊恩遇。他沿路向黄彦节盘问了一些赵瑗的情况。资善堂临时设在行宫子城边的一间屋里。当时宋徽宗二十七日的大祥已过,但岳飞有意仍穿一件白麻布袍,而赵瑗也身穿白麻衣,等待着一个闻名已久的大将。今天宋高宗有意让赵瑗的老师回避,由赵瑗单独接见。等黄彦节入内通报后,赵瑗就到门口出迎。

按照官制,赵瑗的国公是从一品,而岳飞的太尉是正二品。尽管赵瑗还没有正式的皇子身份,但岳飞却是把赵瑗视为皇储,他抢先向赵瑗长揖,说:"下官岳飞拜见国公。"赵瑗也连忙还礼,说:"下官久闻岳相公底威名,今日得见,煞是欣喜。"岳飞见到十一岁的赵瑗仪表不凡,声音洪亮,应酬得体,立即产生好感。赵瑗主动上前,用小手执着岳飞的大手,亲切地把他拉进资善堂,分宾主坐定,由吏胥献上上乘的龙凤团茶。黄彦节就在一旁叉手站立。

岳飞见堂上有由宋高宗亲书的匾额"资善堂",这是从临安带到平江的,屋里完全是清幽的书房陈设,不由啧啧赞叹说:"圣上专设资善堂,教国公习学,足见圣意高远。不知国公读甚经典?"赵瑗说:"下官受教于范翊善、朱翊善,读《孟子》,已是终篇。如今朱翊善、苏赞读传授《论语》。如有闲暇,亦喜读司马文正公①底《资治通鉴》。"原来朱震到资善堂教书不久,就升为资善堂翊善。范冲因为赵鼎的亲戚关系,在赵鼎下台前后也请求辞职,离开朝廷。宋高宗又任命苏轼的孙子苏符出任资善堂赞读。

岳飞说:"名儒传授国公经典,直是教下官称羡。"赵瑗不解地问:"此是甚底缘由?"岳飞感慨说:"下官原是村野耕夫,自幼唯是在乡村冬学,念得村书,稍稍识字而已。误蒙圣恩拔擢,自愧学识浅陋,辜负圣上委寄,虽是勉强进学,岂得与国公相比。"赵瑗不懂什么是"冬学",什么是"村书",岳飞又为他做了解释,并且说:"下官生长贫寒庄农之家,自幼唯知扶犁握锄,亦是颇知民间疾苦。近日读司马文正公底奏疏,他言道,四民之中,唯是农民最苦,寒耕热耘,育蚕治茧,戴星而作,戴星而息,勤劳虽极,幸而收成,公税私债便交争互夺,谷未离场,帛未下机,便非自家所有。农夫蚕妇,所吃底便是糠秕而不足,所穿底直是绨褐而不完。"岳飞为赵瑗介绍一些幼年的经历,讲到父亲岳和遇到灾荒之年,宁愿自己用小米掺野菜熬成稀粥,减为早晚两餐,也要接济更困难的乡亲。赵瑗听着,不由落下泪来。对于一直在锦绣丛中成长的赵瑗,这些事都是闻所未闻的。

岳飞感慨地说:"依下官所料,如今渊圣皇帝与天眷在异域受苦受

---

① 古代对尊敬的人尤须避名讳,"文正"是司马光死后的谥号,此处是以谥号相称,表示尊敬。

难,切恐尚不如下官幼时。下官每念及此,便是寝食难安。"赵瑗说:"下官读《资治通鉴》,最喜唐太宗底文治武功,煞是千古帝王第一。唐太宗上阵便能亲率千军万马,摧破强敌,下马便得教百姓快活,安居乐业。可惜下官年幼,不得如唐太宗做秦王时,上阵杀敌,救取渊圣与天眷。"按当时谈论古今帝王的规范,依赵瑗的身份,尤其应当赞颂本朝的祖功宗德,而赵瑗此时却把祖宗撇在一边,是违犯臣规的。如果是两个老师在旁,当然需要加以训谕和纠正,而岳飞毕竟是武臣,没有那么多的忌讳,他反而振奋得以手加额,说:"国公立志如此,大宋中兴,必是有望!"

赵瑗说:"张娘子言道,若不是岳相公等为国之长城,大宋便不得中兴,下官又怎生得以在资善堂中安心读书。"他在这种场合,还只能称自己的养母为"娘子",岳飞却伤心而激动地说:"惭愧!惭愧!下官身为武臣,不得长驱燕北,致使太上皇远狩,梓宫亦未得南归,又有何面目立于世间!煞是罪该万死!"

赵瑗说:"岳相公有此心志,日后岂但以收复两河为快,必当到燕山勒铭而归。官家亦必是重赏岳相公。"岳飞说:"下官背上有亡母当年教刺底'尽忠报国'四字,家中另有二撮泥土,一是河北底,二是旧京底,唯愿他年他月,得以封于燕山之上。然而下官若得成功之后,不求圣上封赏,唯求做一个太平底散民,得以闲处林泉,歌咏圣德,便是快活。下官自知命运绵薄,不堪圣上禄赐,已与庐山东林寺住持僧慧海相约,日后便去带发修行。"

赵瑗毕竟是孩子,听了岳飞这番话,就感到似懂非懂。两人谈兴正浓,黄彦节见到时辰不早,就说:"张娘子须是叫国公回阁分用午膳。"于是岳飞立即终止谈话,起身告辞。不料赵瑗却是兴犹未尽,他说:"岳相公底《满江红》词慷慨激烈,忠愤底言语,流自肺腑,下官愿为岳相公歌一曲,以为送别。"他起身用童音唱起了《满江红》,岳飞静静地听着,只觉得全身热血沸腾,感动不已。赵瑗最后把岳飞送到堂门口,亲热地用小手紧握岳飞的大手,互相长揖而别。这是两人唯一的会面,却彼此都留下了终身难忘的印象。

赵瑗回到张婕妤阁,就立即恢复了童真,他扑向张婕妤,亲昵地搂住她的颈脖,低声叫"妈妈"。自从赵瑗到资善堂读书后,宋高宗有意识地安排若干文臣要员去会面，但命令武将前去，岳飞还是第一人。对于这次会见，朱震和苏符本着宋时传统的重文轻武心理，并不重视，也没有在事先专门做什么交待和布置。张婕妤却完全不同，她虽然在深宫里，却已听闻到岳飞的不少传奇故事，她怀着好奇心，真想见一下这位名将，却未得其便。她非常重视养子的会见，事先为赵瑗做了精心设计和布置。赵瑗今天正是大体按张婕妤的导演进行表演。

张婕妤劈头就问："岳相公怎生底？"赵瑗说："煞好！胜于资善堂底三个儒师，亦胜于所见底大臣。"尽管只是一次会面，而岳飞已成了赵瑗心目中最喜欢和崇敬的臣僚和英雄。张婕妤马上告诫说："五八郎，此语只得与奴家一人说，此后不得再说。"赵瑗早已习惯于这种调教，他立即说："妈妈放心，孩儿理会得。"他还是难以掩饰自己的兴奋，向张婕妤详细地介绍了会面的情况，最后问道："岳相公言道，他日唯愿去僧寺诵经修行，此是甚道理？"

张婕妤感叹说："官家虽有大将数人，今日方知岳相公煞是不世出底贤大将！端的识道理！此中道理，五八郎成人之后，须是理会得，目即不必多问。"她伴随宋高宗已是十二年，深悉伴君如伴虎的道理，她认为，目前对养子讲自古功臣鸟尽弓藏、兔死狗烹的道理，还是太早。张婕妤想了一下，又交待说："若是官家询问，他事皆可说，唯是最喜唐太宗底言语，便不得说。若是日后官家问及千古帝王，你只说最喜国朝底真宗官家，澶渊之盟，开南北百年之好。"赵瑗也不大明白养母的用意，却习惯性地回答："会得。"他早已懂得，自从离开亲生父母以来，最亲的就是张婕妤，不论自己理解与否，必须服从张婕妤的调教，因为她的调教就是对自己最大的爱护。

宋高宗傍晚时来到张婕妤阁，果然向赵瑗询问与岳飞会面的情况，赵瑗按照张婕妤的调教，对宋高宗做了详细的口奏，却是隐瞒了自己赞颂唐太宗的情节。宋高宗听后，高兴地说："岳飞便是忠义，又深知做臣子底道理。"

二十七日，宋高宗的御船队从平江府城出发，沿着运河往西北方向行驶。二十八日，船队在常州地界停泊荆溪堂，宋高宗接到刘光世的辞职奏。原来刘光世也听说有廷臣议论他沉酣酒色，不恤国事，建议罢免的消息,就主动提出辞职奏,表面的理由是说身体有病,请求宫祠。三月一日,宋高宗一行抵达镇江府丹阳县,韩世忠率领两千背嵬亲军已在那里恭候和迎接。

宋高宗临时驻跸县衙,亲自召见韩世忠,慰问一番。然后又召来张浚等四名宰执,出示了刘光世奏。宋高宗说:"既是刘光世上奏,正宜顺水推舟,张卿可为朕草拟手诏,召他到行在。"张浚早已酝酿多时,就当场起草,挥笔而就。宋高宗看后,说:"张卿所拟诏旨,只是表彰他功存社稷,教他到建康面陈曲折,深得朕旨。"就立即照抄一遍,而一字不改。宋高宗将手诏交付宦官,由御前金字牌递发,又问道:"行营左护军拱卫淮西,刘光世罢兵柄后,又教甚人统兵?"

张浚早有打算,他马上口奏道:"臣以为,都督府参谋军事、兵部尚书吕祉胸有大志,深谙兵机,去冬到刘光世军中督战,已见事功,可教他统此军。"吕祉因为去冬的功劳,由吏部侍郎升兵部尚书,都督府参议军事升参谋军事。宋高宗望着其他三名执政,问道:"卿等以为如何?"秦桧遇到此类情况,总是尽量不说和晚说,沈与求却说:"臣以为都督府当督励诸将用兵,不宜自掌兵权。"陈与义说:"吕祉曾言道,他若是专统一军,自当生擒刘豫父子,然后尽复故疆。其志可嘉。然而臣以为,不如命大将统左护军为便。"秦桧此时也不得不发言:"臣愚以为,艰难时节,自有权宜。吕祉统左护军,固有都督府握兵之嫌。然而另命大将,切恐亦未必合宜。"他其实是用模棱两可的办法,讨好张浚。宋高宗见大臣们讨论不出一个合适的方案,就说:"刘光世到建康亦须时日,卿等且从长计议。"

宋高宗一行又改为陆行。岳飞率亲兵本来随皇帝乘船,到此也编入了扈卫军的行列。他们在三月二日到达镇江府城。宋高宗下令,要选择吉日,亲自到教场检阅韩世忠的背嵬军。由于镇江府原是韩世忠行营前护军的大本营,一些军事设施和仓库仍然保留,教场就设在镇江城西。这是一个春暖花开、天气清朗的良辰佳时,宋高宗头戴幞头,身穿最淡的黄袍,骑着一匹白马,率领一批文武要员、宦官等,到达教场。韩世忠头戴狻猊鍪,身披连锁甲,这都是他最近自行设计研制的,到马前跪拜,然后引领皇帝等登台。

猛将呼延通指挥两千背嵬精兵,立即跪倒在台下叩头,山呼"万岁,万岁,万万岁"。喊声震天动地,宋高宗脸上露出了满意的微笑,对韩世忠说:"教将士们少礼。"韩世忠在台上用红旗一挥,全体将士起立,高呼"恭谢陛下圣恩"。

韩世忠接着请宋高宗阅兵。他引领宋高宗下台,自己骑一匹枣红高头大马,手执铁枴,作为前导,宋高宗骑马随后。在皇帝后面,依次是张浚、秦桧、陈与义、沈与求和岳飞五人,也骑马随同阅兵。四个文臣都是头戴幞头,身穿紫色朝服,唯有岳飞与韩世忠一样,披戴兜鍪和铠甲,参加阅兵。将士们排列成严整的队形,器甲耀日,旗幡招展,精神饱满,不断高呼"圣躬万福"。宋高宗控马缓行,向将士们投以赞许的目光。宋高宗一行检阅之后,又到台前下马,依次登台。韩世忠又在台上亲自先后举起黄旗、白旗和蓝旗。台下将士依旗帜的号令,分别做出阵形变化和进退、击刺等动作,两千人的动作犹如一人。

检阅结束,宋高宗高兴地对韩世忠说:"卿所统行营前护军极是骁健,事艺比往时精强,甚惬朕意。"他吩咐宦官,给全体受阅将士赐酒和犒赏。韩世忠有意凑近岳飞,吐了吐舌头,问道:"岳五,你以为下官底背嵬军如何?"岳飞说:"骁锐精悍,训练有素,诚如圣语。"韩世忠又问:"比你底背嵬军如何?"岳飞说:"此须是日后到战场上,与虏人一决雌雄,方见分晓。然而自家们同是为国复仇宣力,日后韩相公立得第一功,下官自当相庆。"两人的谈话虽然声音不大,但宋高宗和张浚等都已听到,岳飞的言谈更增加了皇帝的好感。

宋高宗一行在八日从镇江府出发,九日就抵达建康府。建康府城大致是在八年前那场可怖的兵燹后重建的,宋高宗不愿把行宫设置在九年前的神霄宫,而是在天津桥北另建新的行宫。行宫是由张俊指挥本军仓促修建的,一时还来不及进行雕梁画栋般的装饰,却已有帝王所居的规模。韩世忠率领背嵬军驻扎在锺山,而岳飞和他的幕僚、亲兵则安排住城内的馆舍。

[伍]
寝阁特命

宋高宗刚到建康城,就下令百官休沐三天。岳飞没有料到,十日上午,黄彦节就到馆舍传旨,召岳飞入行宫面对。岳飞随着黄彦节来到新的行宫,穿过行宫大门、宫门和殿门,绕过朝殿,径入后面的寝阁。皇帝在寝阁召见臣僚,当然是特殊的礼遇,岳飞心里不由感到莫名其妙,却又不便多问。岳飞进入寝阁,只见阁内地上还没有铺设砖面,门、窗、梁、柱之类也没有涂刷丹雘。岳飞跪倒在尘埃叩头,祝"圣躬万福"。起立之后,额上自然沾满灰土,宋高宗望着岳飞,吩咐张去为说:"你且拭去岳卿额头底灰土。"岳飞却马上阻止张去为,自己用衣袖掸拂额头。

宋高宗神情严肃,说:"朕初到建康,不容卿休沐,便召卿面对,卿可知朕底意思?"岳飞说:"圣意高远,臣岂得胡乱猜测。"宋高宗面带痛苦的表情,说:"朕昨夜梦见太上官家,一如生时,彼此相顾无言,唯是落泪。太上官家底圣训,只是教朕为他报仇。朕梦醒之际,正值三更,此后便辗转反侧,不得安睡。"岳飞沉痛地说:"微臣不得宣扬国威,致有劳太上皇托梦,便是罪该万死!"

宋高宗说:"卿有甚兴复雪耻底良策,可尽底与朕开陈。"岳飞想了一下,慷慨地说:"乘王师去年三败刘豫之威,自须及时用兵,不得教他有喘息之机。然而用兵是危道,岂得保有百胜而无一败。唯愿陛下不为一时底进退胜负所动摇,誓与不共戴天之仇敌势不两立,百折不挠,坚定不移,唯是以恢复之事责成于微臣。灭刘豫,臣愿以二年为期,复故地,臣愿以三年为期,收燕云,臣愿以四年为期。到时无效,恭请陛下以军法从事!"

宋高宗听后，十分感动，说："卿精忠有素，朕所简拔，又岂忍以军法督责。若是四年尚未成功，朕亦当再宽期限，必是助卿成功。"岳飞以手按额，动情地说："陛下圣明如此，臣誓当策驽励钝，不负陛下底委寄！臣当年受陛下驱使，统军收复建康，眼见得虏人遍城纵火，房屋煨烬，街道之上，残肢断体，血肉枕藉，教人惨不忍睹。此回再到故地，虽已事隔八年，而疮痍未复，臣重寻旧迹，犹自伤痛不已。若不得救燕雲、两河百姓于水火之中，臣又有何面目立于世间？"

宋高宗说："朕当时航海避敌归来，沿途亦是见得虏人底残破杀戮景象，不胜伤感，朕为民父母，而不能保民，便是朕底不德。"岳飞激愤地说："陛下曾为逆贼刘豫底指斥文榜，亲赐手诏，言道，'古之人见无礼于君者，必思有以杀之'，刘豫父子'毁斥诟骂，无所不至'，'卿蒙被国恩，尚忍闻之而不动心乎'？臣遥拜圣旨，亦委是羞愧难当，无地自容。国耻之深，亘古未有。便是能雪此耻，亦是尚有余耻。唯是君臣同心一德，大宋中兴，必是指日可期。"

宋高宗被岳飞再三以言语相激，也动了十分的感情，他说："刘光世骄惰，深负朕底委寄。如今朕已亲颁手诏，召他到行在奏事，决意罢他底兵柄。然而行营左护军大兵数万，须是有得力大将统率，方得有济于中兴大业。朕思前想后，统刘光世底大兵，非卿莫属。"岳飞没有料想到，自己想求而不便求、不敢求的事，竟在只言片语之间成了现实，他一变以往的臣礼，并不谦虚推辞，就径情直遂地说："微臣误蒙陛下圣眷，唯当尽心竭力，以报圣恩。"

不料宋高宗的话还没有说完，他继续以决断的语气命令说："朕思虑再三，中兴用兵底事，便一以委卿。除韩世忠、张俊不受卿节制外，其余大将，如吴玠、杨沂中等，亦是并受卿底节制。日后克复京东，朕委付韩世忠与张俊，其余京西、陕西、京畿、河东、河北、燕雲等地，便命卿全权宣抚诸路。"在以猜忌武人著称的宋朝，皇帝居然将大部分兵力交付一人指挥，还是没有先例的事，岳飞简直有点不相信自己的耳朵，一时显得不知所措。宋高宗望着岳飞张口结舌的模样，也多少理解他的心态，就郑重地说："自古君无戏言，朕深思熟虑，决计以数大将底军力委卿节制，以成中兴底大功。"岳飞额头上开始流汗，他跪在地上，再次叩头说："臣误荷神圣之知，虽是万死，尚不足以报君恩。然而教微臣节制数大将之军，臣委是不敢祗受。"

宋高宗吩咐张去为把岳飞扶起，说："朕意已决，岂容反汗！"他又在御案上亲笔写一份手诏，命令张去为交付岳飞，说："卿数日后朝辞毕，便去淮西。朕闻王德等将素服卿底威望，卿持朕手诏前去，便可兼统刘光世一军，相机出师北伐。"岳飞激动地用发抖的手，接过手诏。这份手诏是由岳飞交付王德等将，其中说："听飞号令，如朕亲行，倘违斯言，邦有常宪。"岳飞以很大的努力使自己镇静下来，然后说："刘光世底兵马，虽是回易过多，训练不精，然而大抵是收编陕西盗贼，多勇悍之士。臣此去淮西，切望陛下假臣时日，待交接就绪，与诸大将协议得用兵方略，然后出师。"宋高宗说："朕在此朝夕等候卿底捷报。刘光世目即尚未到行朝，委卿掌军底事，不宜外泄。"岳飞说："臣遵旨！"

岳飞退出行宫，他的兴奋心情是难以形容的，回到馆舍，就向幕僚叙述了面对的经过，黄纵等人都表示祝贺。黄纵想了一下，说："圣上如此信用岳相公，为国朝所未有。依下官之见，岳相公当另上奏疏，具陈用兵方略，亦须效法王翦统秦朝举国兵力底故事，申述功成身退底意思。"黄纵毕竟比别人多了点心眼，他总觉得，皇帝把大部分兵力交付岳飞，固然是无比的信任，却也须使皇帝进一步放心。张节夫说："下官愿为岳相公起草。"岳飞怀着极度的兴奋，说："此回待下官草奏，你们修改，然后交下官誊录。"众人顾不上睡觉，忙碌到半夜，最后岳飞让众人就寝，自己一人用工整的楷书抄录。奏疏计四十三行，全文如下：

> 臣伏自国家变故以来，起于白屋，实怀捐躯报国、雪复雠耻之心，幸凭社稷威灵，前后粗立薄效。而陛下录臣微劳，擢自布衣，曾未十年，官至太尉，品秩比三公，恩数视二府，又增重使名，宣抚诸路。臣一介贱微，宠荣超躐，有逾涯分；今者又蒙益臣军马，使济恢图。臣实何人，误辱神圣之知如此，敢不昼度夜思，以图报称。
>
> 臣窃揣敌情，所以立刘豫于河南，而付之齐、秦之地，盖欲荼毒中原生灵，以中国而攻中国。粘罕因得休兵养马，观衅乘隙，包藏不浅。臣不及此时禀陛下睿算妙略，以伐其谋，使刘豫父子隔绝，五路叛将还归，两河故地渐复，则金贼诡计日生，它时浸益难图。

然臣愚欲望陛下假臣日月，勿复拘臣淹速，使敌莫测臣之举措。万一得便可入，则提兵直趋京、洛，据河阳、陕府、潼关，以号召五路叛将，则刘豫必舍汴都，而走河北，京畿、陕右可以尽复。至于京东诸郡，陛下付之韩世忠、张俊，亦可便下。臣然后分兵濬、滑，经略两河，刘豫父子断可成擒。如此则大辽有可立之形，金贼有破灭之理，四夷可以平定，为陛下社稷长久无穷之计，实在此举。

假令汝、颍、陈、蔡坚壁清野，商於、虢略分屯要害，进或无粮可因，攻或难于馈运，臣须敛兵，还保上流。贼定追袭而南，臣俟其来，当率诸将或剉其锐，或待其疲。贼利速战，不得所欲，势必复还。臣当设伏，邀其归路，小入必小胜，大入则大胜，然后徐谋再举。设若贼见上流进兵，并力来侵淮上，或分兵攻犯四川，臣即长驱，捣其巢穴。贼因于奔命，势穷力殚，纵今年未尽平殄，来岁必得所欲。亦不过三、二年间，可以尽复故地。陛下还归旧京，或进都襄阳、关中，唯陛下所择也。

臣闻兴师十万，日费千金，邦内骚动七十万家，此岂细事。然古者命将出师，民不再役，粮不再籍，盖虑周而足也。今臣部曲远在上流，去朝廷数千里，平时每有粮食不足之忧。是以去秋臣兵深入陕、洛，而在寨卒伍有饥饿闪走，故臣急还，不遂前功。致使贼地陷伪，忠义之人旋被屠杀，皆臣之罪。今日唯赖陛下戒敕有司，广为储备，俾臣得一意静虑，不为兵食乱其方寸，则谋定计审，仰遵陛下成算，必能济此大事也。

异时迎还太上皇帝、宁德皇后梓宫，奉邀天眷归国，使宗庙再安，万姓同欢，陛下高枕无北顾忧，臣之志愿毕矣。然后乞身还田里，此臣夙昔所自许者。伏唯陛下恕臣狂易，臣无任战汗。取进止。

三月十一日，起复太尉，武胜、定国军节度使，湖北、京西路宣抚使，兼营田大使臣岳飞札子。

于鹏经过考试，改换文官右朝散大夫。当时文官的头衔上另加"左"、"右"字，"左"字代表科举出身，"右"字代表非科举出身。于鹏和岳雲清晨起身，岳雲照管父亲睡眠，而于鹏就把岳飞的奏疏加封后，递交掌管奏疏的通进司。

岳飞没有料想到,当天傍晚,黄彦节就带着御批前来馆舍,岳飞当即行跪拜礼,拆开封面,原来宋高宗是把岳飞的原奏封还,另在奏疏后面加上四行御批:

览奏,事理明甚,有臣如此,顾复何忧。进止之机,朕不中制。惟敕诸将广布宽恩,无或轻杀,拂朕至意。

岳飞激动得眼眶里噙着泪水,他用手加额,深情地说:"圣上英明!圣上英明!"

[陆]
变　卦

　　宋高宗此次对岳飞的特命,事先并没有同宰执们商量,只是认为宰执们对谁来接替刘光世统率行营左护军久拖不决,而眼看刘光世将要入朝,这件事非及时解决不可。他召见岳飞,一时心血来潮,就作此决定。四名宰执中,第一个得知此事的,当然是秦桧,他的消息来源,无非是张去为告诉王继先,王继先又通过王癸癸,传到了他的耳朵里。

　　秦桧在三月十二日听王癸癸叙述这条消息,表面上不动声色,心里却自言自语:"教岳飞统率恁地多底大军,为国朝一百八十年所未有,若是岳飞得以成功,不是好事。"他独坐书房,嚼齿动腮,冥思默想,愈想愈觉得如果岳飞成功,完颜挞懒纵自己南归的事就可能被揭穿,对自己十分不利。他真想马上去找张浚,策动他出面反对,但又害怕暴露了自己小道消息的来源,反而对自己不利。他想来想去,最后轻声地自言自语:"姑且佯作不知,明日宰执面对时,以随机应变为宜,料得张浚必持异论。"

　　十三日是百官休沐三天后的第一次朝会。岳飞参加朝会,就算辞别皇帝。四名宰执等朝会结束,就举行到建康的第一次面对,面对的地点还是在朝会的朝殿。宋高宗首先向宰执宣布了对岳飞的新命,这件事完全出乎宰执们所料,一时张浚和沈与求、陈与义都显得目瞪口呆,秦桧早有思想准备,他只是密切观察其他三人,特别是张浚的神色,表面也装出惊愕的模样。

　　张浚当然埋怨皇帝事先没有同自己商量,就匆忙作出如此重大的决定,他想了一下,就说:"陛下圣断,唯是急欲复仇,然而委岳飞统大兵底事,似须从长计议。"宋高宗说:"刘光世不久便到行在,而众卿计议代统行营左护军底事,议而不决。朕意以为,方今大将之中,除岳飞外,别无可委底人。"张浚说:"岳飞忠义可用,人所称道,然而陛下亦须不忘祖宗底家法。"

秦桧感到时机成熟,就接着张浚的话头说:"张相公所言极是。祖宗家法便是崇文抑武,以文驭武。"宋高宗说:"朕自当谨守祖宗成规,以文驭武,便是张卿督励诸将,然而上战阵厮杀,尚须有岳飞。兵家底事,唯是以合兵并力为上。"张浚说:"然而教岳飞掌此大兵,臣切恐将成尾大不掉、末大必折之势。"他说完后,又望着沈与求和陈与义,示意他们一同进谏。

沈与求还是对岳飞有相当好感,按官场重文轻武的传统,他也并不觉得让岳飞统大军就完全合适,但又不赞成取消成命,他说:"既是陛下已有成命,岂得反汗,且容岳飞立功。"陈与义说:"臣底意思与沈相公同。"

张浚说:"便是岳飞统军收复故地,却是立不赏之功,而成震主之威,此非是祖宗驭将之道。"沈与求说:"岳飞本是耕夫,蒙圣恩不次拔擢。他常与人言道,他时唯愿功成身退。臣料得岳飞忠荩,必无他谋。用人不疑,疑人不用,待岳飞长驱中原,迎还天眷,然后收他底兵柄不迟。"

张浚一时语塞,秦桧却用十分恳切的语调说:"且容臣为陛下背诵一白居易底《放言》诗:'周公恐惧流言日,王莽谦恭未篡时。若使当时身便死,一生真伪复谁知。'恭请陛下三思。"

秦桧背诵的诗句立即奏效。如果说,在沈与求同张浚争论时,宋高宗还是同意沈与求的意见,如今却完全反过来,坚定地站在张浚和秦桧一边。他用斩钉截铁的口吻说:"众卿不须再议,朕意已决,众卿可为朕熟议,如何教岳飞依旧统行营后护军一军。"张浚和秦桧见皇帝终于变卦,心上的一块石头顿时落地,脸上都微露胜利的喜悦。陈与义不敢再说什么,而沈与求心里总觉得有点不是滋味,他说:"唯是刘光世一军,须是教甚人代统。"张浚说:"此事日后另议,目即便须是不得教岳飞兼统此军。"

由于事情来得突然,张浚一时也来不及盘算具体的措施,倒是秦桧早已有所思考,他说:"张相公是都督,既是陛下有旨,自当请张相公与岳飞委曲计议。"他自己不想出面,只是把张浚推在前台。张浚想了一下,说:

"臣知得岳飞明日便须启程，前往淮西，陛下须是亲下手诏，制止此行，然后臣当召岳飞委曲晓谕。"宋高宗说："既是恁地，张卿可为朕草一诏旨。"张去为当即为张浚取来文房四宝，张浚平时也是才思敏捷，今天为这份短诏，却是费了心思和时间，最后，还是向皇帝交卷。宋高宗却担心张浚的草稿写得不好，又命令说："众卿当为张卿修改，然后进呈。"于是秦桧等三人又为张浚字斟句酌，做了个别改动，交由张去为进呈宋高宗。宋高宗对这份草稿并不满意，却也无法作什么修改，只能照抄。

十三日、十四日两天，黄纵、于鹏和张节夫三位幕僚忙于办理本宣抚司与朝廷之间的各种公务，只有岳雲陪伴父亲。岳飞和众人计划，准备在十四日下午启程。不料十四日清晨，黄彦节又带来了皇帝的手诏。岳飞行礼后开拆，只见其上写道：

  淮西合军，颇有曲折。前所降王德等亲笔，须得朝廷指挥，许卿节制淮西之兵，方可给付。仍具知禀奏来。

面对着突如其来的变卦，岳飞一时简直不知所措，他用惶惑的眼光望着黄彦节，黄彦节只是用同情的目光回望岳飞，他已知内情，却不能说什么话。两人相对无言，沉默许久，黄彦节还是忍不住说："岳相公当具知禀奏，教下官回行宫，进呈官家。"岳飞无可奈何地长吁一声，当即简单地写了一个奏疏，交付黄彦节。黄彦节临行时，突然回头，用恳切的语调说："下官知得岳相公忠义，须是委曲协济，恭依圣旨。"岳飞一言不发，目送黄彦节出门，心中无限感慨。他真猜不透，怎么三天之内，皇帝就如此出尔反尔。

黄纵、于鹏和张节夫三人先后回到馆舍，只见岳飞闷闷不乐，也不愿回答他们的盘问，倒是岳雲，向三人介绍了早上发生的事。黄纵等人就请求岳飞出示手诏，他们仔细地推敲一番，于鹏劝慰说："君命如山，岂容反汗，依下官所思，圣意只是教岳相公暂缓去淮西，恐是别有缘由。"黄纵却说："依下官所测，此必是昨日宰执面对，而横生枝节。黄阁长底言语，便是忠告。岳相公当以大局为重，唯是统本军北伐，力争破敌。"张节夫却气愤地说："几个无见识底村秀才，直是败坏大计。"岳飞只是耐心地听众人的意见，不发一语，他的内心当然是非常矛盾。

大家正在讨论时，有吏胥传送到都督府的三个札子，一是降付皇帝的一份招降伪齐官员诏,二是允许岳飞北伐时"便宜行事",三是开具了刘光世的行营左护军各军兵马数目清单,但命令岳飞个人"密切收掌",而不得下发本宣抚司。吏胥还传话说,张浚请岳飞在当天下午到都督府,议论军事。吏胥走后,更使众人猜测纷纭。岳飞还是仔细听大家议论,并不说话。临行时,黄纵叮咛说:"岳相公须是委曲求全。"岳飞只是简单地回答:"会得。"

建康城作为行在,政事堂当然是最重要的行政机构,而张浚为了突出自己的权势,又另外在行宫附近设立一个都督府,藉以满足本人的虚荣心。岳飞来到都督府前,由吏胥引领,径赴厅堂,而张浚则面带笑容,走到厅堂门口迎接。两人相见,作揖礼毕,进入厅堂,张浚早已安排座位,自己居中,面南而坐,让岳飞坐在西侧,面东而坐,其实是用以提醒岳飞,应当明白自己的武官身份。

岳飞坐定,张浚先明知故问:"岳太尉到行在已是二月,不知何日归军?"岳飞回答:"下官本拟今日启程,唯是张相公召唤,故前来都督府,当于明日回归。"他不提本拟到淮西接管刘光世一军的事,也就暗示服从朝命。

张浚开始转变话题,说:"岳太尉忠荩,人所共知,故圣上甚是倚信,委以北伐重任。然而刘光世却是纵情声色,不足依仗,深负圣上委寄,如今廷议皆以为当罢免他底宣抚使。我意以为,王德勇悍,为淮西一军之冠,将士们深所信服。我欲命王德为都统制,另命都督府参谋军事吕尚书督领,不知岳太尉底意思如何?"他转弯抹角地发问,当然不是为了征求岳飞的意见,只是用此种方式通知对方,朝廷已经收回了岳飞兼统行营左护军的成命。

岳飞对这次谈话已经有了足够的心理准备,他本拟在张浚通报时,表示服从朝命,就此了事,而张浚的发问却颇出他意料之外,他想了一下,说:"张相公既是问下官,下官自当以国事为重,直言不讳。淮西一军将士,多是叛亡盗贼,变乱或可在反掌之间。王德与郦琼原是等夷,郦琼素来不愿出他之下,刘光世虽是无能,尚得以驾驭二将。如今若是拔擢王德,在郦琼之上,势所必争,切恐从此军中不安。吕尚书虽是通才,而书生不习军旅,虽是去年以圣旨督军,败得刘豫,仍不足以服众。"

前面说过,张浚原先是想以吕祉取代刘光世,统率行营左护军,在遭其他执政反对后,又打算另加一个王德,他认为只要升迁王德任都统制,王德就会感恩戴德,而服从吕祉,于是行营左护军就在事实上成了都督府的直属部队。这种打算还没有来得及向宋高宗口奏,就先向岳飞和盘托出,不料岳飞却说了一通反对的理由,又使他满心不悦。张浚说:"既是恁地,张宣抚如何?"张宣抚当然是指张俊,岳飞说:"张宣抚是下官底旧帅,然而他为人暴而寡谋,临阵怯敌,且郦琼素所不服,切恐未能安左护军将士反侧之心。"张浚说:"便教杨沂中统左护军。"岳飞说:"杨沂中于去年藕塘一战立功,官升节度使,然而王德与他原是平交,杨沂中岂能统此军!"

张浚听岳飞接连表示反对,不由得火冒三丈,他怒气冲冲地说:"我固知非岳太尉不可统左护军!"岳飞也被他激怒了,说:"且不说左护军,便是下官所统底后护军,亦是朝廷底兵马,非是下官底私军,张相公何得出此语?张相公既是教下官计议国事,下官不敢不尽愚衷,然而岂可以兼统左护军为得计。既是左护军等另有朝命,下官唯愿统后护军向前厮杀。"

张浚说:"何时用兵,朝廷另有兵机。"张浚所以不赞成马上出兵,固然是为了向金人请求归还宋徽宗的梓宫,他另外又盘算着如何命令吕祉统率左护军,将来北伐,又须如何让这支都督府的直属部队优先立功,这些都需要有一段时间。岳飞激愤地说:"兵家底事,尤贵于不失时机。下官忆得,张相公曾与圣上相约,欲先驱清道,恭请车驾还汴京,做天下主。若是无端丧失兵机,岂非便成睡语?"张浚怒吼道:"岳太尉,难道唯是你识兵机,我便不识兵机。你唯是一个两路宣抚使底武臣,岂得干预朝廷大政?"岳飞愤愤地说:"既是不教下官统军厮杀,下官岂不便成素餐尸禄底人,居宣抚使底高官,岂不有惭?"他说完,就不与张浚作揖,径自扭头退出都督府。

岳飞回到馆舍,大家见他满脸怒色,就是岳雲也从未见到过父亲如此盛怒。在黄纵等人的盘问下,岳飞还是交待了与张浚吵架的经过。张节夫问道:"岳相公目即当怎生行事?"岳飞说:"下官已与张相公言道,不得做素餐尸禄底人。我久有此志,教王、张二太尉代统行营后护军。如今正宜请宫祠,到妈妈坟前尽孝。"众人都长久地沉默不语,岳飞想了一下,又说:"祥祥可与我在妈妈忌日前,速去江州服孝。三位官人且请回归鄂州,晓谕王、张二太尉与薛参谋、李参议。"

黄纵长吁一声,说:"下官母老,本宜在家伏侍。我所以愿从军,此是激于大义,欲效尺寸之长,以报岳相公底知遇,便是弃身锋刃,赴汤蹈火,亦是甘心。今日方得明白赵次张不愿再仕底苦心。下官亦请从此告辞,归养老母。"岳飞对他报以苦笑,表示同意,他又对于鹏和张节夫说:"然而下官唯愿于、张二干办尚得留于军中,协助王、张二太尉。"于鹏说:"下官遵命!"张节夫说:"下官愿为岳相公起草辞职奏。"岳飞说:"感荷张干办。"

岳飞一行连夜乘船动身,到江州后,岳飞父子与众人道别,准备登岸,先赴庐山东林寺,他把随身的亲兵一律发回鄂州。黄纵说:"岳相公虽是上奏辞职,未得主上俞允,便径自离军,切恐不当如此。"岳飞用低沉的语音说:"下官亦知此非是臣规。然而我料得主上必是不允。若必得主上俞允,又何须上奏辞免。"他说完,就与岳雲上岸,骑马急驰而去。黄纵等三个幕僚望着岳飞父子的背影,只是唉声叹气。

[柒]
且 疑 且 用

张浚的心胸并不宽广,他对身为武臣的岳飞居然拂袖而去,尤其感到不能容忍。当翌日宰执面对时,岳飞的辞职奏也已进呈到宋高宗那里。张浚的口奏,并没有把自己与岳飞争执的情况,原原本本地叙述,而是打了某种折扣,宋高宗面带愠怒之色,说:"如今诸大将底兵马,皆是朕底兵马,兵柄底授受与夺,唯出朕意。不意岳飞竟如此举止,此是为臣不忠,深负朕望!"张浚说:"岳飞底积虑,专在于并统各军,如今奏牍请宫祠,便是意在要挟君主,此风不可长。"秦桧气愤地说:"岳飞大奸似忠,大诈似信,今日便见真情。"

宋高宗问道:"既是恁地,卿等以为当怎生措置?"张浚说:"臣保奏兵部侍郎、都督府参议军事张宗元任荆湖北路、京西南路宣抚判官,前往鄂州督率行营后护军。鄂州原有王贵任提举一行事务,张宪任同提举一行事务,日后如有劳效或军功,可改任都统制、副都统制。便依岳飞底上奏,教他奉祠。"张浚的打算是乘机收岳飞的兵权,以便将岳家军也在事实上成为都督府的直属部队。宋高宗望着秦桧,问道:"卿意如何?"秦桧说:"臣以为张相公所议可行,祖宗之法,便是以文制武。"

宋高宗又望着另外两名执政,沈与求和陈与义都面露为难的神色,宋高宗说:"君臣一体,宰执一体,卿等不妨直言。"沈与求说:"臣以为,岳飞此回诚有过失,然而他犹欲用兵向前厮杀,与刘光世不可同日而语。行营后护军雄师十万,天下第一,臣切恐张宗元难以掌此大军。"张浚说:"然而鄂州底大军,不可一日无帅,臣以为,姑且教张宗元先去,相机行事,待朝廷熟议措置之策。"宋高宗说："便依卿奏,可日下教张宗元起发。"张浚说："然而张宗元前去鄂州军中,不可无名。"宋高宗说："便教他权宣抚判官。"

奏对结束后,张浚满心欢喜离开行宫,他沿路用略带讥讽的口吻对沈与求说："沈枢相,你与岳飞非亲非故,何苦如此袒护。"沈与求动了感情,他说："下官与岳太尉岂但非亲非故,尚有文武之别,下官唯恐张相公将军务轻易付托吕尚书与张侍郎,日后不免有折鼎覆悚之讥。"张浚笑着说："沈枢相岂非是杞人忧天?"沈与求说："自家们拜罢底事小,而军务失措底事大。"张浚说："若是吕尚书与张侍郎措置军事,并无失误,沈枢相便当如何?"沈与求说："下官既是做执政,便须与张相公同心同德,成则相庆,败则相助。"张浚到此也无言对答。

沈与求在两次奏对中,都与张浚异议,张浚因此对他产生嫌隙。不料数月之后,沈与求突然病死,彼此也就了结了这段不深的积怨。

再说宋高宗虽然按张浚的主张作出决定,心里却是疑惑不定。几年以来,他事实上已经养成在军事上必须依赖岳飞的心态,如今一旦要罢岳飞的兵权,简直不能设想会有什么后果。宋高宗尽管反复权衡各种利害得失,还是十分犹豫,罢又不是,不罢又不是。但是,他认为自己已经听取了宰执的意见,又无须与他们再作商量。

刘光世奉召,终于来到建康府,他在奏对时,坚决请求离军。于是宋高宗顺水推舟,发表他以少保和护国、镇安、保静军三镇节度使的虚衔奉祠,充万寿观使的闲职,另加封荣国公,奉朝请。宋时所谓奉朝请,是每月有初一等六天须上朝立班。宋高宗还另外赐刘光世豪华的第宅一区。张浚还是排除其他执政的反对意见,建议皇帝发表王德出任都统制,而另命吕祉以兵部尚书、都督府参谋军事的身份,前去庐州监军。到此,刘光世罢兵权的事,总算是按张浚的设计而了结,使他称心满意。

但是,尽管新命的荆湖北路、京西南路宣抚判官张宗元已经离开行朝,乘船前往鄂州,而岳飞是否罢兵权的问题仍然无法确定。张浚和秦桧虽然向皇帝再三进言,宋高宗还是不愿作出决断。

一天,左司谏陈公辅按制度以本职进对。当时司谏的职责是参与议论时政得失,纠劾百官,谏诤皇帝等。陈公辅字国佐,台州临海县人,是政和三年进士，今年已有六十一岁。早在北宋末年，他已出任台谏官，因为坚决支持李纲，而被耿南仲之流指为李纲同党，宋钦宗将他罢黜。陈公辅是在去年重新出任谏官，不久前曾上奏弹劾赵鼎处置敌军进犯，惊惶失措。

陈公辅上朝殿行礼毕，就首先提问说："近日士大夫为岳飞上奏请祠一事，议论纷纷，却是不得其实。臣曾为此去都堂，询问宰执，他们却是支吾其词，唯是说日后便见分晓。"宋高宗不愿说自己出尔反尔的真情，只能编造谎话："岳飞到行朝，闻得朝廷欲罢刘光世底兵柄，便乞并统行营左护军，大举北伐。他言道，刘豫不足平，要当以十万大军横截敌境，教刘豫势孤自败。朕晓谕岳飞，如今驻跸于建康，以淮南为屏蔽，若是兼统淮西一军，便能平定中原，朕亦何惜。唯恐中原未复，而淮西失守，行朝便不得奠枕而卧。他此回上奏请宫祠，煞是跋扈有萌，教朕寒心。"

当时，说武将跋扈，当然是很重的责词，特别是出自皇帝之口。陈公辅已经对张浚和岳飞的争吵有所风闻，就说："岳飞底辞职奏，不知微臣可得一阅？"宋高宗吩咐宦官，将岳飞的上奏取来。陈公辅仔细地将岳飞的辞职奏再三推敲。岳飞在奏中避免了对皇帝出令反汗的评论，只是强调自己与宰相议论不合，说自己久有让王贵和张宪统率行营后护军的想法，他们决然有能力指挥作战，现在正宜请求宫祠，为亡母看坟守墓，稍尽孝道，而便于张浚督军。

陈公辅说："臣到行朝供职未久，然而久闻士大夫辈称道岳飞，说他忠义可用，为当今大将第一，有古名将之风。岳飞为人谦退，言道日后功成，便须归田里，做太平散民。臣风闻得他在都督府与张浚争议，亦曾言道，行营后护军是朝廷之兵，不是他底私兵。唯是以为张相公迟迟未肯出师，有误军机。臣忖度岳飞底用心，以为诸大将或是拥兵玩寇，他必欲胜敌，此便是其志可嘉。然而岳飞本是粗人，不知祖宗底文武之道，凡事终少委曲，明言与宰臣议论不合，此又是他底过失。"陈公辅当然是在尽量为岳飞说好话，宋高宗听后，发出轻微的叹息，问道："依卿底意思，又当怎生措置？"

陈公辅说："臣愚以为，刘光世当罢，而岳飞不可罢，唯是当用其所长，责其所短，教他服从君命，知过而改。"宋高宗说："卿所建议，可备一说。"陈公辅接着用激动的语调说："方今底国计,莫大于复中原,雪奇耻。然而诸大将或是金玉满堂,姬妾成群,所辖营伍或是用于回易,用于私役,训练不精,纪律不齐。身为大将,如是不得体恤国难,唯知临战畏避,如刘光世之流,又何以为国家底长城?唯有岳飞廉洁爱兵,奉己甚薄,而与士卒同甘苦,屡立功效,不自矜夸,一心为社稷效命,戡平国难,如此大将,岂得不用?"

宋高宗听了,还是沉默不语,但陈公辅已经看出,皇帝心有所动,就继续说："陛下驻跸在江南,久违京阙,痛思太上皇底梓宫不得归朝,渊圣皇帝与天眷远在沙漠,跬步在念,斯须不忘,焦心劳思,以图恢复,期于报父兄之仇,雪积年之耻。常言道,千军易得,一将难求,陛下在位七、八年,方得岳飞一个良将。若是轻易闲废,窃以为失策。"陈公辅说到如此地步,也就无法再说了。他退殿时,又特别转回身体,说："人无完人,金无足赤,岳飞底兵权一事,事关大局,恭请陛下三思。"

宋高宗独自在殿里仔细咀嚼陈公辅的进言,最后不由长叹一声,说："如今亦只得且疑且用。"他吩咐宦官,立即召四名宰执上殿面对。拜见礼毕,宋高宗首先说："朕意已决,须是召岳飞到行朝,晓谕他依旧典兵。待岳飞到鄂州后,便教张宗元归朝。"皇帝的决断口气,使张浚和秦桧都不能再说反对意见。沈与求和陈与义为了避免得罪张浚,也不说赞扬皇帝圣断之类言语。

宋高宗见四人都不说话,不免有点生气,说："众卿底意思如何?"张浚只能抢先说："臣恭依圣旨。"其他三人也先后说了类似的言语,但秦桧加了一句："此回岳飞未得陛下圣旨俞允,便径去江州,为其母守庐墓。此是不臣之渐。便是到行朝,亦须戒谕。"宋高宗说："卿言甚是。"他也明白,四名宰执其实是两种主张,就吩咐陈与义说："陈卿可为朕草旨,其一是教岳飞赴行朝,其二是严令王贵与李若虚前往江州,教岳飞出山,若是岳飞不复职,须是与二人峻罚。"

陈与义当场为宋高宗起草两份手诏,宋高宗又命其他三人过目修改。宋高宗对宰执的草稿还不满意,又在给岳飞的手诏中另加了"卿忠勇冠世,志在国家"九字,然后命令交付宦官,以金字牌分别递发江州和鄂州。

[捌]
释　　疑

　　黄纵、于鹏、张节夫等人乘船沿大江溯流而上,行程较缓,而最早到达鄂州的消息,是朝廷命令张宗元为宣抚判官。宣抚使、副使和判官是三个级别不同的差遣,而职权相同,但在不少场合下,既然设立正使,就不需要另设副职,所以张宗元的任命,就引起人们的各种猜测。黄纵等人抵达鄂州后,才正式带来了岳飞辞职的消息,但他们按岳飞的吩咐,只是对王贵、张宪、徐庆、薛弼、李若虚五人详细说明原委。黄纵又很快带着家眷离任,返回故乡平江府。仅是岳飞不回鄂州,对很多不知情的人们就无异于晴天霹雳。然而专门负责递发御前文字的金字牌,又很快传来了宋高宗的手诏,严令王贵和李若虚动身去江州,敦请岳飞出山复职。

　　鄂州知州刘洪道行将离任,前去赴任潭州知州、兼荆湖南路安抚使。他向薛弼打听情况后,特别约了王贵、张宪、徐庆、薛弼、李若虚五人找李娃面谈。双方分宾主坐定,刘洪道第一个开口:"下官离任在即,而岳相公尚未返回,今日特来向国夫人辞行。"原来在岳飞官升太尉、宣抚使后,李娃最近已被朝廷特封为外命妇中最高一级的楚国夫人。李娃也客气地说:"自家们寄身鄂州,唯是感荷刘知州嘘寒问暖,请受奴家一拜。"说完,就起身作女子拜。

　　刘洪道连忙起立还礼,然后用恳切的语调说:"下官虽是虚长岳相公十四岁,与他相处四年,备受教诲。岳相公忠勇壮烈,国之柱石,德望威名,人所敬服。虽是用行舍藏,自是圣人古训,然而如今官家已是下诏,教岳相公复职。此岂但是下官引颈而望,亦是行营后护军底将士、天下百姓之所期盼。"

由于与张宪的亲戚关系，李娃对于丈夫的近况当然是知情的，她虽然已与岳飞有三个月未曾见面，但对丈夫的心态了如指掌。她听了刘洪道的话，已明白对方的来意，就说："奴家是一女流，未得过问军务国事。然而伯富、循礼、祝康与鹏举自平定军杀敌，便是同袍同泽，薛参谋与李参议又是鹏举素所尊敬，自当知得鹏举底心腹间事。"她不由联想起七年前一丈青王燕哥对自己的临别赠言——"伴君如伴虎"，"早思退路"，眼圈发红，她忍住伤心，又说："鹏举自从戎以来，煞是秉承母训，尽忠报国，天地可鉴。然而他既患苦于眼病，又常恨不得尽孝养，每欲将军事托付伯富与循礼，此亦是人所共知。若是趁此机会，得以了却他底夙愿，便是好事。此亦是奴家底大愿。"

她的一席话，就使来客们明白，在规劝岳飞复职的问题上，不可能得到她的支持和帮助。于是大家一时都沉默起来，还是李若虚重新发言："天子有诏，下官须与王太尉同去江州，请岳相公复职。国夫人与岳相公数月未见，不知可有书问？"李娃说："有劳李参议与王太尉，奴家虽与鹏举离别数月，甚是思念，然而亦不须通书问。烦劳李参议传言，奴家唯愿鹏举在阿姑坟前稍尽孝道，以赎前愆。"她用这种方式，再次表示支持丈夫退闲。她想了一下，又说："发发年仅十二，误蒙圣恩，未得有涓埃报效朝廷。相烦李参议、王太尉携他同行，亦可到婆婆墓前，聊表孝心。"

对于这次谈话，王贵和李若虚因为君命在身，自然希望得到李娃的支持，而李娃的表态又不出张宪、徐庆和薛弼的所料。他们五人原先都感到不便为岳飞复职的事，向李娃求援，而刘洪道自告奋勇，当然又是最合适的说客。现在到此地步，刘洪道感到向岳飞辞行的目的已经达到，而争取李娃帮助的事，又不能勉强，所以又寒暄几句后，就与其他五人一同告辞。李娃当即为岳雷准备行装，让他与王贵、李若虚同行。

自从姚氏死后，高泽民服孝期满，就到外地任监粮仓官，岳银铃也随儿子前往。芮红奴再婚之后，当然须与高林同居。当时游奕军出戍襄阳府一带，岳飞为了照顾第二副将高林，特别命他改任岳家军的副都训练，留任鄂州。张宗本夫妇为了对义母尽孝，也与他们同住，但岳飞还是按月为他们另加生活费用。赵云的母亲张氏本来由岳家供养，后来徐庆的妻子认张氏为义母,又接张氏到自己家住。只有高芸香,她本来就与李娃情同姐妹,两人相约,还是同吃同住。巩岫娟为了尽孝道,平时吃饭,就让大人们一桌,自己则照管岳雷、岳安娘、岳霖、岳震和张敌万、张仇娘,与他们一桌。

李娃和张宪夫妇各有心事,今天午饭,只是默默地进餐。等李娃刚撂下筷子,张宪忍不住说:"君命难违,既是官家有严命,切恐岳五哥不得抗旨。下官岂不知岳五哥底美意,然而王大哥与下官难以掌管行营后护军,尤难于在张相公之下处事。"高芸香叹息说:"常言道,君无戏言。不料小人进谗言,竟是翻手作雲覆手雨。"李娃哽咽着说:"自家们三人既有国仇,又有家恨,恨不能旬日之间,旌旗便得直指燕京。然而将臣立功于外,须是有相臣主张于内。便是鹏举复职,切恐亦难以有作为,而动辄掣肘。唯其如此,奴家极是思念新兴郡夫人底临别赠言。"由于一丈青的话过于露骨,迹涉指斥乘舆,李娃只能点到为止。张宪夫妻咀嚼李娃的话,也颇感心灰意懒。

张宪第二天稍有感冒,按往常的习惯,本来不须告假。但张宪既有心病,就乘机不去坐衙。当王贵和李若虚匆忙带着岳雷启程后,岳家军一时就无人主持日常军务。由于岳飞辞职和新任宣抚判官张宗元的细节或明或暗,就不免出现若干流言,并且愈传愈离奇,搅得将士们人心惶惶。一种最坏的传言,则是说岳飞已被朝廷免职,从此由张宗元掌兵,更使人心不服,军心不稳。

薛弼感到情况不妙,就去找张宪,说:"张太尉再不坐衙,切恐军中变乱,不可收拾。"于是张宪只能以同提举一行事务的身份立即坐衙。薛弼坐在他的左侧,而众将与幕僚们在两旁站立。张宪厉声说:"岳相公暂时离军,众太尉尤须约束本部,不得生事。自今而后,有偶语者,必斩无赦!"牛皋说:"下官自当服从张太尉底军令,约束本军。然而岳相公离军已有数月,并无音问。朝廷如以张侍郎统军,众将士便是不服。"

张宪望了望薛弼,说:"岳相公底心腹间事,薛参谋尽底知得,不如教薛参谋晓谕众太尉,以免疑惑。"寇成说:"既是恁地,便恭请薛参谋和盘托出,不得隐讳。"薛弼笑着说:"下官与众太尉共事,岂得隐讳。"郭青急不可耐地说:"薛参谋且与自家们备述曲折。"

薛弼有意慢条斯理地说："朝廷命张侍郎到鄂州,正欲见得岳相公平时治军底绩效。下官备知众太尉尊敬岳相公,然而岳相公离军仅是三、四月,竟是军心慌乱。他闻知后必是不乐,又如何教他安心?朝廷既是严令王太尉与李参议前去,强令岳相公复职,下官料得,岳相公不久必当回归掌兵。张侍郎不日前来,众太尉须是教部伍严整,军无喧哗,训练益精,教朝廷知得行营后护军是天下第一胜兵,足以直趋旧京,长驱河北。"

王俊问道："然而张侍郎可久驻鄂州?"薛弼说："依下官料得,张侍郎并非久留者,只待岳相公归来,他当回报朝廷。然而张侍郎若是久留军中,自家们尤须以国事为重,与他齐心协力,共济国难。"经过张宪和薛弼的整顿,岳家军的军心得以安定下来,将士们以友善的态度、严整的军容,等待张宗元的到来。

如果说,众将为岳飞离职感到忧心,而王俊其实是盼望岳飞永远离军。他身为前军副统制,在岳飞严格的纪律约束下,很不耐烦,所以特别打听张宗元是否久留军中。当时财政拮据,武官之中,即使统兵官也不能发放全俸。按王俊的官衔左武大夫、果州防御使,本可每月发放料钱一百五十贯,由于临时制订的所谓"借减"法的规定,打了一个半折,就只支付七十五贯。王俊的收入与普通军士、百姓相比,虽然说不上大富,无疑还是十分宽裕。但他仍然贪心不足,不久之前,就向前军统制张宪试探,说:"本军中或有婚、丧、疾病等事,军士难以应急,不如将逐人底请给取出五十文,积少成多,以供军营底急用。"他的意图其实就是借故克扣前军军兵的军俸,设法据为统兵官私用。张宪并不明白王俊的真实用意,却表示反对说:"岳相公治军,从来不得借故减克军士底请给。便是岳相公从此离军,自家们亦当遵依成规。若是军兵有急用,自当另行筹措。"王俊无话可说,但心里却恼恨张宪。

张宗元终于乘船来到鄂州,当官船泊岸后,以张宪、薛弼为首的宣抚司官员已在岸边迎候。张宗元于次日就坐衙,众将和幕僚们都前来参拜,显得严肃、恭敬而又带有几分亲切。张宗元作为张浚的心腹,其实是奉张浚的旨意而来,他原以为岳家军的将士们会怀有某种敌意,而众人的表现和反应,却颇出他意料之外。尽管如此,张宗元还是要体察军情,找人谈话。

谈话的第一个对象当然是薛弼。张宗元是唐州方城县人,长期当张浚的幕客,又经过考试,得到进士出身,同他的上司张浚一样,怀着文武异途的偏见,与武将相比,他自然更愿意先找文官,特别是与进士出身的文官交谈,以便了解实情。张宗元过去与薛弼交往不深。两人在宣抚司的大堂上,分主次坐定,张宗元接着就屏退左右。薛弼已经完全明白对方的用意,他只是用亲热而不卑不亢的态度,等待着对方提问。

张宗元说:"下官初到鄂州,军情人事,极是不谙妥,若得薛参谋不吝指点,直是不胜感激。"薛弼说:"自家们共服王事,便不须分彼此,下官自当尽心竭力,襄助张宣判。"张宗元就依自己的立场,把张浚与岳飞争吵的经过叙述一遍。薛弼当然清楚,这是要自己表态,是站在宰相兼都督张浚一边,还是站在自己的顶头上司岳飞一边。他诚恳地说:"如今国难深重,似当以复仇雪耻为重,而尤须文武一体,同心同德,以济中兴大业。"这种表态显示了超脱张浚和岳飞矛盾之上的和解姿态。

张宗元说:"然而岳太尉专意兼统行营左护军,朝廷不允,便以辞职要挟。"薛弼说:"朝廷既是明令岳相公复职视事,又教张宣判到鄂州监军,便须记功掩过,与他同事,共济北伐大业。待燕山勒铭之后,再教岳相公致仕不迟。"薛弼依然不对岳飞的行为作出评议,但他的规劝,还是使张宗元感到顺耳,他向薛弼交出底牌,说:"下官在中途已得省札,只待岳太尉回军,下官便须重归都督府。"

从内心讲,薛弼其实也不希望张宗元久留岳家军,他与岳飞相处十分融洽,军中多了一个张宗元,无非是平白无故多一重麻烦。但薛弼脸上不露声色,只是平心静气地说:"若是恁地,张宣判尤须与岳相公推心置腹,以诚相待,以直解怨。下官知得,张相公锐意于恢复,日后岂得不用行营后护军。"张宗元虽然没有马上应答,但内心还是认为对方的说法有道理。薛弼望着张宗元的脸色,又建议说:"张宣判既是受朝廷委寄,前来鄂州,正宜询访将士,体察军情,宣布朝廷德意。若是军中有不公、不法底事件,亦得以纠劾。"张宗元说:"薛参谋底计议极是。"

一次谈话,多少化解了张宗元的某种敌意。他按薛弼的建议,开始逐一找岳家军的将领谈话。张宗元知道张宪、徐庆与岳飞的特殊关系,除了他们俩,他对其他将领谈话时,几乎都作了试探。但使他惊讶的,是并没有人说岳飞的坏话。他对牛皋特别提起绍兴四年冬援淮西时,岳飞赏功不公的事,问道:"牛太尉可有怨否?"牛皋却说:"下官无怨。徐太尉劲直,岳相公事后又与自家诚心致歉,下官何怨之有?"

其中比较特别的,是与王俊的谈话。当时其他将领都没有给张宗元送礼,而王俊却送了一份相当厚重的礼品。狡猾的王俊当然不敢贸然说岳飞和张宪的坏话,他只是吞吞吐吐地说:"下官得风痹症,日后难以上战阵,切望张宣判保举下官一个东南底闲便差遣。"张宗元说:"如今东南各路底统兵官未有窠阙,如是添差,便不得依统兵官底俸禄。若是当职欲保举,亦须关白岳太尉。"王俊顿时语塞。

张宗元本来就看不起武将,他知道王俊送礼的目的,心里当然更加鄙薄,但还是用言语试探:"王太尉久在军中,后护军有甚弊倖,可与当职面陈。"王俊想了一下,说:"岳相公与王、张、徐三太尉自从微末时相随,遇事多所偏袒,谅张宣判已是知情。"张宗元避免表态,只是显示继续倾听的表情,于是王俊又说:"宗室八六太尉曾有恩于岳相公。如今在军中,虽是做副将,岳相公却是奉为上宾,自与众将有异,有事便与他密室计议。"

张宗元表面上不露声色,不置可否,实际上却非常注意王俊所说的情况,在岳家军中多方打听,他不仅在各军视察,还特别到前沿襄阳府和故乡唐州去一回。最后,张宗元不能不对岳飞的治军和律己表示叹服。等到他从前沿回归,又与薛弼单独谈话。因为在张宗元看来,其他幕僚都是岳飞自辟的亲信,唯有薛弼还算是朝廷委派,可以信任。

张宗元单刀直入,说:"下官此回在行营后护军中周遭巡历,体访利害得失,见得煞是纪律严明,训练有素。唯是有人言道,宗室八六太尉有恩于岳太尉,故两人过从甚密,或不时在密室计议,不知实有此事否?"薛弼没有料到张宗元如此发问,但他已经懂得问题的严重性,在岳飞与朝廷关系出现裂痕的情势下,这当然是一种怀疑岳飞和赵不尤图谋不轨的思路。薛弼想了一下,就坦然地说:"下官并未闻得岳相公有密室,他与众官人议事,或在书房,或在宣抚司厅堂。他煞是礼敬八六太尉。然而说他们不时在密室计议,岂不是耸人听闻。"张宗元听后,立即联想到王俊与众不同的言谈举止,虽然没有表态,但脸上还是流露出信服的表情。薛弼望着张宗元,又说:"若是朝廷有疑于岳相公与八六太尉,不如教他离军,此亦所以成全主上优抚皇族之美。"张宗元又面露赞同的表情。

[玖]
复职的曲折

岳飞父子抢在三月二十六日姚氏逝世周年前,赶到江州东林寺,会见了长老慧海,然后就去岳家市附近的姚氏墓,举行姚氏忌日的祭奠礼仪,同时又在东林寺做道场,岳氏宗族都参加了祭奠活动。此后,岳飞父子就在姚氏墓前临时搭一个草棚,日夜守候坟墓。抑郁的岳飞成天没有几句话,岳雲明知父亲的愤懑,却不便多说,其实他也没有多少话可以劝慰父亲。倒是岳氏宗族和东林寺的和尚,还不时前来看望。岳飞经常长跪在母亲坟前达一、两个时辰,岳雲也陪着父亲长跪。

很快已是四月初夏天气,岳飞父子都改穿单麻布衣。一天,岳飞跪在墓前,突然失声恸哭,他悲怆地自言自语说:"妈妈神灵在上,儿子忠不得报国,孝不得奉养,又有何面目跪于墓前,立于天地之间!"岳雲听后,也陪着落泪。不料却有人在他们背后说:"老僧以为,岳相公须知,人生极苦,涅槃最乐。国夫人既已超脱诸般苦恼,岳相公又何须以人间患难,干扰国夫人。"岳飞父子回头,只见说话的正是慧海,两人连忙起立,向老和尚行礼,慧海也合掌还礼。

三人就在坟边石条上坐下,慧海刚才用佛教的语言劝解岳飞,确是对岳飞的心灵起着宽慰作用,慧海望着无法遮风避雨的草棚,又说:"岳相公既已离军,自当暂解尘世底烦愁,不如到敝寺坐禅,可听老僧演说佛法。佛法不外乎'净心、自悟'四字。心绝杂念,便得无有烦恼,知得一切皆空,便是能净能悟。"岳飞说:"然而下官此回上奏乞主上解职,正是为妈妈看坟守墓,稍尽孝意。"慧海说:"岳相公心有愁苦,又怎生教国夫人底神魂安息？岳相公到敝寺中住，净心涤虑，以无碍慧解一切缚，再以无碍心到国夫人墓前尽孝，方是真孝。"岳飞到此终于被慧海说服，父子俩就随着慧海去东林寺。

岳飞到东林寺的翌日，金字牌传递到宋高宗的手诏。岳飞当即亲笔再写一份辞职奏，向皇帝恳辞恩命，继续请求宫祠，用急递发往行在。两天之后，王贵和李若虚也到东林寺寻找岳飞。任凭两人如何劝解，岳飞却是坚执己见，不肯出山。双方僵持了五天。

王贵和李若虚万般无奈，就只能连夜去僧房找到慧海，请求他帮忙。王贵说："长老深通禅理，岳相公极是礼敬。自家们只为朝廷严令驱逼，唯是乞长老代为劝谕，若是说得岳相公心动，便不胜感激。"慧海说："出家人本是看破红尘，不得理会俗家底事。佛法中并无俗世底君恩臣规、国仇家恨等事。老僧见得二官人情急意迫，却是难以用佛法相劝，端的是心有余而力不足。然而依老僧所见，岳相公终是尘世中人，断绝不得匡世济时底欲念。二官人底说谕，终当成功。"王贵和李若虚只能告退。两人一夜反复商量，终究想不出什么奇谋妙策。

已经是第六天的规劝。岳云和岳雷不便参加长辈的谈话，就每天去姚氏坟前看守尽孝。岳飞还是一如既往，只是静听对方的劝说，很少回话，但回话虽少，却是简单干脆，很有分量。李若虚从来与岳飞互相礼敬，到此地步，却忍不住发火了，他怒声说："岳相公如此胡做，岂不是反叛朝廷？此非美事！若是依然我行我素，坚执不听朝命，朝廷岂不怀疑岳相公！岳相公原是河北一个农夫，受天子底委任，付托兵柄，岳相公自问难道可与朝廷相抗？岳相公若是仍旧不服朝命，自家们有甚亏负，而因此受严刑？岳相公亦岂不愧对自家们？"岳飞面对他的激烈批评，依然不说话，但王贵和李若虚看得出，他的眼神流露出很深的歉意。尽管如此，双方还是僵持着，王贵和李若虚再也想不出更能打动岳飞的言语。

突然有军士进入禀报："今有洪州李相公到东林寺。"岳飞与王贵、李若虚都吃了一惊，三人慌忙起身出迎，不料李纲已经过了虎溪石桥，进入山门。岳飞等三人向李纲长揖，李纲向他们还礼，慧海率领一批僧人也前来迎接。李纲请慧海等僧人不必拘礼陪伴，他径直来到岳飞的居室，岳飞等人恭敬地招呼李纲上座，有僧人献茶。

李纲面带长途跋涉的疲色,坐定呷茶,稍稍休整一下,才开门见山地说:"老夫衰拙,坐守洪州,临繁处剧,实非所长。然而近日得陈国佐司谏底书信,方知鹏举与张相公谋事不谐,而到东林寺,以求退闲安便。"岳飞、王贵与陈公辅还没有一面之交,而李若虚当然知道陈公辅与李纲的特殊关系,就赞叹说:"陈司谏直是忠于谋国!"岳飞接着只能把事情经过原原本本向李纲陈述,而王贵和李若虚又作了一些补充。

李纲感叹说:"鹏举可记得,老夫去年与你在本州泊船相会,言道你用兵有三难?"岳飞说:"下官蒙李相公教诲,敢不铭记。"李纲说:"陈国佐信中言道,如今行朝人言籍籍,或说鹏举未得圣旨依允,便擅自离军,此是不臣之渐。然而老夫岂不知鹏举底苦衷,此可谓是报国无门,万不得已。"岳飞听李纲说破了他的衷曲,不免激动起来,一时竟止不住泪水饱涌眼眶,落下了几滴英雄泪。

李纲又长吁一声,继续说:"国佐虽与鹏举无一面之交,然而他在书信中言道,久知鹏举忠荩,自当尽心为鹏举缓颊力辩。"岳飞说:"下官何德何能,有劳陈司谏如此费心。"李纲说:"老夫忆得,当建炎元年入朝时,在安平驿与张正方相遇。老夫言道,君子难进易退,小人易进难退。张正方言道,事关江山兴亡,还须易进难退。然而做宰相七十五日,当张德远秉承黄潜善底意旨上劾奏,老夫当时亦只得上奏辞免。"

李若虚乘机补充说:"下官与朱肖隐当时随侍李相公,备知本末。如是主上不允辞免,李相公亦不愿轻易退位,教两个奸佞得逞。"李纲听李若虚提到朱梦说,不由落泪,说:"老夫尚忆得肖隐底绝命诗:'兴亡天下忧心在,表里乾坤正气浮。死去别无身后事,亡魂犹绕古幽州。'"

李纲的吟哦更使岳飞产生一种难以言喻的沉痛,他有力地低声说:"下官当谨遵李相公底教诲。"李纲却用另一种忧郁的语调说:"然而自今以往,鹏举底功业尤是难上加难,只恨老夫又无力相助!"大家又转入沉默,彼此只是互相用眼神传递沉重的心情。

直到慧海进入,才打破了沉默,他说:"李相公远道而来,敝寺排办得素斋,恭请李相公、岳相公等众官人用膳。"于是四人一同起身,岳飞等三人用侍候长辈的礼节,陪伴李纲去东林寺的食堂。到了夜晚,岳云兄弟也回寺拜见李纲。

李纲的心情其实也相当矛盾。他只能规劝岳飞复职,但在复职后如何行事,却又根本提不出一套合理而可行的方案,而只能让岳飞自己临时随机应变。他不能不为岳飞今后的命运,大宋中兴事业的命运忧心忡忡,其实又不能为岳飞设计什么奇妙的对策。李纲只在庐山停留一天,于次日返回洪州。岳飞、王贵、李若虚以及岳雲、岳雷向李纲长揖,深情道别,但双方除了互说"前途珍重"之外,又更无他语。

　　岳飞等人送别李纲后,王贵当即返回鄂州,岳雲兄弟按父命随王贵先回,而岳飞与李若虚也同时再次前往行在建康府,他们都是分乘岳家军水军的战舰。岳飞在中途又得到张浚的都督府札,命令他途经太平州时暂留。原来志满意得的张浚以宰相兼都督的身份,与吕祉前去淮西庐州,视察行营左护军。他向将士们宣布朝命,委任王德为都统制,又正式任命吕祉以兵部尚书、都督府参谋军事的头衔节制本军。等人事安排完毕后,他就渡江到太平州,准备在那里临时设置都督行府,召见岳飞。

　　要去会见不久前拂袖而别的张浚,对岳飞当然是很大的难堪。但到此地步,岳飞又只能觍颜去做一件羞辱的事。正值五月初夏时节,岳飞和李若虚到太平州的第三日,张浚的官船也自江北南渡泊岸,岸上是成群结队的迎候官员。在迎接宰相的场合,官员们穿着公服,四品以上穿紫袍,六品以上穿绯袍,而九品以上穿绿袍,唯有岳飞和李若虚两人只穿素色麻布单袍。吏胥们张着一顶显示身份的青绢伞和两把紫罗掌扇,簇拥着张浚登岸。张浚早就在船上望见两个与众不同的穿着麻布袍者,并且判断出必是岳飞和李若虚。岳飞依官位当然是首先上前行揖礼,用不自然的语调说:"下官迎候张相公。"张浚面带得意的、揶揄的微笑说:"岳太尉少礼。"尽管彼此再次会面的神情,并没有出乎李若虚的预料,却使他的心情更加沉闷。

　　当夜,太平州知州为张浚举行宴会,岳飞则推托不愿参加。李若虚的心里更加难受,他只能耐心劝说岳飞:"下官与岳相公相识已有十一年,岂不知岳相公底刚气。然而欲济得国事,亦唯有忍辱负重而已。当年韩信受胯下之辱,又比岳相公今日如何?"岳飞说:"自家们相知,下官如今亦唯有听从李参议底计议,何须计较自家底荣辱得失。"李若虚心里稍觉宽慰,说:"岳相公理会得其中道理,煞好!如今既是张相公掌政,亦唯有与他和衷共济,况且他尚有恢复之志。"

李若虚征得岳飞同意,翌日先去拜见张浚,双方谈了整整一个上午。他回来后,又对岳飞详细介绍情况,建议岳飞主动前往都督行府。岳飞仔细倾听李若虚的叙述和评论,他一言不发,最后感叹一声,说:"难得李参议如此体恤国事,下官不免去都督行府一回。"

张浚向来有一种文臣对武臣的优越感,加之心胸褊狭,对岳飞拂袖而去,至今还有一种恼意,见到岳飞迎接时不穿紫袍公服,更认为是有意给自己难堪。经过李若虚的反复耐心劝解,还是消了大半的气,他也不得不估计到,将来北伐,还是需要仰仗岳飞出力。当岳飞前来,彼此寒暄过后,张浚就开门见山地说:"岳太尉是武将,有直气,然而少知礼仪。圣上不责罪,而手诏教你起复,须知君恩深重。如今你唯有上奏待罪,我自当为你开陈。"岳飞也直率地说:"下官不候报,便去江州庐墓,如今已是自知罪过,愿上奏待罪。然而讨伐刘豫,亦不得久拖不决,须是君相当机立断。下官不才,愿率行营后护军为前驱。"张浚到此再也不便严词拒绝,只是敷衍说:"我知得岳太尉底忠心,待上奏后,与众执政共议,须是及早发兵。"

张浚当夜设宴招待岳飞和李若虚,三人就一同启程。他们在五月下旬到达建康城。岳飞接连上了三份"待罪"奏,延挨到六月初一,宋高宗才召岳飞单独上殿面对。岳飞在朝殿上行臣礼毕,就长跪不起,说:"臣岳飞妄有奏陈乞宫祠之罪,乞陛下明正典刑,以示天下,臣今在殿下待罪。"

宋高宗早就准备好一番言语,他严肃地说:"卿天资忠孝,威震远方,为国之爪牙,此朕所以眷遇甚厚。卿虽是误于听闻,轻率奏陈,朕实不怒卿。若是怒卿,则必有行遣。国朝太祖皇帝言道,有犯朕法底,唯是吃剑!"他把"吃剑"两字说得特别重,当然是含有警告之意,然后又改用较缓和的口气说:"朕重复致意,命卿典军,任卿以恢复底事,便是并无怒卿底意思。如今卿又能奉命到行朝,上章自劾,朕甚为慰藉。人孰能无过,有智底便是善于补过。自今而后,卿须是深识君臣之义,熟知名分之严。"说完,他就吩咐张去为代表自己,把岳飞扶起来。岳飞又在殿上叩头再三,说:"臣叩谢圣恩!"然后起立。

对岳飞而论,既然复职,就必须办理请罪和谢罪的手续;对宋高宗而言,也必须表演一通恩威兼施的帝王南面之术。当岳飞起立后,又迫不及待地提出自己最关切的问题:"臣愚既是蒙君恩复职,自当以素餐尸禄为耻。臣乞陛下早定英断,下诏讨伐逆贼刘豫,以伸张天下底公愤。"宋高宗只是用敷衍的神情回答:"恢复底事,朕自南巡以来,何尝不挂于心。卿可去政事堂,与宰执大臣熟议,然后先归鄂州,等候朝廷号令。"

岳飞退殿之后,怀着焦急的心情,直奔政事堂。当时沈与求已是病危,政事堂上,只有枢密使秦桧一人。他照理是不能坐政事堂的,只是按照宰执联合办公的临时规定,在那里值班办公。两人相见,互行揖礼,岳飞坐定后,就向秦桧陈述己见,秦桧装着耐心倾听的模样,然后说:"岳太尉忠荩,人所共知。然而用兵大事,下官一人做不得主,须是宰执同共与圣上计议。依下官底意思,岳太尉不如去与张相公计议,张相公是宰相,又兼都督。"

岳飞只能辞别秦桧,又去都督府,吏胥说,张浚在私宅休息。于是岳飞又赶到张浚第宅请求会面,门吏进去一会儿,又出来对岳飞说:"启禀岳相公,张相公言道,宰相不宜在私宅会客,岳相公底心腹事,他已尽底知得。且请岳相公速归鄂州统军,听朝廷日后底指挥。"岳飞强忍怒火,返回馆舍。炎暑天气,又增加了他的火气,他宽阔的眉宇紧皱,只是不断用团扇狂扇,藉以发泄无比的恼怒。

李若虚直到天黑才回来,只见岳飞坐在桌边,等待他一起用膳。两人互揖以后,岳飞只是默默地吃饭,李若虚从岳飞的表情举止,已经明白了情况。他用低沉的语调说:"下官今日拜会得陈参政,他尚是忧国之士,说破了朝廷底内情。"岳飞搁下碗筷,认真地听李若虚的叙述。李若虚又说:"陈参政言道,朝廷用兵底事,其实取决于张相公。张相公非无克定中原之心,然而吕尚书抚定行营左护军之前,张相公便不愿用兵。用兵时,又须教左护军立第一功。陈参政教下官传语,他知得岳相公底苦衷,然而心有余而力不足,唯是教岳相公珍重,暂且回归鄂州,日后须有为国效力之机。"岳飞不再说话,只是默默地用膳。

次日天色微熹,岳飞就把李若虚喊醒,说:"下官昨夜思忖再三,自家们留行在无益,不如早归。"李若虚说:"下官亦是此意。"他当即为岳飞起草两封书简,一封是致四位宰执的辞别信,另一封是单独给陈与义的,用恳切的言辞再次申述乘机北伐的建议。岳飞用毛笔誊录以后,吩咐馆吏交付政事堂和陈与义私宅,然后就和李若虚离开建康城,乘坐本军的战舰溯流返鄂州。

一路上,岳飞常站立船头,怅望着浩荡的江流,如画的景色,有时不免发出轻微而深沉的叹息。李若虚当然理解岳飞的心境,他伴随岳飞,跬步不离,却无法用言语劝解。船近江州时,李若虚说:"岳相公可须去国夫人坟前,再祭奠一回。"岳飞说:"下官心境不佳,不宜烦扰妈妈底神魂,唯是教她安息为上。"他的回答其实是接受了慧海的劝说。战舰因此并不在江州泊岸,而是直驶鄂州。

战舰距离鄂州只有一天的行程,李若虚取出一份自己起草的奏稿,对岳飞说:"下官以为,此奏可到鄂州后递发。"岳飞看了一下,说:"既是即日便到鄂州,不如教众官人熟议,然后递发进呈。"

岳飞一行进入鄂州城,他先不回家,立即会见宣抚判官张宗元和宣抚司属官幕僚。他同张宗元行礼和寒暄后,就将李若虚所起草的奏稿让众人传阅。自从岳雲按照制度担任书写机宜文字后,岳飞宣抚司的各种文件一般仍由幕僚们起草,但一部分机密文件或让岳雲誊录,或仍由自己誊录。在众文士中,最善词章的则是张节夫。张节夫看后,说:"依下官底意思,似可加入官家寝阁特命。"岳飞听后,马上联想到宋高宗当时的无比冲动,问道:"然而此已成往事,旧事重提,切恐不宜。"限于古代臣规,特别是当着张宗元的面,他只能暗示皇帝收回成命的事,认为不宜再提。张节夫没有回答,只是提笔在李若虚的草稿上略作修改,又反问说:"如何?"众人看后,都表示赞同。薛弼说:"依下官底意思,岳相公可另写咨目与张相公,诚恳致意。"岳飞说:"此说极是!"于是薛弼又当即为岳飞起草了给张浚的咨目。岳飞马上将两份文字亲自誊录,其中给皇帝的奏疏如下:

> 贼豫逋诛,尚穴中土,陵寝乏祀,皇图偏安,陛下六飞时巡,越在海际。天下之愚夫愚妇莫不疾首痛心,愿得伸锄奋挺,以致死于敌。而陛下审重此举,累年于兹,虽尝分命将臣,鼎峙江、汉,而皆仅令自守以待敌,不敢远攻而求胜。是以天下忠愤之气,日以沮丧;中原来

苏之望,日以衰息。岁月益久,汙染渐深,趋向一背,不复可以转移。此其利害,诚为易见。

　　臣待罪阃外,不能宣国威灵,克殄小丑,致神州隔于王化,虏、伪穴于宫阙,死有余罪,敢逃司败之诛!陛下比者寝阁之命,圣断已坚;咸谓恢复之功,指日可冀。何至今日,尚未决策北向。臣愿因此时,上禀陛下成算,不烦济师,只以本军进讨,庶少塞瘝官之咎,以成陛下窭寠中兴之志。顺天之道,因民之情,以曲直为壮老,以逆顺为强弱,万全之效,兹焉可必。惟陛下力断而行之!不胜大愿,区区臣子下情,昧死干冒天威,无任战慄恐惧之至。取进止。

岳飞写完,吩咐马上用急递发送行在建康府。他想了一下,又命令干办公事王敏求说:"王干办可即日启程前去行在,须是设法教朝廷允准用兵,此便是大功!"王敏求说:"下官遵命!明日便行。"岳飞安排完公事方才回家,会见分别已近半年的妻儿。

岳飞的上述举动有意当着张宗元的面做,不能不给张宗元留下极深的印象,张宗元感佩岳飞处事的光明磊落,没有把自己当作外人。张宗元次日又找岳飞单独长谈一次,更增加了好感,他最后对岳飞说:"既是岳相公归军,下官定于二日后回行朝,不知岳相公有甚事相托。"他不称呼太尉,而称呼相公,已表示了尊敬之意。岳飞说:"下官相托底事,张宣判已见于奏疏与咨目。此外别无他求,唯愿与张相公言归于好,一心一德,不分彼此,以长驱燕北为己任。"张宗元最后告辞时,紧握住岳飞的手说:"下官在鄂州数月,所见所闻,方知岳相公端的是一代贤大将,唯是相识恨晚!"

张宗元返回行朝后,首先自然是拜见张浚,令张浚吃惊的是,跟随他时间最久的心腹,完全改变了对岳飞的某种敌意,反而极口称赞。张宗元最后劝张浚说:"依下官之见,吕尚书虽是在庐州督军,然而平定中原,张相公第一尚须倚仗岳飞底行营后护军。既是他踊跃请缨,张相公自当支持。"张浚被他说得心有所动。

张宗元面对时,又向宋高宗口奏在鄂州的见闻,并且建议应允岳飞的请求,立即让他发兵,向伪齐出击。宋高宗本来已没有多少用兵的积极性,但由于张浚改变了态度,才勉强给岳飞发了一份允许用兵的手诏,并且按张浚的建议,另外特命学士院发一份奖谕诏。诏中说,"览从臣之奏封,知将帅之能事",即依据张宗元的上奏,赞扬岳飞与军士"茹苦分甘","旗甲精明,卒乘辑睦,士闻金鼓而乐奋,人怀忠孝而易从","裹粮坐甲,唯敌是求"。奖谕诏当然是旨在缓和朝廷与岳飞的关系。但与此同时,宋廷又发了一份命令赵不尤离军,赴任广南西路横州知州的省札。三份公文分别用金字牌和急递传送。王敏求总算在行朝等到了满意的答复,就满怀喜悦,急忙赶回鄂州,但他的行程当然慢于金字牌和急递。

[壹零]
淮西兵变

吕祉四月就随张浚来到庐州。当时行营左护军计有将士五万二千三百一十二人,战马三千零十九匹,分为十军,各军的兵力参差不齐。张浚与吕祉、王德商议,把全军改编为前、右、中、左、后、选锋六军,拆散了原来作为刘光世亲兵的部落军,也顺便罢免了一批不称职的将领。王德所部前军原有五千七百余人,如今扩大到八千人,他是以前军统制而兼都统制。张浚不等改编完成,就离开庐州,已如前所述。到五月中旬,军队改编工作完成,王德就向吕祉建议,举行一次阅兵,吕祉表示同意。

吕祉习惯于晚睡晚起,到庐州后,免于行在的朝会,生活习惯上倒是颇得自便,无拘无束。王德却较早来到教场,他全身铠甲,手执铁树,骑一匹乌骓马,虽然容貌颇丑,却是一个标准的雄赳赳武士。另外五名新近任命的统制,以右军统制郦琼为首,骑马缓行,前来参见。郦琼对王德的升任,内心充满怨意,然而却又抱着在人矮檐下,不敢不低头的心态,他一见到"夜叉"脸上饱绽的紫肉,一双环眼,猬毛一般的黄髯,又不免有几分怯意,就尽力面露笑容,说:"下官参见王都统,下官寻常伏侍王都统不周,今日乞做一床锦被遮盖。"其他四名统制也说了类似的话。不料倨傲的王德竟瞪着环眼,一语不发,只是用手一挥,示意他们各自归队。五名统制心怀怨愤,回到各军的队列。

王德等着吕祉迟迟不到,就登台坐交椅休息。暑月炎日高照,晒得将士们的甲胄发烫,汗流浃背,而吕祉却在近正午时,方才骑着一匹白马,头戴幞头,身穿紫纱袍,头顶还有吏胥张着一顶青罗伞遮阳,带着人从来到教场。王德赶紧下台,骑马迎接,向吕祉执铁樴行军礼,又陪同吕祉检阅六军。行营左护军过去在刘光世的统辖下,本来就纪律散漫。当王德初到教场时,倒还是行伍整齐,但经过半天烈日的烘烤,就显露出散漫的本相。吕祉望着这支精神萎靡不振、阵形凌乱的军队,不免皱起了眉头。

吕祉登台之后,就立即召六军统制和副统制上台训话,他严肃地说:"当职今日阅视,方知刘太尉平时治军无方,养成军中骄惰之习,长此以往,又如何为国家宣力?"众将都低头不语,情绪低沉,郦琼想了一下,就说:"自家们治军不肃,委是有过,然而军中亦有难处。"吕祉问:"有甚难处?"郦琼说:"往时在太平州屯驻,军兵与眷属同住营中,诸事皆有照应,如是白日上教,夜晚归家,便有热饭热水侍候,可教浑家刷甲,儿子积薪。如今军兵屯于庐州,而家眷又住太平州,便失照应,军士又常思念家人,不得安心。此亦是士气不振底一说。"吕祉说:"既是恁地,可将家眷迁移到庐州。众太尉尚有甚说?"他环视众人,只见大家无话,又说:"当职今限期三月,众太尉须是将军伍整顿,以待朝廷号令。"众人零零落落地响应,表示听命。

一次阅兵,其实却是加深了军中的各种矛盾。郦琼回去想了几天,就私下找其他九名统制和副统制商量。大家几乎都对吕祉的高傲不满,而对王德尤其怨愤,发泄了一通牢骚。郦琼说:"王德原与自家们同列,不意做了都统制,便恁地骄倨,藐视众太尉。自家们既是人同此心,心同此理,不如上状都督府,告发王德不公不法底事件。"听说要上状告发,又马上出现不同意见,中军统制张景说:"依下官底意思,不如暂且隐忍。"张景有些话没有说出口,因为在行营左护军中,不公不法的事,将领们人人有份。郦琼已经明白张景的用意,却说:"若要隐忍,又不知须隐忍到何时?"在他的再三煽动下,八名统制和副统制决定与郦琼联名上告,而只有张景拒绝参加。

郦琼等九人找到吕祉,当面递交联名状,并且对吕祉说了许多王德的坏话,郦琼最后说:"自家们已与王德势不两立,若是朝廷依旧教王德统兵,自家们唯有同共上辞呈。"吕祉十分震惊,因为行营左护军的六军中,除了王德本人直接统率的前军以外,其他五军的统兵官几乎都对他取不合作的态度,这就意味着自己根本无法督率这支部队出战,他只能采取息事宁人的方针,说:"众太尉且消停,你们与王德同为王臣,须是共济国事。"郦琼却说:"事已到此,自家们唯是愿服侍吕尚书,誓不愿在王德底麾下。"众人又纷纷作同样的表态。郦琼等人的办法是不断贬低王德,而抬高吕祉,终于把吕祉捧得昏昏然,他最后说:"众太尉须是听朝廷与都督府底号令,当职自当将此状呈送张相公。"

等郦琼等人退走以后,吕祉考虑一下,认为此事不能对王德说破,决定另找两人了解情况。第一个就是找张景,这是其他五军统制官中唯一没有参与告发者。张景当即向吕祉坦白了私下商议的情况,却又隐瞒了众将,也包括自己对吕祉的不满,认为这件事不宜坦白,他最后说:"军中底弊倖不可胜数。便是郦太尉,在镇江府强占得民间数十顷水陆田。若是王太尉状告郦太尉,又何患无辞。然而王太尉粗暴,煞是不得军心,难以服众。"吕祉开始对张景另眼相看,嘱咐说:"此事备见得张统制忠心,此后若是军中有事,自须及时关白当职。"张景诺诺连声而退。

吕祉所找的另一个武将是原统制官,现任都督府同提举一行事务乔仲福。乔仲福稍有文化,是张浚和吕祉亲自提拔,作为吕祉的助手,但不再统兵。吕祉向乔仲福出示了联名上告状,乔仲福看后,说:"王太尉与郦太尉互不相下,已非一日,而王太尉勇锐居全军第一,却是不善抚恤将士,此便是郦太尉底所长。"吕祉虽然把乔仲福当作自己的心腹,也并不表态,只是叮咛说:"日后有甚军情,须是及时关白。"乔仲福禀命而退。

吕祉向来认为,成大事者不谋于众,尤其那些粗夯的武夫,决无商讨的余地,只能是让他们言听计从。他盘算了一下,决定暂时回建康府,向张浚汇报和商量。吕祉召集众将,告诫他们要和衷共济,说自己去行朝和都督府,不日即回。不料他临行之前,王德也向他递交了告发郦琼等人的状词,这当然是王德得知郦琼等人告发后的反应。吕祉不得不对王德厉声说:"当职去后便归,王太尉在此期间,须不得生事!"王德说:"吕尚书放心!下官虽知郦琼等底奸计,只当无事,决不生事!"于是吕祉就暂离庐州,众将都带着笑脸,为他送行,一直送出城东偏南的时雍门。

六月中旬,吕祉抵达建康城后,就去都督府拜见张浚,说明情况。张浚见到两份状词,不由皱起眉头,他不由联想起岳飞与自己争吵时的议论,心想:"不幸被岳飞言中。"但在表面上,张浚又马上面露微笑,显示胸有成竹、满不在乎的模样,说:"王德与郦琼相争,此事不难平息,待明日面奏圣上,取圣旨。"吕祉问道:"怎生平息?"张浚说:"便授郦琼一个副都统制,晓谕二人合力济国事。"吕祉不能不表示忧心,说:"若是平时,尚得以相处,切恐举兵之时,横生枝节。"张浚宽慰说:"吕尚书不须担忧。"但心里却也想不出什么高明的主意。

宰执到朝殿举行面对,沈与求逝世,不久前出任参知政事的是张守,共计还是四人。未等张浚口奏,宋高宗先向他们出示了御史中丞的上奏,原来郦琼等九人除了联名上状都督府外,又向御史台也递发了一份相同的状词。张浚就把吕祉的报告重复一遍,又取出了王德的讼词。宦官也把这份状词进呈宋高宗,他看后,不免感叹说:"皆是武夫粗人,少知礼义!众卿以为,当如何措置?"

张浚就首先提出提拔郦琼出任副都统制的建议,宋高宗问:"众卿以为如何?"秦桧想了一下,附和说:"臣以为可依张相公所议。"张守却说:"将郦琼升副都统制,亦是一说,然而非是治本之策。臣愚以为,两虎相争,而吕祉是书生,切恐弹压不得。"张浚听后,满心不悦,说:"臣愚以为,既是王德与郦琼势不相下,若无吕祉在上,必是势不两立,既有吕祉在上,便必是无事。去年吕祉奉旨督军,已见成效。"宋高宗也听到一些廷臣的议论,认为吕祉不熟悉军务和军情,不能轻易付托兵柄,有人甚至说,吕祉只善纸上谈兵,才疏谋浅,必定败事,就说:"既是恁地,可召吕祉面对。"

退朝以后,张守又到都堂,与张浚仔细交谈,企图说服张浚,他最后用十分恳切的语气强调说:"下官以为,淮西一军既是难以再付岳飞收掌,亦须付与张俊、杨沂中。否则,必是败坏大事,教朝廷难以收拾。"张浚笑着说:"张参政底美意,下官已是理会得。然而吕尚书素有扫灭仇寇底大志,又久历事任,深谙兵机,必是成功,而决不败事。"张守到此也无话可劝,只是说:"下官唯是请张相公三思。"

吕祉在次日单独口奏,由于张浚事先与他打了招呼,他得知一些廷臣,特别是张守对自己的评论,就更需要在皇帝面前表现得信心十足。他进入朝殿,行臣礼毕,就把自己到庐州以后整饬军队的情况,说得头头是道,他最后用豪迈的口吻说:"臣愚愿陛下限期三月,当率行营左护军踏平中原,以成陛下中兴之志。"宋高宗高兴地说:"卿如能整饬部伍,常如战时,一变刘光世统兵时骄惰之态,便是大功,朕心不忘。然而便是三月之后,亦须听朝廷号令,方得进兵。"这次奏对还是在宋廷允许岳飞出兵之前,当时宋廷对何时用兵,尚无定议。吕祉退殿后,又向张浚报告口奏的情况,两人都为这次面对的成功感到高兴,以为足以堵塞异论。

　　吕祉带着郦琼的副都统制的任命回到庐州,他以为郦琼从此可以对自己感恩戴德,又想让郦琼有一个惊喜,所以特别在原来的州衙大堂之上,召集行营左护军的众将。等到众将在大堂上站立整齐,然后吕祉穿着紫纱袍的公服,头戴幞头,高视阔步,走到大堂,面带着严肃的表情,朝南正襟危坐,众将齐声说:"下官等拜见吕尚书。"吕祉说:"众太尉少礼。当职此回暂归行朝,今奉圣旨,特命右军统制郦太尉兼副都统制,日后便与都统王太尉同共用兵行师。王、郦二太尉须知圣恩广大,日后唯有齐心协力,共图恢复,以报圣上。"郦琼面带喜色,说:"下官感荷皇恩!"王德却似乎是环眼中喷出怒火,不肯说话,吕祉不得不看着王德,问道:"王太尉如何?"王德只能用十分勉强的语气说:"下官听命。"

　　吕祉退堂后,马上在书房召见王德,他严肃地说:"官家与张相公底旨意,唯是愿军中和睦,同共为国效力。然而王太尉今日言语不顺,颇失朝廷与当职所望。"王德却气呼呼地应答:"郦琼那厮极是奸诈,下官切恐吕尚书中了他底奸计。他离间自家与众将士,如今又做副都统,教下官日后如何统兵,上战阵厮杀?"吕祉反问:"依王太尉底计议,又当怎生底?"王德说:"依下官底意思,唯当将郦琼等九人皆与罢免,教下官另选五军统制官,然后军中方得安定,日后上阵时,亦当如臂指相应。"

　　吕祉再也无法保持自己的涵养,他厉声说:"此便是王太尉心胸褊狭,不识道理,不通事务,枉费了张相公底心血!"王德也不肯相让,他高声喊道:"既是吕尚书不听,郦琼不得离军,下官便当离军!"说完,就怒不可遏地扭头走出书房。

　　吕祉一人生气地在书房中踱步,他平时对武将们习惯于采用居高临下的姿态,而今天王德的反常举动,却使他的自尊心受到伤害。他最感气恼的,就是王德居然不知尊卑,而向自己的权威挑战,认为如果对王德采取姑息的态度,自己就无法节制行营左护军。他考虑多时,就向朝廷上奏,同时又给张浚上申状,提出两种方案,一是让王德离军,二是让王德统他所部的前军离开庐州,移屯外地。

两份公文递发行在建康府后,宋高宗又召见四名宰执商议,张浚主张采纳吕祉的建议,而张守则主张干脆派张俊和杨沂中前去庐州,接替吕祉,而秦桧附和张浚,陈与义则没有明确的意见。最后,宋高宗说:"王德是勇将,目即国家正值用兵之际,教他离军,便是可惜。不如令他率前军且到行在屯驻,张卿可戒谕一番,以观后效。"张浚说:"臣遵旨。"张浚退殿后,就下发都督府札,命令王德率前军前来建康府。

王德率领前军八千人马离开庐州,张浚为了抚慰他,就将他升任都督府的都统制。驻扎在庐州的行营左护军剩下四万余人,则归副都统制郦琼指挥。一时之间,似乎是平息了军中的纷争。但吕祉不久发现,郦琼事实上并没有对自己感恩戴德,相反,却是在拉拢其他将领。他听说郦琼经常邀请将领到自己家里宴饮,就深感不悦。吕祉分别找张景和乔仲福两人询问,两人说,自己从来不曾被郦琼邀请,就更引起吕祉的怀疑。

郦琼对宋廷的处置其实有自己的想法,他和很多将领的内心也讨厌吕祉。一天,郦琼又召联名告状的其他八名统制官宴饮,乘机煽动说:"自家们讼王德,不料张相公偏袒,却是升他做都督府底都统制。王德怀恨在心,日后必是伺机报复,不知怎生措置,方得免祸?"左军统制康渊说:"朝廷素轻武臣,吕祉在军中,又是趾高气扬,有威无恩,自家们多受屈辱。我闻得大齐皇帝折节下士,武将们乐于为他所用。"众人听了他的话,不敢应答,只是面面相觑。郦琼告诫说:"自家们是兄弟,有福同享,有难同当,私下底计议,不得泄漏于外。"众人异口同声说:"会得!"

两天后,吕祉坐衙,众将照例两旁站立参拜,吕祉环视一下,问道:"后军王太尉如何不见?"言犹未了,只见两个女子拉着统制王师晟走进大堂,边打边闹,哭哭啼啼,原来两个女子一个是王师晟的妻子,另一个是他宠爱的营妓。一个说:"吕尚书既是节制本军,须为奴家主张公道!"另一个哭得更加伤心,说:"奴家自知命薄,此是王统制属意奴家。"吕祉问明情况,不由大怒,喝令吏胥强拖两个女子出堂,然后训斥王师晟说:"王太尉亦是朝廷命官,须知礼仪。大丈夫处世,当是为国立功,岂得沉溺女色。便如当职,单身从军,不携妻室,亦是从未稍近营中贱妓。王太尉立身行事,须知'羞耻'二字,教你底浑家吵闹大堂,成何体统?不如与营妓绝交，夫妇亦得言归于好。"王师晟低头不语，但内心却是极度反感。

当夜郦琼又为其他八名统制官举行宴会，他说："吕祉不知体恤王太尉，然而自家们是兄弟，岂有不相体恤之理。"众人开始用粗话秽语詈骂吕祉，并且愈骂愈凶。王师晟最初一声不响，突然，他举起拳头，大吼道："吕祉妄自尊大，侮辱自家们，自家眼底觑不得他。不如将他斩馘，然后投奔大齐皇帝快活。"郦琼说："此事尚须从长计议，不得泄漏，且看日后事机如何。将士底家人原是住太平州，吕祉愚蠢，听信自家底言语，已教他们前来庐州。如今一旦举事，便无后顾之忧。"众人纷纷表示附议。

吕祉虽然已经怀疑郦琼等人，却还自认为有足够的权威，可以震慑住众将。他听说朝廷已经同意岳飞出兵，就盘算着如何相机配合。一天夜里，张景突然来到他的书房，面色有几分慌张，行参见礼毕，就说："下官体探得，郦太尉与众将常在家宴饮，或有言语冒犯吕尚书，切恐他们阴蓄异志，图谋反背。吕尚书须是小心。"吕祉吃了一惊，问道："你如何体探得？"张景说："郦太尉属下有一军卒，是下官底乡人。他伏侍郦太尉，间或听得他们底片言只语。"吕祉到此才如梦初醒，明白自己统军之难，就低声嘱咐说："你此后便佯作无事，有紧切底事，自须及时关白。当职自有重赏，决不亏负。"

张景走后，吕祉考虑很久，就连夜起草两份公文，一是给宋高宗的奏疏，二是给张浚的申状，建议迅速罢免郦琼等人，派大将统兵进驻庐州，以防不测事件。他写完后已经天光大明。吕祉一夜辛苦，在草稿上反复涂抹，为了抓紧时间，就找来书吏朱照，命令他誊录以后，立即密封，用急递发送。吕祉疲乏已极，就上床睡觉。不料朱照已被郦琼出钱买通。他将吕祉公文的内容向郦琼私下透露，郦琼又送他两个金锭。

吕祉的奏疏和申状传递到行在建康府，已是七月下旬。张浚接到申状，终于明白自己一心一意要把行营左护军变成都督府直属部队，其实是吞食了一个硕大的苦果。但是，当四名宰执面对时，张浚又须装出镇定自若的模样。宋高宗出示了吕祉的上奏，问道："众卿以为，当怎生措置？"张守说："臣愚以为，事已至此，须是教张俊与杨沂中到淮西，震慑郦琼。"宋高宗的目光转向张浚，张浚说："可命张俊为淮西宣抚使，杨沂中为淮西制置使，教他们统兵到庐州，然后罢免郦琼。"秦桧和陈与义也没有异论。张守当场为皇帝起草了给张俊和杨沂中的手诏。于是张俊和杨沂中两人的新命,就通过邸报,传送各地。

张浚回到都督府办公,就和张宗元谈论这件事。张宗元说:"依下官底意思,既是怀疑郦琼阴蓄异志,便须教张俊与杨沂中以迅雷不及掩耳之势,先统兵到庐州,然后宣布宣抚使与制置使底新命,教郦琼猝不及防。若是先声后实,切恐非宜。"张浚说:"自从刘光世罢兵以来,淮西并无宣抚使,如今任命张俊,亦是名正言顺。张侍郎不须顾虑。"张宗元忍不住说:"下官追随张相公近十年,备知张相公尽忠国事。然而此回既不教岳太尉统淮西军,又不听下官今日劝说,切恐日后便有噬脐之悔。"张浚听张宗元提起命岳飞统淮西军的往事,特别是"噬脐之悔"的说法,不由大怒,厉声说:"张侍郎直是杞人忧天!须知你是文臣,又何须为一武夫抱不平。"张宗元受了一顿训斥,只得低头不语。

这份宣布张俊和杨沂中新命的邸报在八月七日传送到庐州。八日,吕祉照例穿戴整齐坐衙,未等吕祉开口,郦琼走出行列,从袖里取出一纸吕祉上奏的抄件,放在吕祉的几案上,说:"自家有何罪过,张统制却是上报朝廷。"他这句话当然是一个信号,张景还没有来得及作出反应,一名郦琼的亲从已经手起刀落,从背后将他的人头砍下。张景的尸身随着人头倒地,鲜血汩汩地流淌一地。几乎与此同时,乔仲福等四名将领也遭受突然袭击,而被砍死。

吕祉大惊,企图起立逃走,却被两名军士将他抓住。吕祉到此只得大喊:"我是朝廷命官,奉命节制左护军,尔等须知朝廷恩典,不得胡做!"只有一名吕祉亲随的承局,他执手刀直前,向郦琼劈去,郦琼急躲,刀中左臂,但受伤不重。郦琼急忙从亲兵手中取过铁杖,大喊道:"你岂敢如此!"用铁杖格开手刀,将对方打个脑浆迸流,尸体滚倒阶下。于是再没有人敢于出头反抗郦琼一伙叛兵叛将。

郦琼指挥四万余叛军,先在庐州城中大肆抢掠,接着就连同叛军家属一起北遁。吕祉被叛军驱押,骑马从州城东偏北的威武门出城,他望着城门,唯有伤心落泪,对身旁骑马的郦琼说:"郦太尉,若是吕祉有过失,亦当自任其咎,然而你不当亏负朝廷。"郦琼用讥诮的口吻说:"吕祉,若是你不傲慢自大,与将士们推心置腹,收揽军心,朝廷又尊礼武人,岂得有今日!"

三天之后,二十余万叛军和家属已经抵达淮水之滨。行营左护军本来军纪不严,此次又拖妻带儿,扶老携幼,更是乱哄哄的,少量将士则是在中途逃跑。将士们许多原是盗匪出身,不过是随着郦琼乘乱作乱,但也不知何去何从。直到此时,郦琼才向众人宣布说:"你们既已得罪朝廷,如今唯有投奔大齐刘皇帝,方是生路。朝廷必是派兵追赶,此处不得久留,渡过淮水,便是无虞。若是敢于背叛,休得怪我刀下无情。"叛军们尽管思想混乱,还是纷乱地渡过淮水。

吕祉接连三天几乎没有吃什么食物,面容憔悴,神情沮丧,他被押到淮水南岸的一所枣林里,暂时下马。他听说要渡过淮水,就失声恸哭,说:"自家虽是无颜归朝廷,见主上与张相公,然而又岂得去见逆臣刘豫!"在他周围的叛军将士见到这种情况,也不免流露出同情的目光,有的发出咨嗟感叹。监押吕祉的正是统制后军的王师晟,他下令押吕祉上马,吕祉坚决挣扎,说:"我要死,便死在此地,决不渡淮!难道军中便无识逆顺底英雄,只是追随郦琼。"于是就大骂郦琼。约有一千余名将士环立着,大家都不由面露犹豫不定的神色。

王师晟只能亲自策马找到郦琼,报告情况,郦琼骑在马上,笑着说:"王太尉曾言道,要将吕祉斩馘,今日正当其时,唯是须将吕祉底首级函封,日后献于大齐皇帝。"不料王师晟却说:"吕祉固是有过错,然而今日驱逼到此,亦是可怜。我不忍心杀他,郦太尉可另教人下手。"郦琼立即吩咐自己所属的统领尚世元说:"既是王太尉不忍,你可前去。"王师晟拨转马头,准备与尚世元同行,不料郦琼突然拔出佩刀,拍马上前,从背后将王师晟的人头砍下,王师晟的整个尸身也跟着落马。在郦琼指挥下,王师晟所带的十二名亲兵都在转眼间成了俘虏。尚世元也吃了一惊,郦琼对他说:"你可率亲兵五百,前去杀得吕祉。只说王师晟在我军中,监押他底后军渡淮,有异心底,尽底斩馘!"尚世元到后军,首先就是处死吕祉,吕祉临死骂不绝口。尚世元驱押后军将士,也渡过淮水。

淮西兵变犹如晴天霹雳,震撼了宋廷,一时之间,前沿的四大军区之一,防务竟处于空虚状态。驻兵盱眙的张俊接到报告,他的第一个反应,就是立即率护卫自己的亲随军逃回建康府,藉口是要回行朝商议对策。

杨沂中也没有统兵追赶。统兵追赶的只有主管侍卫马军司公事刘锜,他统率原王彦所部的八字军,还有统制吴锡所率的摧锋军。他们虽然到达庐州,却已追赶不及。张宗元因与张浚争议,已离开都督府,降为枢密都承旨,他受宋高宗特命,前往庐州处理兵变后的各种事务,却又是更晚才到达庐州。

[壹壹]
张浚被劾　赵鼎复相

　　淮西兵变的消息传到行在建康府,正值八月中秋。宋高宗虽然自称要在宫中为北方做俘虏的父亲服丧三年,但当冰轮悬空之际,还是不乏饮酒赏月的雅兴。他与张婕妤、吴才人、赵瑗、赵璩在行宫花园里围坐一桌。金风送爽,丹桂飘香,他们悠闲地吃着两浙地区仲秋进贡的各种时新食品,特别是用香醋蘸着饱满美味的蟹肉、金灿灿的蟹黄。宋高宗手持一段蟹肉,称赞说:"往时在东京大内,中秋时节,亦是螯蟹新出,其味却大不如江南底。"张婕妤说:"官家圣明,数年后必是回归东京大内,欢庆中秋。"吴才人说:"便是到那时,亦须教江南进贡大蟹。"

　　但是,服丧期间不得奏乐,这不免又使宋高宗有几分扫兴。他正在动脑筋,想与张婕妤等人玩一点新鲜的游戏。张去为进入花园,他有意用平时的缓步走到皇帝面前,跪地叩头后,尽量用平缓的语调说:"小底奏禀官家,庐州传来急报,郦琼率行营左护军四万余人反背,在城中作乱,然后北逃。吕祉被叛军所执,然而尚不知生死。"宋高宗听后,手里一只官窑所产的粉青酒盏顿时落地,跌得粉碎。他一时竟忘了皇帝的持重和尊严,自己动手,把张去为的急报抓来,看了一遍,然后命令说:"可速召宰执到朝殿面对。"

　　深更半夜召集宰执,特别是在欢度佳节之时,当然是绍兴改年号以来没有过的事。四名宰执进入灯烛莹煌的朝殿,只是下跪,捣蒜般地叩头,口称"臣罪万诛何赎"。宋高宗此时已经稍为镇定,他说:"众卿且起,如今不是谢罪底时候,须是计议对策。"但是,到了这个地步,就是神仙,也拿不出什么灵丹妙药,君臣五人完全处于十分震惊和失措的状态。最后只是让宋高宗连发两份手诏,一份是招安和抚慰郦琼,宣布行营左护军自副都统制以下将士,只要回来,不仅过去的犯罪一切不问,还可以优授官爵和赏赐。另外一份则是命令岳飞写信招抚郦琼。君臣的无效劳动一直忙碌到天明。四名宰执大臣退殿后,宋高宗又想起自己原先依允岳飞出师,就亲自写一份手诏,命令岳飞停止发兵。一天之后,他又下手诏,命令岳飞驻军江州,应援淮、浙。

秦桧其实是心里暗自高兴,认为自己取代张浚的时机已经到来,但在表面上,自然也表现出疾首痛心、唉声叹气的模样,却也提不出什么可以讨皇帝喜欢的对策,哪怕是说上几句真正使皇帝有所宽慰的话。他决定对张浚还是恭敬如初,只要张浚一天不下台,自己仍必须伏低做小,俯首帖耳,还应当不时安慰和讨好张浚。

张浚真是活像热锅上的蚂蚁,接连好几夜不得安睡,甚至通宵不寐。他在任何人面前,必须保持处变不惊的宰相风度,但在内心里,那种连续不断地向心头猛灌后悔苦药的滋味,却比八年前的富平之败更加难受。使他的自尊心最感痛楚的一点,是自己作为一个文臣宰相的失算,居然被武将岳飞的预言全部说中,分毫不差。如果说,当年他尚可以凭藉自己在川陕的独断专行,反而处死曲端,现在对坐镇一方的岳飞,却根本不可能有一点坑陷的可能。幸好岳飞还在远方,如果相见,张浚真感到自己简直是羞惭得无地自容。哪怕是岳飞给自己一个讪笑,就等于在心头刺上一刀。

除了自己的声誉之外,张浚也不能不计较相位的得失。他反复考虑,还是舍不得向宋高宗提出辞呈。前往庐州的张宗元,不断向朝廷和都督府报告情况,但有一回,还是给张浚一封私人信件,用诚恳的语言,以老部属的身份劝他引咎辞职,说与其让台谏官轰下台,不如自己下台。张浚又是一夜未睡,想来想去,还是不肯引退。

但是,在面对皇帝时,张浚又不得不引咎自劾。宋高宗做了十一年的皇帝,当然深谙帝王南面之术,他表面上也须掩饰自己的惊慌和恼怒,用言语安抚宰执,说:"张卿不须如此,失四万众,不足系国家底安危。譬如临阵死伤,亦是常事。当年刘邦屡次丧师于项羽,终于战胜。岂但张卿,众卿皆不须介意,此时此刻,尤须镇安人心,激励士气,以为后图。"张浚说:"去年刘麟贼兵一败涂地,折伤数万人,亦是重整旗鼓,复成部伍。况且军将叛亡,亦是常事,交兵之时,势所不免。然而臣非才误国,上贻圣虑,委是罪愆深重。如今圣志先定,臣又有何忧,敢不勉图报效。"秦桧瞧着张浚的表演,心里暗骂道:"事已到此,尚是文过饰非。"

张守却说:"宰执一体,淮西军底处置,臣等与张相公同共商议,亦是罪责难逃,便是陛下宽大为怀,臣等亦是必受天下折鼎覆𫗧之讥。"宋高宗说:"张卿事前已有曲突徙薪底计议,朕深悔不能及早处分。卿又有甚罪?"经张守一说,秦桧和陈与义也向皇帝谢罪,宋高宗又对他们劝慰一番。秦桧和陈与义内心当然也明白,如果说张守还有一点先见之明,提出过防范措施,而他们俩却是难辞其咎的。张浚眼看其他三名执政也相继谢罪,心里更有几分宽慰。

然而随着淮西兵变真相的不断披露,张浚事实上又难逃折鼎覆𫗧的责难。一批台谏官开始上劲奏,历数和指斥张浚的各种错误,说他轻脱无谋,愚蠢自用,德不足以服人,诚不足以用众,对将士专用权术,喜怒无常,予夺随意,以致军情暌隔,人心乖离,招致武将们轻侮之志,终于酿成巨变。有人甚至主张斩张浚,以谢天下。这一份份极其尖锐,也确实刺中张浚痛处的奏疏,进呈到宋高宗御案,终于诱发了他原先郁积在胸的怒气。其实,对淮西兵变的政治责任无疑是君臣一体的,但是按照古代的帝王专制伦理,皇帝不负政治责任,又是天经地义的,出问题必须全部诿于臣僚。宋高宗突然拍案而起,咬牙切齿地说:"不罢张浚,又如何服天下底公论!"

陈公辅当时已升任礼部侍郎,从职责上说,当然不可以参与台谏官的弹劾行动。但是,他却对人说:"如今张相公已成众矢之的,然而他犹有清中原之志,可以教他以戒惧之心,戴罪立功。若是张相公去位,继相底不是赵相公,便是秦枢相。下官观此二人其实无志于恢复,反不如张相公。若是他们继相,切恐中原难复,国耻难雪。"他参加对皇帝的轮对时,并不谈论张浚或是由谁继相的问题,只是强调不应当因为兵变而动摇中兴之大志。

按当时的惯例,台谏官劾奏的副本都要传送给被劾的官员。张浚只得硬着头皮看这些劾奏,他只觉得每一份奏,就像一枝箭射中自己的心头肉。这些劾奏逼着他向皇帝接二连三地上辞呈。尽管处境的狼狈,已到了无以复加的地步,而张浚在表面上无论如何也要保持宰相风度。一天,张俊来到了都督府,他参见宰相兼都督的礼节,丝毫不减常时。但张浚见了他,却是一肚子的怒火。因为张俊先是带亲随军逃到建康府,接着又擅自命令所部行营中护军全体南撤。他只是发送给张浚两份咨目,说是兵变之后,急需拱护行在,只能便宜行事。张浚恼恨他分明是畏怯逃遁,却还是编造了一套冠冕堂皇的理由,并且藐视自己的权威。

张浚再也无法克制自己的感情,用责问的口吻说:"张太尉,你擅自退师,逃离盱眙,到得行在,又不到都督府参见,是甚道理?"张俊心里不免讥笑:"你如今犹如泥菩萨过河,在相位尚得有几日?犹然骄倨如故。"但他只是用平淡的语调应答:"下官忙于军务,亦知得张相公忙于兵变底善后事宜,故参见来迟。迟到便是有过,有赖张相公掩覆。"

张浚听得出,在对方平淡的语调里其实是饱含着对自己的轻蔑,又气呼呼地说:"朝廷命张太尉为淮西宣抚使,圣上委寄非轻。当淮西兵叛之后,你不去庐州赴任,处置善后,以宽朝廷底忧顾,却是率全军前来行在,以避职事,岂非辜负圣恩?"张俊还是用平淡的语调回答:"君贵臣贱,下官到行在,亦须先尽臣礼,拜见圣上,然后方得以同僚底礼数,拜会张相公。下官底行营中护军移屯建康府,已得圣上俞允,不知张相公又有何说?"张浚气得说不出话,狡猾的张俊却是为自己保留后路,并不想与张浚完全搞坏关系,反而对张浚说些安慰的话,然后告辞。张浚只能望着对方的背影,发出轻微的叹息。

张守也专门来到都督府,找张浚单独谈话。张浚见到另外两个执政,倒并无羞惭之意,唯独见到张守,却总是面有惭色。张守诚恳地规劝说:"自古有志于事功底,不能有百胜而无一败。张相公在艰难之际,尤须持重,不得有萎靡之色。"张浚到此地步,才向他落下几滴泪水,他呼张守的表字说:"子固,自家煞是艰难愧深情。"张守说:"下官见张相公,唯欲与你品评秦枢相。下官亦曾称道秦枢相,然而近年来与他同共班列,朝夕相处,方知他颇有患得患失之心。若是主上拜他为相,切恐贻天下深忧。此事张相公须是力言于主上。"张浚点头,说:"下官理会得。"

宋高宗临时召张浚单独面对。张浚明白，这是一次决定自己去留的面对。尽管已到十分窘迫的境遇，但他总是希冀着皇帝还能挽留自己。当然，张浚也不能不为自己去位作准备。张浚进入朝殿，就跪在地上，不断叩头，用哭调说："臣张浚恭祝圣躬万福。臣愚陋无堪，处置乖谬，深负圣恩。今日唯是乞陛下伸张天谴，明正典刑。"宋高宗虽然是满腹恼怒，还是努力保持着宋朝体貌大臣的帝风，说："淮西失律，此乃天意，非是卿一人之过。卿且请起，朕有要事，欲与卿计议。"

张浚谢恩起立后，继续用伤痛的语调说："吕祉虽是谋事不审，然而尽忠王室，今体探得已被乱贼杀害，吕祉妻吴氏闻讯，又持帛自缢，煞是令人哀痛。"宋高宗明白，张浚的用意是要为吕祉申请死难者的抚恤，就说："吕祉底事，朕亦颇感伤痛。然而朕蒙祖宗休德，嗣承大统，岂得徇情屈法。吕祉难以赐谥，亦不得用死难忠臣体例，荫补子孙。"寥寥数语，就把张浚没敢说出口的申请挡了回去。

张浚提出吕祉的事，其实是带有投石问路的性质，他听到皇帝断然拒绝给吕祉赐谥等事，就明白自己这次是必定罢相无疑，他说："臣屡上辞职奏，既是败坏国事，又有何颜面，再立庙堂之上。昨日得李纲书信，剖析臣底措置失误，直是苦口良药。"宋高宗说："朕亦得李纲上奏，备见他忠良谋国。"说完，就吩咐张去为把李纲的上奏取来，张浚看后说："李纲言道，自古创业或中兴底艰难之际，不能无叛将。不当以一时之变，而议退避，临大难而不惧，便是圣人之勇。深恐退避议和底建议复兴，眩惑圣听，则大势不得复振。此便是至理。"

宋高宗并不应答张浚借李纲奏疏所做的谏劝，他停顿了一会儿，就说："然而建炎时便是卿弹劾李纲。"张浚乘机说："此亦是臣当时愚昧，不识道理。天下不可有黄潜善与汪伯彦，却是不得无李纲。"宋高宗用斩钉截铁般的口吻说："李纲虽忠，却是不当复相！"张浚到此已经完全品尝到一种山穷水尽的滋味，就不能再说什么，只是准备退殿。

宋高宗问道："朕召卿前来，便欲与卿计议命相底事。卿执意辞位，朕亦不便强留。然而卿以为何人可以继相？"张浚不便再荐举李纲，就不说话。宋高宗望着张浚，又再次发问。张浚说："臣愚以为，知子莫如父，知臣莫如君，此当是陛下圣断。"宋高宗又问："然则秦桧如何？卿有苗刘之变勤王之功,朕心不忘,日后自有教卿复出之时,卿当为朕悉心开陈。"张浚说:"臣曾举荐秦桧,然而自他执政以来,无所建明,唯是附会臣底计议,方知他有患得患失之心,而昧于区处国事。便如淮西之变,他尚不如张守。"宋高宗说:"既是恁地,朕便召赵鼎复相,卿可为朕草拟御批。"张浚其实不愿赵鼎再次登台,却只能默默地提笔,为皇帝起草。

　　秦桧判断出张浚的罢相,已经到了相当火候,就愈加急不可耐。他反复穿梭于政事堂和家里,又成天乞求王癸癸到王继先处打探消息。今天早晨,夫妻俩用过早膳,秦桧说:"今日我去政事堂,国夫人尚须去王医官处。"王癸癸接连几天打听不到消息,颇有些腻烦,说:"老汉莫不是要做宰相,而得疯疾?今日儿子不适,老身不欲离家。"

　　自从养子秦熺到秦家,王癸癸毕竟有一重血缘关系,把秦熺视若心头肉。她虽然是王家和郑家两个名门望族中无与伦比的悍妇,而对秦熺却有充分的慈爱,连一句重话都舍不得说。但秦桧不知怎么,渐渐地对秦熺有点讨厌,他在感情上总有几分不自在,儿子名"熺",原来是他被俘前托王晙为自己的庶生子取名,不料竟被一个血缘上毫不相干的人占用,他每念及此,就颇感别扭,他还是要想方设法寻找自己的亲生子林一飞。当然,这件事只能背着王癸癸,偷偷摸摸地进行,不仅要隐瞒王癸癸,还必须瞒住王癸癸的左膀右臂,即砚童和兴儿。秦桧想说:"儿子偶有小疾,自有新妇与婢仆看觑,国夫人须以大事为重。"但马上又咽了下去,改用乞求的语气说:"如今底事端的是十分紧切,唯求国夫人亲自出门,下官若无国夫人,又如何成就相业。"王癸癸对丈夫低声下气的乞求,还是有一种称心满意感,就说:"既是恁地,老身须为你走一回。日后再相,须是不忘老身底大恩。"秦桧又低眉拱手,以家中惯用的恭敬语调说:"下官自出身以来,便不敢忘却国夫人底恩典。"

　　王癸癸算是同意了,但在夫妇俩出门之前,必须先去看望一下秦熺。秦熺今年正好二十岁,王癸癸抱孙心切,十六岁时,就为他娶妻曹氏,翌年就出生了一个女儿,今年又生了一个儿子秦埙,已满五月。但是,一个妻子完全不能满足秦熺的欲望,他不时干起偷香窃玉、寻花问柳的勾当。曹氏为此与丈夫发生口角,最后当然只能上告到家庭的绝对权威王癸癸那里。王癸癸对养子的态度,正好与对待丈夫形成鲜明对比,不管有理无理,对秦熺是绝对的偏袒和溺爱。她的威势自然足够压制住曹氏,秦熺也因此更加放纵。尽管他又接连纳妾三人,还是不断出外寻欢作乐。有王癸癸撑腰,秦桧绝对不敢对秦熺稍加管教,眼看养子行为不端,只能暗自叹息。因此,他也格外思念自己的亲生骨肉。

今天秦熺偶然有点感冒低烧,躺在床上,一妻三妾在旁服侍,并且已经服用了汤药。但秦熺见到养母前来,还是像幼时一般恃宠撒娇,他只是在床上坐起,说:"儿子小病,烦劳妈妈与阿爹前来看觑,教儿子不安。"说完,竟落下泪来,王癸癸马上感到心疼,她用威严的目光对曹氏和三妾扫视一下,发觉没有异常,就叮咛一番。秦桧每次听到秦熺把"妈妈"放在"阿爹"之上,就有几分不快,但决不敢为此说三道四。今天有要事在身,更只能像完成刻板公事般地安慰几句,然后与王癸癸各自坐轿离家。

秦桧赶到都堂,陈与义正在那里值班,见秦桧到来,颇有点奇怪。两人互相行礼寒暄过后,秦桧坐下,对陈与义撒谎说:"下官明日有事,愿与陈相公易日,坐政事堂。"其实,他只是为张浚单独面对,想得知拜新相的消息而已。陈与义并不怀疑,他与秦桧说了几句,就离开了都堂。秦桧独坐,根本没有心思批阅各种公文,他坐也不是,站又不是,只是焦急地盼望张浚返回。他对张浚有一个基本估计,自己既是张浚援引,在执政中地位最高,并且对张浚亦步亦趋,张浚下台,就必然介绍自己出任宰相。

近中午时,张浚从朝殿出来,还是返回都堂。他心情郁闷,希望能与陈与义说些话,嘱托一些后事。秦桧早派吏胥在外望风,听说张浚前来,马上出门迎接。秦桧还是对张浚低眉折腰,抢先作揖,张浚也立即还礼。两人坐定,早有吏胥端上香茶,张浚口奏多时,感到口渴,他尽管下台在即,还要保持宰相的风度,就慢慢地品茶。秦桧却再也等不及了,他打探说:"今日圣上召张相公只身面对,必有要事。"张浚已经明白对方的用意,就说:"秦相公知得,下官处事迂阔,用行舍藏,便在朝夕之间。今日圣上召对,正是计议命新相底事。"秦桧当然不便径直询问,就说:"下官暌离政府,曾有五年,若非张相公力排众议,汲引下官,下官何至有今日。"张浚决定坦白,就说:"下官离别行朝之后,唯愿秦相公尽忠竭智,辅佐明主。圣上教下官草拟御批,召赵元镇到京阙。"秦桧再也无法掩饰自己,顿时变了脸色。张浚起立告辞,秦桧只是尴尬地起立,稍稍地躬了一下身,连一步也没有挪动。他真想马上离开都堂,然而既然是和陈与义换班,一时又走不了。他恼怒地坐在堂中,一股怒火,再也不可抑勒,就动辄对吏胥们发脾气。

秦桧垂头丧气地回家,王癸癸比他先回,他见到妻子坐在交椅上,怒容满面,就明白一顿詈罚势所不免,赶忙上前长揖,陪着一张似笑非笑的苦脸,说:"国夫人辛苦,下官唯是感恩戴德。"王癸癸抢白说:"老身却不曾教你居中坐政事堂,又有何恩可感,何德可戴?"秦桧又凑近说:"国夫人只为下官,往返辛苦,下官岂得不铭记在心。"王癸癸顺手就是一记耳光,骂道:"你尚以为张浚那厮必是荐举,岂不知他对官家进了多少谗言。"说着,就一发怒不可遏,起身逼近秦桧,左右开弓,接连三个嘴巴,刚好凑足了四个整数。秦桧只是弯着瘦长的身躯,像是一只虾米,不断打躬作揖,口称"国夫人息怒",才使妻子的雌威慢慢收敛。

秦桧从此把张浚恨得咬牙切齿。他盘算了多时,认为自己还须对新相赵鼎卑躬屈节。九月,张浚罢右相,以观文殿大学士的虚衔任提举江州太平观,灰溜溜地离开行在。但台谏官仍不罢休,继续论奏,于是他又很快被削除观文殿大学士的职名。赵鼎从绍兴府奉召到行在建康府,马上复任左相。

[壹贰]
建议立储

  岳飞加紧训练军队,日夜盼望着宋高宗的回诏。自从姚氏死后,岳飞特别为母亲刻一木像,专门放置在姚氏生前的卧室内,只要在家,就每天早晚两次,率领全体家人进香,行礼叩头。他不在家的时候当然是由李娃率领众人行礼。七月初秋的夜晚,天气已经颇有凉意,岳飞和李娃行礼后,回到自己的卧室。岳安娘已有九岁,岳霖也有八岁,他们现在与岳雷同睡一室,唯有三岁的岳震还是与父母同房。李娃安顿岳震睡觉,岳飞则是在书案上的一盏油灯下读兵书。
  李娃等岳震睡着,就坐到岳飞身边,低声说:"鹏举可先上床,奴家尚须做些少女工。"岳飞不解地发问道:"孝娥亦是整日忙碌,家中自有女使,又何须你另做女工?"李娃说:"娟儿已是有喜,奴岂不须为孙儿备办!"岳飞得知巩岫娟怀孕,也高兴得眼里挂着泪花。李娃说:"既是新妇有孕,若是不日出兵,可否教祥祥且留鄂州?"岳飞连忙摇头,说:"若是自家们开此先例,营中十万将士多有浑家怀孕,又当怎生处置?"李娃听后,就不再说什么。
  到了后半夜四更稍过,岳飞又被家仆喊醒,原来宋高宗的手诏已到宣抚司。岳飞急忙起身,穿戴整齐,到宣抚司大堂行遥拜跪领礼。开封之后,岳飞在烛光下阅读黄纸手诏,与宋高宗几个月前寝阁特命的神态相比,勉强敷衍之情已跃然纸上,但皇帝终于是批准他出兵,就是一大胜利。另一份奖谕诏,又使岳飞明白张宗元回朝后所起的作用。岳飞兴奋地用手按额,说:"如今看来,张侍郎煞是识大体底忠良之士!"他用过早膳,正准备提早坐衙,宣读皇帝的两诏,不料又随即有急递传送到宋廷的省札,宣布了赵不尤的新命。宋时横州(治今广西横县)属炎荒之地的偏僻小郡,岳飞已经多少明白了朝廷的用意,但他确实不忍心让赵不尤离军。

岳飞宽阔的眉宇紧皱,他想了一会儿,决定先召集王贵、张宪和众文士幕僚到书房商量。岳飞向他们出示了朝廷的三份文件。前面说过,让赵不尤离军,其实正是薛弼的主意。但他虽然出于保全岳飞和赵不尤的好意,却不愿向众人,也包括岳飞坦白,认为坦白此事,不过是多一重不必要的麻烦。薛弼决定尽量不说话,只是注意静观众人的反映。张宪咨嗟叹息,不想评论,王贵却说:"八六太尉忠良,又有武艺谋略,人所共知。然而宗室掌军,既是违碍祖宗之法,朝廷又教他离军,亦唯是遵依朝命。"张节夫说:"然而八六太尉自克复襄汉以来,蒙朝廷依允,在军中已有四年,况且仅是任副将,又有甚违碍?"其他人发表看法,也都对赵不尤突然离军表示不理解和惋惜。

岳飞最后说:"下官请众官人到此,便是计议可否有两全其美之策?"张节夫说:"下官愿为岳相公草奏,上陈曲折,挽留八六太尉。"李若虚说:"使不得,此非是保全八六太尉之道,亦不利于目即出师。"王贵说:"李参议所言甚是识道理。"岳飞把征询的目光朝向一直不开口的薛弼,薛弼说:"人生在世,岂不贵乎'忠义'二字。然而如今却是二者不可得兼,料得八六太尉亦必是理会得岳相公底苦心。彼此通情,便是忠义兼得。"岳飞长吁一声,就不再说什么。

岳飞特别在鄂州最有名的南楼设宴,为赵不尤饯行。岳家军留在鄂州的全体统制、统领、正将、副将、准备将、宣抚司的幕僚都参加了宴会。但宴会的气氛却相当沉闷,先是岳飞向赵不尤注酒劝盏,接着由各军统制代表本军将士,薛弼代表全体幕僚,分别向赵不尤注酒劝盏,彼此只是说些一路顺风之类的话。赵不尤接连饮了十多盏闷酒,不由得酒酣耳热,他起身慷慨致词:"下官蒙岳相公、众官人底盛情,委是难以言喻。人生在世,得一知己足矣,何况竟有数百知己。下官此去南天,寄身瘴海,不得与众官人共赴国难。唯愿众官人早传捷报,下官便是死而无憾!"说完,竟怆然落下几滴英雄泪。寥寥数语,说得不少人也挂着泪花。赵不尤又长吁一声,说:"自家们皆是壮士,何须儿女情长!"说完,就拔出宝剑,当众

起舞,唱起了八年前李娃填词的《秦楼月》:

　　繁华歇,金明池畔伤心月。伤心月,英雄啼泪,遗民啼血。
　　哀兵自古终须胜,铁骑踏破燕山缺。燕山缺,光辉重照,汉家陵阙。

　　在悲怆凄凉的曲调中,又略带高亢振奋,使众人都感觉热血沸腾。宴会结束,岳飞率领众人把赵不尤送出鄂州城东武昌门,彼此带着沉重的心情,互相长揖,握手道别。赵不尤和三名随从很快消失在暮色里,岳飞却心潮起伏,胸怀千丝万缕的离情别绪,怅望着南方的星空,久久不愿归家。

　　次日清晨,岳飞和李娃刚吃完早饭,高林、芮红奴和张宗本就找上门来,岳飞夫妇连忙接待。芮红奴自从改嫁后,对岳家人亲昵如旧,却不能再用过去的称谓,她首先说:"自从奴家追随高太尉以来,岳相公便不教他上战阵。此回八六太尉远去,岳相公不如将高太尉补背嵬军第一副将,随你北上厮杀。"高林说:"此是自家们夫妻底至愿。"张宗本说:"义父上战阵,自家便在家伏侍义母。"

　　岳飞到此才明白对方的来意,却是面有难色。他对亲生子不能有私情,而对芮红奴与高林却不能不讲私情,如果高林在战场上有个三长两短,他无论如何也对不起过去的弟妇。岳飞只能用眼神示意李娃,李娃说:"此事鹏举亦不得自做主张,须是与众官人同共熟议。"芮红奴说:"国夫人休得推诿。八六太尉不得以身许国,自家们须是代他许国。若是岳相公不允,自家们夫妻唯有长跪不起。"说完,他们夫妻和张宗本竟一齐跪在岳飞和李娃面前。

　　岳飞夫妻急忙把他们扶起,高林慷慨地说:"昨日八六太尉所言极是,自家们身为壮士,何须儿女情长!大丈夫临阵,不死带伤,自古皆然。"芮红奴说:"岳相公若是为奴家不允高太尉上战阵,便是治军执法不公。"他们的话说到这种地步,岳飞和李娃都十分感动。岳飞只是上前紧握着高林的手,许久说不出话,但他的眼神已经告诉高林,将应允对方的请求。

　　岳飞请高林等三人坐下,重新叙谈。他说:"下官有一事,本欲与你们计议。今年天子将祭享明堂,下官依制度可申请亲属一名,荫补为官。下官二子已是误蒙圣恩,亲擢为官,而三宝年幼,岂得再受荫补之恩。下官意欲上奏官家,为张衙内乞荫补恩例,于文资内安排。"当时皇帝的祭神仪式有郊礼、明堂等,由于北宋亡国,各种祭器丧失殆尽,宋高宗不能举行郊礼,三年一次,将常朝殿作为明堂,祭祀以昊天上帝为首,包括宋朝列祖列宗的诸神,就成为最隆重的典礼。按照制度,武官中即使低至正八品的敦武郎和修武郎也可以趁明堂大礼,荫补自己的儿子为武官,这正是当时官员的特权。但是,武官要奏举子孙为文官,就没有那么简单。岳飞没有说出口的,是他可以援引张俊的前例,为张宗本安排文官。这当然也是官场重文轻武积习下的一番苦心。

张宗本说:"岳相公底恩义,贱子岂不感荷,然而岳相公既是不教贱子上战阵,而攻读儒业,贱子唯当以科举自取功名。"尽管当时有官员子弟荫补做官的特权,但少量有志气的人却以荫补为耻,而以通过科举考试,自己赢得做官资格为荣。张宗本的回答是在岳飞夫妇意料之中的。李娃说:"自家们早已知得张衙内底心志,然而凡事有不可拘碍。张衙内荫补入仕之后尚可赴举,以明自家底志向,岂不是好。张招抚奋身许国,然而至今未沾皇恩,便是依死难忠臣底条例,张衙内亦是合得荫补,有甚不可。"

高林说:"岳相公如此做,极是合情合义。"芮红奴也帮着劝说。张宗本在四个长辈的反复劝说下,特别感到不能再拒绝岳飞的一番苦心和美意,说:"既是恁地,贱子便谢过岳相公。自后苦读经典,以就科举。"岳飞说:"此是下官出师前底一件心事,既蒙张衙内应允,自当即日上奏。"皇帝对岳飞这类申请还是慷慨允诺的,不久,宋廷就下令将张宗本荫补正八品的文官右承事郎。

岳飞为了这次出师,特别召集将领和幕僚会商,最后决定胜捷军的第一将、第二将留守鄂州,水军防卫大江,而其他各军全体上前沿,幕僚也只留李若虚一人在鄂州。当时崔邦弼已经改任前沿信阳军知军,而由赵秉渊出任胜捷军统制。前面第四卷已经交待,七年前岳飞驻军洪州时,曾醉打赵秉渊。绍兴三年秋,赵秉渊为回避受岳飞领导,只能设法到刘光世的军中。绍兴四年冬,刘光世在金军与伪齐军的攻势面前仓促退却,赵秉渊所部摧锋军沿途大肆焚掠,因此受朝廷处分,降官七资。赵秉渊深为悔恨,就上奏朝廷,并且写信给岳飞,愿意到岳家军服役,戴罪立功。宋廷与岳飞联系以后,就接受岳飞的意见,把赵秉渊派往岳家军。

岳飞率大军驻扎襄阳府，计划在八月十六日出兵，取道邓州、汝州和颍昌府，径攻东京开封府。八月十五日中秋，张节夫来找岳飞，说："今有急报，言道郦琼率行营左护军反背朝廷。"岳飞接到这份发自淮西的公文，不免发出深长的喟叹，张节夫也感叹说："张相公不听你底忠告，此后郦琼与王德相争，如今郦琼背叛，可惜教岳相公不幸而言中。"岳飞说："如今亦不须责难张相公底措置。"他马上召集全体将领和幕僚会商。

王贵首先说："依下官所议，既是淮西兵变，事出非常，自家们须候朝旨，再作进退。"张宪说："既是事出非常，尤宜乘机进军。"徐庆说："张太尉所言甚是。"薛弼说："依下官所见，若是听候朝旨，朝旨必是不允岳相公出师。至于进退所宜，岳相公既是受命宣抚，便须当机立断。"岳飞想了一下，说："既是恁地，今夜众将士且痛饮一番，共度中秋，明日凌晨取道先去邓州。"

当夜月色皎美，岳飞依照常例，到最下等的军士中，与他们聚餐。但军士们也看得出，统帅面色严肃，无一丝笑容，显然是心事重重。岳飞略为吃了一点，就回卧室。岳云陪着父亲，也知道他的心情，却无法说什么安慰的话。岳飞长久在灯下沉默着，突然，他用拳头用力捶了一下桌子，悲愤地说："朝廷耗尽东南百姓底脂膏，方得养此五支大军。不料左护军一旦卷甲而去，直是为刘豫养得四万大军，倒持干戈，授人以柄。"岳云说："此回阿爹进兵，或可招徕叛军，复归本朝。"岳飞说："唯愿如此。"

次日清晨，天气骤变，雨愈下愈大，很快成了滂沱大雨。岳家军冒雨强行军，但雨潦泥泞，还是阻滞行程。接连四天大雨，粮运困难，岳家军赶到邓州城，只能稍作休整，然后向唐、邓、汝三州的交界处挺进。岳飞临时改变了进攻日期，定于八月二十六日，由张宪的前军和牛皋的左军作为前锋，直取伪齐的镇汝军，即鲁山县，然后北向汝州城。

不料二十五日夜，岳飞接到宋高宗的两份手诏，他只能向张宪和牛皋发出了停止进军的命令。宋高宗的手诏强调郦琼素来敬服岳飞的威望，命令他写信劝郦琼重归朝廷。岳飞明知已毫无用处，还是请张节夫为自己连夜起草书信，自己又马上抄录，派军吏送走。岳飞通宵忙碌，早晨稍作浅寐，又传来了宋高宗的另一手诏。岳飞马上召集众将和幕僚商议，决定将王贵的中军、牛皋的左军和董先的踏白军暂驻襄阳，以防伪齐乘机骚扰。于鹏也以干办公事的身份留在襄阳府。张宪和薛弼统其他各军回驻鄂州,主持宣抚司日常军务。岳飞本人则与一批幕僚统背嵬军、徐庆的右军和部分水军沿大江直下江州,以备随时应援淮南和行在建康府。

张宪等岳飞部署完毕,就说:"下官乞岳机宜、李干办随我驻鄂州,以便联络。"岳飞已经明白张宪的用意,是要把岳雲留下,照看巩岫娟。他不愿表态同意,薛弼说:"下官底意思与张太尉相同。下官一人留宣抚司,难以照应。"岳飞不能不照顾薛弼的情面,就对岳雲和李廷珪说:"岳机宜与李干办便随薛参谋留驻鄂州。"岳雲和李廷珪应声回答:"遵依岳相公令!"

岳飞统军到达江州的第二天,又接到朝廷命令,要他与参谋官薛弼同去行朝。第三天,薛弼就乘船到江州,他们乘坐一艘水军战舰,顺流而下。时值九月晚秋,大江江面别有一番金风萧瑟、万木零落的景象。薛弼闲着无事,就经常站立船头,观赏秋景,而岳飞却几乎成天闷在船舱里。薛弼有时回到船舱,总是见到岳飞在写小楷,不免感觉奇怪。战舰行驶到近太平州时,薛弼忍不住发问:"鹏举整日练习小楷,难道不思到船头一览秋色?"岳飞说:"下官有紧切底事,只待书写后,恭请直老审定。"

约一个时辰后,岳飞走出船舱,把自己的奏草递给了薛弼。薛弼一看,心中不免吃了一惊,原来岳飞竟是独自书写一份密奏,说是他得到情报,金人打算废除刘豫伪齐政权,在旧京开封另立宋钦宗之子赵谌做傀儡皇帝,建议立赵瑗为皇储,以击破敌人的阴谋。因为靖康元年是丙午年,岳飞奏不便称呼渊圣太子,就使用"丙午元子"代表赵谌。薛弼对本朝政务的忌讳当然是了解得非常透彻,他完全懂得,岳飞是在做一件触犯皇帝深忌的事。他想了一下,就规劝说:"下官以为,鹏举身为武帅,统军在外,此事非所宜言。"

不料岳飞这次却不听劝,他说:"文武一体,共赴国难,须是以社稷大计为重,若是顾虑形迹,便不当是忠臣所为。下官蒙圣恩,到资善堂拜见建国公。建国公虽是年幼,却有唐太宗安定四海之志,此足见太祖官家底神灵护佑江山,是社稷之福,亦以见主上圣明,遴选得人。"薛弼笑着说:"鹏举底忠心,下官岂得不知。然而事有轻重缓急,此事目即尚不当奏请。"岳飞说:"既无圣嗣,建储底计议,便是刻不容缓。"如果换了李若虚,也许会坚持苦劝,直到岳飞放弃此议。薛弼是另一种脾性,他是见机而发,见机而止,就不愿再说。

战舰到建康府城西泊岸,岳飞和薛弼就骑马入城,在馆舍等候朝旨。当时行朝正在两个宰相交替之际,显现出某种混乱。赵鼎九月十六日从绍兴府赶到行在,十七日重新拜左相,第一件事当然是筹划重组宰执班子。赵鼎虽然与岳飞曾在江南西路有一段比较友好的相处,此时却没有按照惯例,召岳飞到政事堂谈话,以及设宴招待。

岳飞和薛弼等候了几天,才有宦官黄彦节前来,召他们去行宫面对。赵鼎到行朝后,第一次面对宋高宗,就对皇帝强调说:"淮西兵叛之后,陛下召见诸将,尤须示以安靖镇定,教他们难以忖度圣意高远。若是稍示惊慌,便适足以增武夫辈底骄蹇之心,以为朝廷唯是仰仗他们,而对他们无可奈何。"所以今天宋高宗特别需要佯装处变不惊的姿态。当岳飞和薛弼进入朝殿,行臣礼,"恭祝圣躬万福"之后,宋高宗只是抚慰了几句:"卿等自襄阳到江州,又自江州到行在,朕须慰问卿等跋涉之辛劳。"岳飞说:"臣奉圣旨,作书信劝谕郦琼回归,然而郦琼却是辜负圣恩。若是他联结刘豫,兴兵前来,臣当率所部奋击,必期破灭,不贻陛下所忧。"宋高宗面露微笑,说:"虽是淮西丧师四万,然而东南军力尚众,朕亦无所忧顾。"

岳飞说:"臣另有一紧切事,须是上奏陛下,乞陛下恕臣狂易之罪。"宋高宗问道:"甚底事?"岳飞就取出早先准备的札子,开始朗读起来。由于薛弼事先的劝告,岳飞虽然不听,却增加了几分紧张。古代的文书没有标点符号,读来自然费力,正好殿外有风阵阵吹来,那两张纸就不住抖动,于是岳飞竟发出颤抖的音调,结结巴巴,读不成句。他好不容易才把札子念完,而额上冒出汗珠。

宋高宗本来就把领养开国太祖皇帝的遗裔,当作一件万不得已的事,他仍然幻想着自己能够治好痼疾,继续生育亲子。即使他对岳飞完全信任,岳飞的上奏无疑也会触犯他的忌讳,更何况如今他对岳飞已是抱着且疑且用的方针,岳飞念奏的神态更引起他的深忌。但岳飞毕竟又是宋高宗需要利用的第一个武帅,所以宋高宗听完后,还是盘算了一会儿,然后用冷言冷语回答:"卿所言虽是忠荩为国,然而卿握重兵于鄂州,此事便非卿所当干与。"

岳飞对宋高宗的反应，却完全没有思想准备，在他看来，既然宋高宗肯定不能生育，又有金人将要立宋钦宗之子为傀儡的敌情，就必然接受自己的劝告，所以一时脸色变得非常难堪。他僵立在殿上，无言以对。宋高宗见到岳飞木然站立，就打发他下殿，说："既是卿别无事宜，且行退殿。"岳飞只能行礼告退。

宋高宗专等岳飞下殿，就开始盘问薛弼："卿是朕所简拔，已在岳飞军中二年，当知军中底情伪。岳飞如何欲上奏建储，卿可尽底奏陈。"薛弼见皇帝只是命令岳飞退殿，就已有思想准备，他完全明白"情伪"两字的分量，就说："岳飞军中底情伪，张宗元奉旨到鄂州数月，已备知本末。就臣所知，此回岳飞密奏，唯是在船中教臣一阅，便是他底长男岳雲，虽是任本司书写机宜文字，亦是不曾教他知得。"他把沿途的见闻详细说了一通。宋高宗说："既是恁地，朕观岳飞底意思，似有不悦，卿下殿后，自可开谕岳飞。"

薛弼说："臣领旨！臣误蒙圣恩，已在岳飞军中二年。然而未能秉承圣旨，稍振职事，岳飞有过失，臣亦是罪责难逃，如今唯是乞陛下明示贬黜，以安愚分。"薛弼精通君臣关系的三昧，他已经完全清楚皇帝与岳飞目前的关系，深知自己处境的尴尬和险恶。薛弼请求皇帝处罚，其实是想离开岳家军，免得惹是生非。宋高宗用劝慰的口气说："卿循守本职，自可安心。"他嘴上虽是那么说，心里也对薛弼稍有不满。目前他所需要的，是能够代表自己监视岳飞的官员，而薛弼其实没有说岳飞坏话，在宋高宗看来，就是不能尽监视之责。薛弼仍然再三恳请辞职，宋高宗最后说："卿且回鄂州军中，待朕与宰执计议，另行处分。"薛弼谢恩而退。

岳飞回到馆舍，心中闷闷不乐。对于宋高宗的呵斥，他其实并不完全理解。薛弼回来后，见到岳飞一人生闷气，就首先把皇帝和自己的谈话原原本本说了一通，但只是隐瞒了圣语中的"情伪"一句。岳飞仔细听着，突然，他的感情不可抑勒地爆发出来，他起身用手指天划地，在激动之中用略带悲愤的语调说："下官悔不听直老底言语。然而国难当头，文武一体，又何须分彼此！"薛弼非常理解岳飞此时的心态，知道他非常不满于武将遭受歧视，但是，他又完全不可能率直地讲解自从太祖皇帝篡夺后周以来，列祖列宗逐步制订和完善的崇文抑武的国策，更不能说明皇帝既要领养孩子,又不愿正式给予赵瑗储嗣位号的原因。因为在古代专制政治下,此类事情是只能意会,不能言传的。薛弼只能恳切地说:"下官与鹏举朝夕相处,岂不知你底忠荩与苦心,然而举事或是欲速则不达。鹏举自今以后,便不须问皇储底事,唯是用心于战阵厮杀。"

岳飞忧虑地说:"淮西兵变后,朝廷暂不出师,然而若是自此不出师,中原又何日可复?张相公固是谋虑不慎,难辞其咎,然而他尚欲出师,如今赵相公又不知是甚底计议?"薛弼当然听说过一些赵鼎和张浚政策分歧的传闻,但他不愿意对岳飞发表评论。他当年曾赞成李纲的政见,即使到目前,李纲仍然是他心目中的唯一贤相。他对岳飞也是相当赞赏的,但是,处在目前的微妙境遇中,弄得不好,自己就可能成为离间岳飞与朝廷关系的人。按照多年以来官场的磨炼经验,薛弼认为自己已不可能有所作为,而唯一的办法只能是明哲保身。

岳飞见薛弼不说话,又说:"闻得赵相公再相之初,第一便是欲留秦枢相,然而就下官所知,秦枢相亦是暧昧底人。"岳飞的印象当然是根据他前两次入朝时的接触。前面第五卷已经交待,李清照在两年前曾对薛弼发表评论,说自己的亲戚秦桧"大奸似忠,外示朴野,中藏狡诈"。薛弼心里不免发出深长的喟叹:"易安居士言道,秦桧不复用,是大宋之幸,天下之幸,不料他竟得以复用。此亦是张浚与赵鼎有目无珠!"但在表面上,他更不愿意对岳飞说秦桧的坏话。薛弼只能说:"待自家们拜见赵相公时,力劝他明年用兵。"

翌日,赵鼎不召岳飞,却是召薛弼前去都堂。两人会面之初,赵鼎就略带疾言厉色,说:"岳飞不循分守,一至于此!"薛弼知道,赵鼎一般场合下往往是最乐于显示雍容宽厚的宰相风度,今天却是一变常态,他正想叙述事情的原委,赵鼎又说:"岳飞是大将,总兵在外,岂可干与朝廷大事,何况又是建储底大计,武将不得妄议。我料得岳飞身为武人,不知上此奏,此必是幕中底村秀才教他。你回归鄂州,可晓谕他们,此非是保全功名底道理。"薛弼不愿当面顶撞,就顺着赵鼎的意思说:"赵相公所说底事理,下官自当传语岳太尉,归鄂州后,亦当仔细晓谕众秀才。"他接着又把事情经过复述一遍。

赵鼎却说:"当职已是面对,恭领圣谕。薛参谋固是佳士,然而难保村秀才们不做此愚蠢底事。我料得岳飞武人,不知为此。"薛弼心想,赵鼎无论如何是低估了岳飞,但也不愿另作争辩,只是再次提出自己的辞职申请,说:"此亦是下官无能,难以辅佐岳太尉,如今唯有恳请朝廷解职,亦足以儆戒幕中底众官人。"赵鼎说:"薛参谋与李参议在岳飞军中已久,自当另易他官。你不须心急,且候朝廷指挥。"赵鼎的回答算是了却薛弼的心愿,但薛弼并不因此感到高兴,反而增加了心头的沉重感。他毕竟是一个多少有点血性的士人,完全懂得朝廷打算将自己和李若虚调离岳家军的缘由,不免为岳飞的命运,为国家的前途深为担忧。

薛弼返回馆舍,没有想到岳飞正在接待一位文官,此人就是前礼部侍郎,如今已改任提举江州太平观的陈公辅。原来赵鼎重新上台,遇见陈公辅后,陈公辅当然首先向他行揖礼,而赵鼎并不作揖还礼,只用冷嘲的语言说:"陈侍郎尚记得去年底弹奏否?"陈公辅明白,赵鼎对自己去年的弹劾耿耿在怀,就上奏辞官,也很快得到批准。他离开行朝前,听说岳飞到行朝,就特来拜会。

陈公辅不愿说自己与赵鼎的龃龉,只是强调了对岳飞的敬慕之情,他说:"下官违离阙廷之前,得以一见岳相公,亦足以快意。"岳飞说:"久闻陈侍郎论事剀切,疾恶如仇,又于李相公处知得陈侍郎底苦心,今日直是相见恨晚。"两人叙谈了一会,薛弼回来,正好三人一同谈话。

陈公辅向两人尽可能详细地介绍行朝的情况。他说:"闻得赵相公自来不喜秦枢相,然而自他复相以来,亦不知是甚缘故,赵相公此回却是第一推许秦枢相,言道秦桧须留,不可教去,然而依下官所料,陈、张二参政去位,当是指日可待。"岳飞问道:"依陈侍郎所见,此回赵相公当有何新政?"陈公辅忧心忡忡地说:"下官到行朝,方得稍知秦枢相底行藏。他初归朝廷,便有官人质疑,言道何相公等人被执,无一人得归,而疑秦桧是虏人底细作。他归朝廷之后,便是主和议。赵相公再相,若是矫治张相公底失措,自是理所当然,若是矫枉过正,与秦枢相共主和议,国家大势便是不可收拾。"

岳飞问薛弼:"赵相公召你前去,可曾言及和战大计?"薛弼回答说:"未曾,他只是教下官传语鹏举,不当言建储底事。"岳飞又把自己的密奏向陈公辅解释一遍,陈公辅感叹说:"下官备知岳相公底忠心,然而忠心却被忠心误。"在陈公辅告别之后,岳飞又与薛弼商量,他说:"我欲见赵相公,论恢复之计。"薛弼只能说:"鹏举可去一试。"其实,他已隐约地感到,岳飞的劝说是不会有多少作用的。

在岳飞离开行朝前,赵鼎终于在都堂与他正式会面。双方依惯例行礼和寒暄过后,岳飞急于想力劝赵鼎用兵,就说:"下官曾与赵相公在江西共王事,又蒙赵相公力荐收复襄汉,知得赵相公志在恢复。张相公做事稍有蹉跌,然而诚如圣谕,东南军力尚众,不知赵相公有甚平定天下之良策?"赵鼎说:"当淮西变故之后,老拙别无良策,唯有安靖不生事。"

岳飞听后,不免如同冰水浇身,但他决定今天无论如何以好言好语规劝,他说:"赵相公,若是安靖不用兵,又不知中原何日可复?须知北方百姓们如在水火之中,切盼王师拯焚救溺,渊圣与天属亦是望眼欲穿。"赵鼎用缓慢的语调说:"今日底事,便似久病而至虚极弱底人,除非缓缓温养,元气便不得恢复。如是要大作措置,焕然一新,便是自取灭亡之术,非老拙所能。张德远并非不欲有所作为,而其效如此,便是自不量力之过,亦足以为戒鉴。"

岳飞只能反复说明当前的军事形势,耐心苦劝,赵鼎也是保持宰相风度,耐心地倾听,却不为所动。岳飞在辞别前语重心长地说:"下官此回归江州,唯是朝夕期盼朝廷底出师指挥,不战则已,战则必胜。若是不得用兵,直是面惭军旅,愧对天下,有何面目复掌大兵,唯当纳旌节请闲。"前面说过,宋时的节度使有一套特殊的仪仗,名为旌节。在岳飞看来,如果不出兵,自己却拥有武将最高荣誉的节度使头衔,岂不成了耻辱。赵鼎还是用抚慰的口吻说:"自家们是臣子,须听君父之命,便是谨守臣节。"

岳飞返回江州不久,宋廷果然先后下令,改任薛弼为荆南知府,又将李若虚调任行朝,任军器监丞,却一时没有向岳家军委派新的参谋官或参议官。

[壹叁]
决议迁都　李纲赋闲

赵鼎原来对秦桧印象颇坏,而对张浚却是感情颇好,但自从绍兴五年以来,他与张浚的关系,逐渐近于势不两立。早在得知淮西兵变后,赵鼎就预料到张浚必定下台,而自己必然复相,所以他还在绍兴府时,就开始考虑复相后的政策和人事安排。

赵鼎赶到行在建康府,第一个到府第拜访的正是秦桧。赵鼎和秦桧相识还是在北宋末年同朝为官时,秦桧被金人放归南宋后,由于官场的升降迁移,两人一直没有会面。赵鼎在做低官时就自视甚高,认为自己是标准的做宰相的大器,而对张浚也相当推许。有一次两人闲谈,张浚说:"愚意以为,百官之中,秦会之是人才,日后当可大用。"赵鼎却持反对意见,说:"德远虽有鉴识,然而未见得秦会之颇有心机,若是此人日后得志,自家们便于何处措手足?"

事隔十余年,赵鼎目前对秦桧最大的隔阂,当然是张浚援引了秦桧,认为秦桧是张浚的党羽。两人相见礼毕,坐定之后,秦桧以谦恭而恳切的语气说:"自张相公败坏国事以来,士大夫辈引领而望,唯是盼赵相公早到阙廷,主张大计,所幸圣上英断,不为张相公所沮。"对于张浚企图阻挠自己复相,赵鼎是在意料之中的,但赵鼎现在是以胜利者自居,愿意表示自己的大器和大度,他只是心平气和地说:"张德远忠荩,唯是谋国不臧,与老拙有异议。"

秦桧已经看透赵鼎的心胸,他懂得,赵鼎自己不愿多说张浚的坏话,却很乐意听别人说张浚的坏话,并且以此而快意,就说:"淮西底事,下官曾私自苦劝张德远多少回,他唯是刚愎自用,不听人言,一旦兵变,又惊惶失措,而毫无引咎自责底意思。及至主上决意召赵相公,命他草拟御批,张德远犹且阻挠。然而圣断坚定,张德远方是仓皇上马,辞离行朝。下官原以为张德远是中兴底相才,如今方知,他直是恁地无廉耻。"前面说过,秦桧对淮西行营左护军的处置,其实是诡随张浚,从未发表什么异论,但张浚既然离开行朝,"私自苦劝"的谎言,赵鼎或其他任何人就根本不可能查对。

赵鼎对秦桧的话,是听得相当舒心,但决不愿意对张浚发表什么评论。他换了一个话题问道:"秦相公以为,经历兵变之后,天下当怎生收拾?"秦桧根据过去张浚和赵鼎的分歧,对赵鼎上台后的政策已经揣摩得相当透彻,他说:"依下官愚见,如今唯有知彼知己,不做不量力底事,方得徐议中兴。行在自临安迁平江,又自平江迁建康,空自辛劳,于中兴大业全然无补。不如将行在再迁临安,有重江之险,足以自守,静待中原底变故。"赵鼎向来郑重,不愿轻易表示可否,但秦桧的一席话却使他听得十分顺耳。

秦桧明白,赵鼎并不喜欢别人过分的卑躬屈节、阿谀奉承,所以在整个谈话过程中,始终十分注意适度的谦恭。他最关心的,自然是赵鼎重新登台后的人事安排,自己的去留问题,但他决不就这个问题作任何试探,以免引起赵鼎的恶感和鄙视。他必须表现得一切只以国事为重。

秦桧的奉承终于取得完全的成功。赵鼎再相,初次单独面对,宋高宗对他说:"卿既还相位,现任执政底去留,便听卿底计议。"赵鼎回答不提其他两执政,只是说:"秦桧不可令去。"这句话当然通过从宦官、王继先到王癸癸这条暗线,传到了秦桧的耳朵里,他算是吃了定心丸,无罢官之忧。他虽然害怕王癸癸,而平时也很少将自己的心腹事向妻子和盘托出,现在听到王癸癸的介绍,也不免说了一句:"老夫如今亦只得屈居赵鼎那厮之下,日后且待时机。"

在淮西兵变的影响下,参知政事陈与义和张守都上了辞职奏,秦桧也不得不装模作样,上奏请求免职。赵鼎再相之初,为免于说自己不能容人的讥评,决定对目前的三名执政都暂时不作调整,以后再慢慢地分别撤换两名参知政事。前参知政事折彦质是赵鼎的相好,又与他因同一原因下台，但显然不宜重新援引。赵鼎打算在适当时机援引刘大中，出任参知政事。

宋高宗同时召三名执政上殿，说："赵鼎言道，目即正值患难之际，愿与众卿齐心合力，共辅朕躬。"陈与义和张守却继续表示引退之意，唯有秦桧一言不发。宋高宗最后说："陈、张二卿虽是退意甚坚，亦须日后缓议，如今且与赵鼎共事。赵鼎言道，与秦卿相知，秦卿可以必安。"

三人退殿后，秦桧赶忙去都堂见赵鼎，他用非常激动的语调说："下官蒙赵相公相知，自后更不敢言辞职，唯愿追随赵相公，助成中兴大业。"赵鼎也高兴地说："下官亦唯愿与秦相公共辅明主。"他接着向秦桧出示了一份御批。原来自从张浚罢相以后，台谏官们继续穷追猛打，纷纷上奏，说张浚罪重责轻。宋高宗因为淮西平白无故丧师四万，也愈想愈恼火，于是就在台谏官们的劾奏后写上御批："张浚谪授散官，安置岭表。"宋时官员流放到炎荒的岭南，算是最重的处罚。

秦桧见到这份御批，心里感到非常快意，但在表面上，还须看赵鼎的眼色行事，他问道："赵相公以为如何？"赵鼎说："此正是下官欲与你们计议。"他吩咐胥吏召张守和陈与义前来，又向两名参知政事也出示这份御批。张守第一个表态，说："张相公已是削除观文殿大学士底职名，处分非轻，不当追加新罚。自家们当同去面奏圣上。"陈与义也作了相同的表态，赵鼎说："下官所以暂封御批，未曾降下施行，便是欲与众相公同共进言，力劝主上暂息雷霆之怒。明日面对，须是同共救解张相公。"秦桧只能应答说："甚是！"心里却骂道："赵鼎这厮唯是欲沽虚名清誉，却教自家附会他。"

翌日，四名宰执入朝殿面对，赵鼎首先进呈被他扣押的御批，宋高宗带着几分怒意，责问说："朕教赵卿即时降下，卿如何封还？"赵鼎说："臣愚以为，张浚已是罪当其罚，若是再加责降，唯是快诸大将之意，以为朝廷对他们无可如何，日后尤是难于号令他们。"宋高宗说："朕责降张浚，岂是用诸大将底进言。宰相拜罢，出于诸将，此是唐末五代底旧风，朕托祖宗底威灵，幸未至此。"

陈与义说："陛下须念张浚有勤王底功勋。"宋高宗说："人君待臣僚，须是恩威兼济，赏罚分明。张浚底功劳，朕已重赏，如今有罪愆，亦须罚当其罪。"张守说:"张浚为陛下捍御两淮,宣力勤劳。罢刘光世,正为他所统底左护军纪律散漫,难以为国效力。兵变之后,指陈张浚之短,并非难事,然而臣唯恐后继者以张浚失策为前戒,不敢身任陛下底中兴大业。"宋高宗不作回答。秦桧恨不能立即把张浚流放到岭南,心里只是期望皇帝能够不顾宰执的劝解,实行独断,但既然三名宰执都表了态,自己也不宜沉默,就含糊地说:"臣等前日不敢言,今日却是当为陛下开陈。"他说了这句其实并无说情内容的话,就算在赵鼎面前有了交待,此后不再开口。

赵鼎见宋高宗还是不肯收回御批,又说:"张浚有老母,又有勤王功,若是去岭表,难道陛下忍心教他母子死别。张浚所犯,不过是公罪。凡是施行计谋,岂得必保万全,倘若有一失措,便置于死地,此后人臣虽有奇谋妙策,谁再敢为陛下进献。此是事关朝廷,臣等非是偏袒张浚。"经过赵鼎和陈与义、张守再三劝解,宋高宗算是收回了御批。

当四名宰执下殿后,赵鼎不免感叹说:"老夫今日便是不负张德远,而张德远煞是有负老夫。"秦桧心里恨得咬牙切齿,暗自骂道:"这厮原是心胸褊狭底小丈夫,又何须以宽厚自眩!"但嘴上却奉承道:"难得赵相公不念旧恶,如此遮护张德远,煞是古今贤相!"

赵鼎回到都堂,与其他三个执政稍事饮茶休息,就提出将行在回迁临安的方案,他说:"老夫以为,国朝选择京都,唯是在德而不在险。张德远将行在迁到建康府,当时廷臣们异议底甚多,然而他执意孤行,众相公以为,建康与临安,何处宜于设行朝?"显然,赵鼎明为发问,其实远不是商量的意思,秦桧马上附会说:"下官的乡贯虽是在建康,然而两地相较,则是临安以德胜,而建康以险胜。"

赵鼎望着另外两人,陈与义既已明白赵鼎的意图,认为自己行将离开政府,就不愿再发表异论,张守还是忍不住说:"张德远力主将行在迁移建康,如今已是诸事安妥,一动不如一静。若是再迁,百司六军既不免勤动,百姓邦用又须是烦费。此地自从六朝以来,便是帝王都会,虎踞龙盘,江流险阔,逼近淮南,正宜据要地以经理中原,依险阻而捍御强敌。官家居建康,便足以系北方民心。下官以为,张德远虽是做事孟浪操切,而迁移行在底事尚不须改弦易辙。"赵鼎不愿意与张守争辩,就说:"既是恁地,自家们便于面奏时各陈利弊。"

赵鼎和秦桧面奏时再次提出搬迁行在的问题,果然与宋高宗的意图一拍即合,张守仍坚执前议,却只能枉费唇舌。他与陈与义都在次年罢政,外任知州。赵鼎又建议选用刘大中出任新的参知政事。

再说陈公辅满怀着郁闷之情,离开建康府,他担任宫观闲官,其实没有固定的任所,就决定前去洪州,找旧交李纲倾诉。李纲见到十二年前的故人,亦悲亦喜,两人就在李纲安抚制置大使司的书房里,彻夜长谈。书案上的三枝蜡烛,将书房照得相当明亮,两人就坐在书案的东、北两侧,十分靠近,互相长久地、仔细地凝视对方。论年龄,陈公辅还比李纲大六岁,岁月的侵蚀,忧患的催逼,彼此都苍老了许多。两人都有满腹的委屈、辛酸和忧虑,却一时不知从何说起。

还是李纲先说:"国佐,十二年前底东京往事,恍如隔日,唯是我底无能,牵连国佐。"陈公辅说:"与伯纪共进退,此是自家底无上荣光。唯恨自古以来,君子常是败于小人之手,可发一叹。伯纪在靖康时胜不得耿南仲,建炎时又胜不得黄潜善、汪伯彦,如今犹是有志不得伸,有才不得施。"李纲说:"君子与小人底胜负,唯是系于人君。当时渊圣皇帝轻信耿南仲辈,终致远狩龙沙,至今不得南归。自家们底些少忧苦,又何足挂齿。"他无法再对当今的皇帝作什么评论。

陈公辅开始详细介绍朝政的近况,特别是赵鼎和秦桧的情况,李纲说:"下官原以为秦桧精忠许国,能立大节于宗社危难底时节,被俘后又不忘故国,原来竟是恁地,朝政便益发可忧。"陈公辅说:"赵元镇虽是时而貌似宽厚,以不负张德远自眩,实则心胸狭隘。他于张德远固然不做落井下石底事,然而于张德远底恢复措置却是要落井下石,此便是足以深忧。他建请行在返回临安,便见得他并无克复中原之心。张德远罢相时,方是后悔举荐秦桧失策,不意赵元镇犹是蹈袭张德远底旧辙,切恐国家之忧,尚不在赵元镇,而在秦桧。"

李纲说:"自靖康以来,国家底长策唯是在战,主战自可相度时机,或攻或守,主和即是降敌,北方底故土与遗民便永无归朝之日。"他真想说:"主上底意思,本是欲和而不欲战,若是以赵鼎、秦桧辅佐,此便是天不佑大宋。"但碍于臣规,尽管是面对陈公辅那样的知心,也不得不欲语还休。陈公辅说:"我观察廷臣,原来便是主进者少,主退者多,又适当淮西兵变时,主上便不能无惑。虽是恁地,自家们身为大宋底臣子,终须为社稷宣力分忧。"李纲长叹一声,说:"国佐底言语便是正理。"他取来了文房四宝,开始与陈公辅共同草拟奏疏和给赵鼎的书信,进行苦口婆心的谏劝。

两份公文用急递传送到建康府的行朝。宋高宗在淮西兵变之后的一段时期,还是相当紧张,生怕金和伪齐乘机进攻,但随着各方面传来了平安无事的探报,他的心情也很快松弛。一天下午,宋高宗独处寝阁,有一名新入宫的十七岁女子前来送茶,她的容貌其实只是中等,但宋高宗今天情绪相当好,忽然感觉新鲜,就搂住她进行房事。自从扬州得了阳痿以来,宋高宗听从王继先的劝说,再也不敢纵欲过度,今天白昼宣淫,算是一次例外。但房事完结,他又马上对那个宫女感觉厌烦,厉声说:"你且与朕出去,今后不得入寝阁!"皇帝一句话,对那名宫女却是一次沉痛的打击。古代宫女们最希冀的当然是皇帝的亲幸,最愁苦的又莫过于幽闭在深宫。那个宫女虽然年幼无知,但这个起码的道理还是懂的,她在生理上刚享受了男女之间的欢乐,却又立即被宣判了行宫的无期幽闭之刑。她只能噙着泪水,跪在地上,口称"叩谢官家圣恩"。她离开寝阁后,找到一个冷僻场所,痛哭了一场。

宋高宗打发走那名宫女后,就宣召吴才人入寝阁,让吴才人为自己念新到的几份奏疏。吴才人开始念李纲的上奏:

今日之事,岂可因一叛将之故,望风怯敌,遽自退屈。果出此谋,六飞回驭之后,人情动摇,莫有固志,士气销铄,莫有斗心。今幸疆场未有警急之报,兵将初无不利之失。朝廷正可惩往事,修军政,审号令,明赏罚,而遽为此扰扰,弃前功,蹈后祸,以自趋于祸败,岂不重可惜哉!臣深虑讲和退避之说复行,则宗社安危,未可知也。

宋高宗听到此处,就挥手说:"李纲无他奇谋妙策,唯是屡献腐儒无用底常谈,不厌其烦!"乖觉的吴才人就立即终止朗读。

次日,宋高宗撇开两个行将罢免的参知政事,只召赵鼎和秦桧面对,专门商议迁都的事。宋高宗说:"朕离建康府后,须是召重臣留守,二卿以为,何人为宜?"秦桧依照过去充当张浚备员的旧例,决不抢在赵鼎之前说话。赵鼎说:"臣以为吕颐浩长于弹压,可任此职。"宋高宗点头说:"吕颐浩虽是年迈,尚堪负此重任。"秦桧对吕颐浩自然恨之入骨,但他也完全明白决不能唱反调的道理,只能附和说:"吕颐浩忠义,处事持重,诚如圣训。"秦桧言不由衷的话,却博得了皇帝的好感。

等一些具体事务商量完毕,宋高宗说:"李纲近日有奏,今付与二卿传阅。"宦官取来李纲奏疏,先递给赵鼎,赵鼎只是粗略地看一下,又交付秦桧,他口奏说:"臣亦得李纲底书信,其意与奏议相同。李纲以为,行在迁回临安,便是望风怯敌,而自趋祸败,岂非是危言耸听。"宋高宗在宫里可以随便乱说,但当着臣僚的面,又必须显示帝王的大度,对臣僚的优礼,他说:"李纲底议论固是迂阔,然而朕亦须倾听众议。"

秦桧自从归宋以来,与李纲并无当面接触,至多是通过几封书信。他深知宋高宗厌恶李纲,李纲绝不可能对自己的权势和前程构成威胁,但对李纲的抗金言论,却又产生本能的恶感,他说:"李纲底议论,自不害陛下迁都底大计。然而他又颇有虚誉,朝野底村秀才辈,却是倚重他为泰山北斗,言道唯有李纲重入政府,天下方得中兴。臣愚以为,陛下亦须稍作处分,使天下知圣意底所向,以为惩劝。否则,横议不绝,亦是有害陛下中兴新政。"

秦桧的刁毒,正在于有意用"泰山北斗"之类词句刺痛赵鼎的自尊心,激发他的忌妒心。因为赵鼎向来自负,看不起吕颐浩、朱胜非等,他曾与张浚相好,援引他当执政,也只是认为张浚可以当自己的副手。但是,他也明白,李纲在朝野的声誉却是在自己之上。于是赵鼎说:"李纲在江西积年,未闻有善政,今年大旱,李纲却是课民修城,劳扰烦费,台谏官或有论奏。"宋高宗经两人火上浇油,就说:"既是恁地,不如教他领宫祠。"赵鼎马上说:"依陛下圣旨,莫须教他提举临安府洞宵宫。"宋高宗说:"卿可依此行遣,亦以见朕优礼旧臣。"

宋廷的新命传达到洪州,此时陈公辅已与李纲辞别,李纲马上收拾行囊,准备移交手续。

十一月下旬,温州知州李光改任江南西路安抚制置大使、兼洪州知州,来到洪州。李光字泰发,绍兴府上虞县人,时年六十岁。他在北宋末年曾任台谏官,因为论事切直,被宋钦宗罢黜。南宋初年又历任侍郎、尚书和地方大员,颇有声誉,士大夫们普遍认为李光是升任执政和宰相的合适人选。李光的元配妻子黄氏死于宣和年间,他续娶管蕙卿,出身处州龙泉县的名门,如今依李光的官位,封为淑人,时年三十四岁。管蕙卿厚爱黄氏留下的子女,所以家庭亲睦,李氏宗族都称赞她的贤德。李光有十个儿女,两个女儿出嫁,余下八人都随从父母,在长辈的影响下,彼此都十分亲爱。

李光的新任当然是一种升迁,他从温州取陆路而来,路上饱览南方万木凋零的冬色,却是冬风得意马蹄疾。管蕙卿沿途坐轿,又有年长的儿女照顾,也相当惬意。他们到达饶州,就改乘官船,横渡著名的鄱阳湖。一个暖冬天气,湖面上没有多少风,李光站立船头,眺望碧波万顷、水天一色的胜景,颇觉心旷神怡。管蕙卿从侧面看着丈夫的脸色,却说:"花无百日红,人无千日好。尚书须是常念靖康贬官时,奴家方入门,唯有粗茶淡饭。"李光回头看了妻子一眼,说:"淑人自到我家,正逢贬官之际,却是夫妇怡乐,无纤毫芥蒂。我岂得忘怀。"管蕙卿说:"然而尚书须是念李相公底遭际。"她认为自己是妇道人家,平时很少过问丈夫的政务,只是在个别场合下,或认为有必要,就用一两句话提醒一下丈夫。李光深情地望了望妻子,他只是用眼色表示完全同意。

李光又改为陆行,抵达洪州东城,给他的第一印象就是城池修葺一新,当时砖砌城墙还不普遍,而洪州新城完全是砖砌,以免雨水冲刷,城高二宋丈二宋尺,其上敌楼、女墙、炮台、瓮城等防卫设施齐备,城外是阔六宋丈的护城河。洪州城原来周长三十一宋里,共有十六门,其中十门滨江。此次李纲修城,由于城北一带经过战乱之后,几乎没有居民,城外的积沙又与城墙等高,不利防御,就把北城墙南移,并且毁废了四门,只剩下十二门。

李光到坛头门,早有吏胥在那里等候。他见来者像长官,就先在马前长揖,问明正是李光,说:"男女奉李相公命,在此守候多时,恭请李尚书径去安抚制置大使司。"李光随吏胥入城,原来李纲早已移居馆舍,整个州衙也收拾干净,专等李光和眷属前来居住。李光望着窗明几净的环境,感到舒心快意,那名吏胥又向李光递呈一份公文,说:"此是李相公教男女转呈底札子,其上备述本州重大政务。李相公言道,李尚书跋涉辛苦,且休息一日,明日在城西章江门楼相聚。"李光对李纲这种特殊的欢迎方式,颇有点莫名其妙,他对吏胥说:"你可传语李相公,下官极是感荷李相公底盛情,明日便于章江门相会。"

等一切安顿就绪,李光才启封,阅读李纲给他的札子,不免赞叹说:"李相公端的是规模宏阔,而又得要领,条绪明晰。"管蕙卿说:"奴家在闺中,不知世务,然而李相公底声闻,天下妇孺无有不知。此回李相公交割政务,颇为耐人寻味,尚书须是用心体察。"李光说:"淑人所言甚是有理。"

李纲凌晨冒着冬寒,身穿绵服,很早就来到章江门上的城楼。天寒更加深了李纲的心寒,他怅望着修葺一新的洪州城,又远眺城门外著名的滕王阁和滔滔的章水。此时此刻,他的心境非常复杂和凌乱,既有对坐镇两年的江西首府的恋恋不舍,又有对北方故土的深长相思。他从来就懂得用行舍藏、进难退易的儒家道理,并且常以"进则尽节,退则乐天"自戒,但对时势的忧虞,却又使他不能有片刻的安宁。李纲自己也不明白,为什么明知皇帝决不会重新起用自己,而自己却怀着最强烈的欲念,简直是恨不能插翅飞到建康府,重归政府,取代赵鼎和秦桧,再执相权。他只能紧锁双眉,反复地独自吟哦"烈士暮年,壮心不已"八个字,来回地蹀步徘徊。

为了对李纲表示谢意,管蕙卿及早为李光安排早膳,而李光赶到章江门时,李纲还是等待多时了。两人过去在东京开封相识,但相交不深,分别十二年,也没有书信往来,一旦故人会面,彼此都不免惊叹岁月对容颜和身体的侵蚀。李光比李纲大五岁,但相形之下,反而显得年轻,他身体挺直,面色红润,英气逼人,而李纲却是一副龙钟衰老之态。两人作揖寒暄之后,李光首先再次表示诚挚的谢意:"不意李相公早已搬叠出安抚司,足见深情,然而委是教下官难以自容。"李纲说:"李尚书远来,坐镇一方,政务繁剧,若是教你不得安泊,便是下官底罪愆。"他说完,就命令以任士安为首的安抚制置大使司五统制上前参见。

任士安等人引领李光,参观齐备的城防设施,李光开始觉悟到李纲请自己在城楼相见的原委,说:"修城、治军等事目,下官已是备见于李相公底札子,然而百闻尚不如一见,如今方知你底苦心。下官前来,唯是托庇余荫。"他也得知一些台谏官弹劾李纲劳民伤财,但对此不愿直接发表评论。李纲说:"下官到任以来,唯是秉承朝廷指挥,以居安思危底意思,招兵买马,建置营房,缮治器甲,修筑城池。两年以来,方得就绪。如今若是虏、伪敢于渡江侵犯,只消得岳鹏举发援兵数千,表里相应,便足以剿杀。虽是劳民伤财,又极是迫不得已,亦可教百姓免于建炎三年底屠戮惨祸。"他的言语是平缓的,但是,李光不难体会到李纲内心对弹奏的愤慨。

时近正午,李纲和李光就到滕王阁共进午膳,这是李纲的接风宴,又是告别宴。李纲在席上只是进食,说话不多,李光也体察到对方的苦闷,所以尽量不说让对方伤心的话,两人只是互敬了一盏酒。饭后,李光又陪李纲到阁外的压江亭上,李纲凝眸,长久地望着江流,李光到此忍不住劝慰说:"李相公忠荩,尽人皆知,大丈夫有屈有伸,日后自有施展抱负之时。"李纲说:"下官衰朽,不如李尚书刚健,日后料无复用之机,唯是屏退田里,以度残年。"他当然不愿,也不能说:"主上在位,下官便决无复出之理。"他想了一下,又说:"李尚书尚是事有可为,若是他年得以入政府,须知和不可恃,欲得恢复,须是重用岳鹏举。"李光应答说:"李相公所说,言简意赅,语重心长,下官谨受教。"

李纲与李光告别,他不再入城,就带着随从,骑马绕城而去。他从此不再任职,只是退居福州长乐县。

[壹肆]
完颜粘罕的末日

前面交待南方政情的变化,现在再说北方。自从完颜挞懒向完颜斡本建议,除掉完颜粘罕,金熙宗和完颜斡本、宇文虚中就进行多次密谋。宇文虚中因为制订金朝制度的成功,加之为完颜斡本确定"仲父"的称呼,颇得金熙宗和完颜斡本的青睐。他在金朝多年,对于上层贵族各派系的底细已经了如指掌。但是,他也只受金熙宗及其继父的尊礼,既然是投降的汉人,就绝不可能进入金朝的最高权力圈中。宇文虚中久在官场,对于钩心斗角的一套当然是了解的,却又不是玩弄机谋权术的老手。当金熙宗和完颜斡本正式向他提出诛除完颜粘罕的问题后,他颇费了一番苦心。

在一次密谋中,他向金熙宗和完颜斡本建议说:"粘罕底阿爹本是与老郎主平分女真旧部,粘罕又经营西朝廷多年,广有羽翼,如今虽是不统兵,亦不可小觑。臣以为,目即之计,第一便是离间谷神,第二便是先折羽翼,然后设计诛除粘罕,便是稳当。"女真人毕竟较为粗夯,不像汉人那么有心机,完颜斡本说:"宇文国师底计议甚是有理,然而粘罕与谷神情同手足,又怎生离间?"宇文虚中说:"国相若能渐示与谷神亲,与粘罕疏,积以时日,或可成离间之计。"

完颜斡本从此经常为完颜谷神举行宴会,也不时赠送珍宝、女子,只是有意冷落完颜粘罕。完颜粘罕几次请完颜谷神不到,发现他在完颜斡本那里宴饮,颇为不快,就对完颜谷神说:"自家们是兄弟,你如何不到我家,却是常在斡本家。"完颜谷神说:"斡本宴请我,岂得不去。"完颜粘罕说："你常是如此,岂不薄了兄弟情分。"完颜谷神说："你休得生疑。"话虽如此,完颜粘罕却不能不产生疑心。

完颜粘罕就找自己的心腹高庆裔和萧庆商量,两人也没有什么高明的对策,高庆裔只是说："斡本与谷神交往频繁,国相亦不得制止,不如仍与谷神修好。"萧庆更没有提出任何意见。

其实,萧庆的内心却有很深的恐惧感,他觉得,完颜斡本有意拉拢完颜谷神就是一个危险的信号,大祸行将临头。当夜,萧庆在床上辗转反侧,考虑了一个通宵,他最后决定,要免于和完颜粘罕同归于尽,只能去找宇文虚中。他准备了一份厚礼,夜访宇文虚中家。宇文虚中当然只能出迎,萧庆竟抢先向宇文虚中行汉人的揖礼,宇文虚中也向他还礼,把他请到屋里。

宇文虚中住的是金熙宗新赐的府第,家中的陈设颇有女真风尚。两人按女真习俗,在炕上坐下,并且请萧庆按北方风俗点汤。萧庆随便点了一盏西瓜甘草汤,宇文虚中本人则点了一盏蜂蜜甘草汤。西瓜是辽代从回鹘传到北方,当时还种植不广。萧庆先向宇文虚中呈上一张礼单,并说："此是下官些少心意,恭请宇文国师笑纳,乞屏退左右,下官有紧切事相商。"宇文虚中隐约地体会到对方的用意,就命令仆人退下,两人在明亮的烛光下密谈。

萧庆开始用哀求的语气说："自家们是辽宋旧臣,可谓同病相怜。如今宇文国师深受郎主与斡本国相器重,下官唯求救我一命,便是结草衔环底大恩。"宇文虚中完全感受到萧庆说话的分量,但是,他决不能随便暴露金熙宗和完颜斡本的意图,更害怕萧庆用此种方式进行试探,就说:"萧右丞官高势尊,下官唯是为郎主详定内外制度仪式,别无他能。萧右丞底言语,下官端的不解。"

萧庆只能下跪,不断地叩头,泪流满面,说："下官是亡辽遗族,当国破之际,唯求苟全性命,偶得粘罕国相信用,亦是身不由己,实非得已。"宇文虚中急忙把他扶起。萧庆接着就干脆把过去自己和高庆裔对完颜粘罕的私下谋划大致作了交待,当然,他把图谋不轨的事又全部推到了高庆裔的身上,宇文虚中虽然判断出萧庆绝不是假意试探,但还是不能暴露自己的图谋,他说："郎主虽是不时召见下官,唯是议论历代兴亡得失,研讨礼法。依下官底计议，萧右丞不如自去面奏郎主，或是求见斡本国相。萧右丞须知，下官是南人，岂敢说此等事。"萧庆再次起立，向宇文虚中叩头，继续哀求说："下官唯是乞宇文国师代为缓颊，若得保全，便是死生肉骨底大恩，没齿不忘。"

萧庆估计到宇文虚中必然会禀告金熙宗和完颜斡本，所以等三天之后，再去求见完颜斡本，他还是把过去的密谋作了交待，并且推诿给高庆裔，乞求饶命，完颜斡本的回话就相当简单："你须是离间得谷神与粘罕，然后教人出首，告高庆裔有抵死底赃罪，便得活命，可保富贵。"萧庆明白，金廷不准备用谋反罪杀高庆裔，显然是宇文虚中暗中的设计，粗直的女真人绝不可能有此种迂回曲折的权术。

萧庆按照完颜斡本的指令，不断向完颜粘罕进谗言。完颜粘罕果然对完颜谷神更加疑神疑鬼。有一次，金熙宗在乾元殿召大臣议事，完颜粘罕说："天会十二年冬，讹里朵、挞懒、兀术失利于淮南，伤损了大金底兵威，如今又是三年。我观挞懒与兀术终是不济事，唯是坐视康王招兵买马，积聚粮草。如今唯有我亲统人马前去，方得生擒康王。"完颜蒲鲁虎马上表示反对："粘罕，你如今年事已高，体态臃肿，如何再上战阵，不如在御寨安养。"完颜粘罕今年五十八岁，年轻时驰骋战场，纵横南北，确是金朝第一员悍将，现在却因常年酒色过度，身体虚胖，连上马也已相当费劲，完颜蒲鲁虎所说确是事实。

完颜粘罕说："你如何说自家上不得战场？"完颜蒲鲁虎握着自己的佩刀柄，说："你若是赢得我底刀，便教你统兵厮杀，若是赢不得，自今便当绝了统兵之念。"他憎恨完颜粘罕，真想通过比武，乘机把对方杀死。完颜谷神知道，如果与完颜蒲鲁虎较量，完颜粘罕肯定是输家，不过是当众出丑而已，就劝阻说："且休，粘罕，你须知在御寨安乐快活，如是统兵厮杀，便不是十年前可比。"

完颜粘罕提出由自己重新统兵的问题，其实首先不是对宋作战，而是企图恢复自己往时的权势。完颜谷神的好心劝阻，在他看来，反而成了恶意，忍不住勃然大怒，说："谷神，你整日唯是耽溺宴乐，九年之前，若是我亲去，便须活捉了康王，何得有今日之患。"完颜谷神被对方揭短，也反唇相讥说："你自诩用兵如神，如何也败于宗爷爷？"两人当众大吵起来，金熙宗和其他女真大臣都快意于两个至亲相好的反目,并不劝阻。完颜粘罕最后伤心地说:"你杀了自家底二十三娘子萧氏,然而你又有多少耶律氏与萧氏娘子?"他所以如此说,是因为完颜斡本正好先后送了完颜谷神五名契丹女子,而自己最宠爱的萧氏被杀后,至今还找不到能与她媲美的女子。完颜谷神一时倒张口结舌,无言以对,他正想说:"粘罕,你便是不知好歹!"完颜粘罕已经怒气冲冲地走出乾元殿。

只过了三天,金熙宗又在乾元殿召集群臣,这次是由完颜蒲鲁虎出面,他举着手里的一叠状词,高声说:"今有三省吏胥状告尚书左丞高庆裔贪赃,合计一万贯,依律令,合于私罪上决断,罪当斩。"金朝初建,还没有本朝的刑法,所谓"公罪"、"私罪"之类,完全是沿用唐宋的名词,就是完颜蒲鲁虎本人也是最近才学到的。

完颜蒲鲁虎的发言,对完颜粘罕、高庆裔等人犹如晴天霹雳,高庆裔一时急得额头汗水直流,他慌忙走到金熙宗面前,行女真跪礼,用颤抖的声音说:"臣乞郎主恕臣一死。"金熙宗吩咐说:"可将高庆裔下狱根勘案验!"殿上的一群甲士上前,脱去了高庆裔的七梁冠、窄袖左衽绣花卉皂罗袍和吐鹘玉束带,头顶上露出两条粗辫,正准备把他拖出殿外,完颜粘罕此时方才反应过来,他大喊道:"我亦是领三省事,如何不教我知得高庆裔有赃罪?"

完颜蒲鲁虎不会拐弯抹角编造理由,就大吼道:"高庆裔是你底腹心之人,岂可教你理会?"完颜粘罕说:"我岂不知,如今大金底字董又有几人无赃罪,何得唯独论处高庆裔?"完颜蒲鲁虎又大吼道:"我欲论处甚人,便论处甚人,你奈何不得。"

完颜粘罕无法再与对手争辩,他想了一下,就对金熙宗说:"郎主,你是我所立,须是知恩。老郎主曾赐我铁券,除反逆受笞刑,其余底罪过皆是不问。我愿以铁券换高庆裔一命。"金熙宗被完颜粘罕一说,倒面有难色,一时不知如何应答,他只能尴尬地望着自己的"仲父",完颜斡本当然决不愿意罢休,但也想不出应对的语言,还是完颜蒲鲁虎,他说:"郎主可先将高庆裔下狱根勘,然后再行议刑,且教粘罕将铁券交付郎主。"金熙宗马上说:"便依卿议。"于是高庆裔还是被甲士们拖出殿外。此时此刻,他的神志已经完全清醒,懂得自己在劫难逃,所以就不再哀求,只是向完颜粘罕和萧庆投以无可奈何的目光,他还不知道,正是萧庆出卖了自己。

完颜粘罕退朝后,就召萧庆一同到自己府第。两人在炕上坐定,完颜粘罕不免伤心落泪,说:"今日底事势,便是要救一高庆裔亦不得救。"他想了一下,又说:"我欲统合扎亲兵,前去狱中营救,你以为如何?"萧庆说:"蒲鲁虎必是早有预谋,国相唯有放老与体弱亲兵一谋克,若是与蒲鲁虎交兵,岂不是投肉喂虎?"完颜粘罕发出无可奈何的长叹,说:"既是恁地,我便将铁券与你,你去交付合剌。"他不愿意称呼金熙宗为郎主,只是叫他的女真名。他命令家奴取来铁券。

萧庆虽然与完颜粘罕十分亲近,今天却还是初次见到铁券。这是一只有御玺印文的精致木匣。金朝本来没有御玺,最初是用从辽朝缴获的金宝和玉宝,匣上的御玺印文是辽朝皇帝的金宝,印文是方块契丹大字书写的"御前之宝"四字。萧庆见到印文,不由激发对故国的伤痛和哀思。他打开木匣,里面的铁券是卷瓦状的,其上有金字,是用女真文书写的。女真人的铁券铭文不像汉文那么典雅,只是写道:"赐粘罕,除反逆受笞刑,馀皆不问。"金太宗时,为了安抚完颜粘罕的派系,特别对他和完颜谷神,还有完颜娄室、完颜银术可两员大将,都赐有免死铁券。铁券一式两块,一块给功臣,一块留在宫中。萧庆看着铁券,心想:"粘罕如今直是天夺其魄,欲用铁券救高庆裔,更不知自家亦有性命之忧。"但他只能把铁券收下。

完颜粘罕开始藉酒浇愁,他一盏又一盏地暴饮,用手抓来大块大块的肥猪肉,其上浇渍着生狗血、豆酱和蒜末,张口大嚼。萧庆只是小心地陪食。完颜粘罕半醉以后,就开始大骂金熙宗等人,萧庆只是耐心听着,不作应答。完颜粘罕时而大声恸哭,时而又低语苦笑,不久就醉倒在炕上。萧庆呆呆地望着发出鼾声的完颜粘罕,心里哀叹说:"破辽灭宋时节,他便似张口露血牙底猛虎,直是可吞食成千上万人命,如今却是比不得藏形匿影底小鼠!"他吩咐奴婢们安顿完颜粘罕,自己离开完颜粘罕的府第,就径去禀告完颜斡本,并且向他交付铁券。

萧庆回到自己府第,已过三更。他到卧室掩门,独坐炕上,对着烛光,开始痛心悲泣。萧庆今天最感恸的事,莫过于见到了亡辽的金宝印文,他自言自语说:"忆得天会四年除夕,我与宋臣陈过庭在开封宴饮,尚得对他直叙亡国底伤痛。陈过庭虽是孤臣终于北方,亦是尽节。自家做了辽金底贰臣,唯是蝇营狗苟。难得粘罕器重,如今又须出卖粘罕,难得与高庆裔为友,如今又须出卖高庆裔,直是犬彘不如!粘罕杀人如麻,今日得此下场,便是天道循环,轮回报应,然而自家又当于何时得甚底报应?"说完,就忍不住悲声大放。他望着窗纸发白,天色已明,又不得不收住眼泪,因为还须换一张似笑非笑的脸,去见金熙宗君臣,他对自己说:"如今唯有去佛寺做道场,湔洗自家底罪孽,苦海无边,又不知何日方得回头是岸!"金人接触佛、道二教,时间不长,新近才在御寨会宁府建成佛寺和道观各一所。萧庆准备等高庆裔处死时,在隆兴禅寺为他做道场。

金朝的监狱非常特别,只是挖掘几个深四、五丈的大坑,上面有放老拣退的官兵看守。高庆裔被押到牢里,首先戴上木枷和脚镣,让他坐在一个系麻绳的柳条筐里,吊下深坑,等他跨出筐外,狱卒提绳收筐。这种露天深坑,在东北的严冬时节,往往可以把犯人冻死。幸好现在是六月,高庆裔在白昼经受阳光的并不厉害的炙烤,而夜晚却是满天繁星的凉爽天气。高庆裔和萧庆不同,作为渤海人,在辽朝多少受到政治上的歧视,而得到完颜粘罕的信用,就成为他平生的得意时期。近年来,高庆裔已经觉察到完颜粘罕的失势,也担心自己成为政争中的牺牲品,却仍没有意料到悲惨的下场竟来得这么快。

高庆裔在极端痛苦之中,才开始认真反省自己的为人。他仰望着星空,抚膺悲啼:"我教粘罕苛政毒刑,杀戮无辜,我倚势凌人,恣意收受钱财珍宝,今日得此下场,亦是报应不爽,罪当其罚。世上底万事万物,犹如幻梦,富贵如浮云,聚敛得千万家财,金珠美女,如今皆成他人底物事。恨不能及早看破红尘,如今觉悟,已是后悔莫及。往时亦稍读史书,秦时丞相李斯,当腰斩之时,方知欲牵黄犬,出上蔡东门,逐狡兔而不可得。自家不悟李斯往时底苦痛,今日便得李斯底下场!"

高庆裔坐在深坑里,一夜未睡,第二天,又接连有几名官员下狱。原来这次金廷决意斩除完颜粘罕的党羽,由萧庆提供名单,凡是名单上开列而在御寨者,一律下狱,在外地者,一律就地处死,而罪名又全部是贪赃。高庆裔忍不住向下狱者打听,使他迷惑不解的是,最相好的萧庆居然平安无事。到第三天,下狱者共达二十八人,却没有进行任何审讯。

第四天,完颜蒲鲁虎亲自带兵,把高庆裔等二十八人从深坑中拉出来,押往刑场。当时御寨会宁府的人口还不多,刑场不过是一片空地,也没有围观者。完颜蒲鲁虎临时坐一把交椅,高庆裔等二十八人被押到他的面前,行女真跪礼。完颜蒲鲁虎简单地说:"高庆裔等二十八人犯赃,今日奉郎主命,尽底处斩。"女真人的原始刑罚,重者一般是将人敲杀,称洼勃辣骇,轻者或是用柳条挞背,或是割去耳鼻。现在实行斩刑,也是仿效了辽宋的刑法。高庆裔经过三天思考,已经怀疑萧庆,就大喊道:"自家们若是犯赃,如何不经勘问?萧庆收受贿赂,亦是尽人皆知,又如何不与问罪?"完颜蒲鲁虎根本没有耐心听高庆裔的抗辩,就下令说:"都与处斩!"

军士们把高庆裔等人押到刑场的中心,高庆裔等人又不断大喊。完颜粘罕就在此时赶来,他由奴仆扶下马,虚胖的身体骑了一阵马,已经气喘吁吁。他径自来到完颜蒲鲁虎面前,完颜蒲鲁虎依旧坐着不动,完颜粘罕责问说:"我已将铁券赎高庆裔,你们如何又要斩馘?"完颜蒲鲁虎说:"我唯是奉郎主之命,不知有铁券底事。"完颜粘罕无比气恼,说:"此是你阿爹赐我,你如何不知?"完颜蒲鲁虎说:"我便是不知,你自去问郎主。"完颜粘罕说:"既是恁地,你且刀下留人,我自去见合刺。"他气得在公开场合也叫金熙宗的女真名,而不愿尊称郎主。完颜蒲鲁虎说:"我唯是奉命处斩,不得延误。"

完颜粘罕到此方知自己只是白送一份护身的铁券,他无法再与完颜蒲鲁虎说理,只能走到高庆裔身边,与他抱头痛哭。高庆裔悲泣着说:"国相早听我言语,又何至有今日。我如今唯是一死,愿国相善保。萧庆此人疑是背叛国相,自今以后,切不可轻信。"完颜蒲鲁虎很不耐烦,下令立即行刑。于是军士们就拉开完颜粘罕,把高庆裔等二十八人同时斩首。

完颜粘罕怀着满腔悲愤,前来萧庆家。萧庆听到风声,早已逃遁。完颜粘罕只能砸碎萧庆家一些家具之类,略为发泄一下胸中的愤懑。他回到家里,又放声大哭,只是重复一句话:"我悔不听高庆裔底言语!"接着又是喝得大醉。从此完颜粘罕就不再参加朝会,参与朝政,只是一个人闷在家里,醒时狂饮,醉时酣睡,生活起居不再分昼夜,连平时十分喜爱的女色,也不再玩弄。

三十天后,转眼就是七月二十一日上午,东北的初秋已是颇有寒意,完颜粘罕身穿木绵布夹衣,又醉倒在炕上。他做了一个快乐的梦,梦见自己独坐在乾元殿正北,已经当了郎主,高庆裔等人整齐站立两旁,而金熙宗、完颜斡本、完颜蒲鲁虎等人却不断向自己行女真跪礼,乞求宽饶,正当他在梦中大喊道:"今日恕你们不得!"只觉得耳边传来了喧哗的声音。等他完全清醒时,自己已经被捆绑起来。原来完颜蒲鲁虎率领军士,突入他的府第。

完颜粘罕迷迷糊糊地望见了站立在炕头的完颜蒲鲁虎,又发现自己已被粗麻绳捆成一团,才浑身冒汗,大喊道:"蒲鲁虎,你待怎生底?"完颜蒲鲁虎恶狠狠地说:"今日奉郎主命,教你前去追随高庆裔。"完颜粘罕破口大骂:"合剌,我平定辽宋,立得大功,又扶立你做郎主,不料你竟如此恩将仇报。"完颜蒲鲁虎吩咐取来一团破绵絮,准备塞他的嘴,完颜粘罕又哀求说:"蒲鲁虎,我与你无冤无仇,你放了我,我愿与你同共杀了合剌、斡本,教你做郎主。"完颜蒲鲁虎冷笑说:"你今日恁地说,岂不是太迟!"一团破绵絮塞进完颜粘罕的嘴里,他只能作绝望的挣扎,发出极轻微的呜呜声,两行泪水夺眶而出。

完颜蒲鲁虎命令将完颜粘罕装进一个大木箱里,由军士把他抬到关高庆裔的狱里。完颜粘罕的颈脖被套上一条粗麻绳,然后扔入深坑。金朝的第一员悍将就这样被缢死。完颜蒲鲁虎将完颜粘罕的死耗报告金廷,金廷就马上宣布他病死,并且给予太保、领三省事、晋国王的追悼仪式,又追封为周宋国王。

金廷对完颜粘罕下毒手,是挑选了一个合适的时机,这就是完颜谷神正好返回他的旧居冷山寨。冷山寨距离会宁府御寨达二百宋里,在气候偏寒的宋时,更是苦寒之地,四月方才生草,八月就开始下雪。这是一个仅有百户女真人的聚落。在会宁府,金人开始兴修豪华的殿宇宅舍,完颜谷神本人在御寨固然有府第,而他的几个儿子却还是住在冷山寨,并且也建造了一所仿宋的大宅院。用雕梁画栋的中原标准衡量,这所宅院固然还说不上奢华,但已经是标准的砖瓦建筑,所有暴露在外的木结构都涂上了丹髹,唯一与宋建筑不同者,是屋里还陈设火炕。但这里的女真平民仍保持相当原始的穴居生活,他们与这所宅院主人的贵贱差别,已是十分显眼。这里的女真平民也不会建造仿宋宅院,这所宅院主要是中原驱口,即汉人奴隶的血汗结晶。

除了完颜谷神的家眷外,宅院里还有二百四十多个奴婢,其中汉人居大半,也包括掳掠而得的北方鞑靼人、西夏党项人等。悍勇的游牧民族鞑靼人,当时已经成为金朝北方的重要边患,虽然金朝频繁出兵,但讨伐和杀掠却没有多少成效。另有一个相当特殊的人物,就是宋使洪皓。他义不降敌,所以完颜谷神还允许他保留汉衣冠。他担任完颜谷神几个儿子的教书先生,能够按月得到一份口粮,并且与完颜谷神的几个儿子逐渐亲近起来。本来,洪皓是可以住在这所大宅院里的,但他却宁愿与女真平民一样,过着穴居的生活,以维持自己的气节。他学会了女真话,并且与冷山寨的女真平民建立了融洽的关系,各种生活困难就是由女真平民帮他解决的。

完颜谷神最近的心境不好,特别是高庆裔被杀之后,他多少隐约地感觉到,自己与完颜粘罕的睽异,似乎是中了别人设置的圈套。他离开御寨,返回冷山寨,希望暂时解脱政务,使自己的心情松快一些。其实,他回到故居也别无他事,无非是饮食和男女。但完颜谷神和完颜粘罕不同,他没有被女色掏虚了身体,依然是孔武多力。

七月下旬的一个早晨,完颜谷神还是在醉后躺在炕上,一面环眼圆睁,一面又发出响亮的鼾声。他的三子完颜挞挞从御寨连夜赶来,突入卧室,把他推醒。完颜挞挞是完颜谷神几个儿子中最悍勇有力者,长相也最酷似其父,却是只习武,不学文,不论是其父创制的女真文,还是汉文,都一字不识。完颜挞挞用惊慌的语调说:"阿爹,大事了不得,粘罕已死,乃是被蒲鲁虎所害,然而郎主犹是加封他为周宋国王。"完颜谷神听后,一时大惊失色,过了一会儿,才下炕搥胸顿足,大声痛哭,用悲愤的音调说:"此亦是自家中了他们底奸计!我本不当辞离御寨,教粘罕一人孤立无援。"

完颜谷神怒冲冲地吩咐完颜挞挞说:"取自家底珊蛮物事来!"完颜挞挞已经会意,就马上拿来一根木杖,其上捆一把杀猪尖刀,这是完颜谷神的珊蛮,即巫师家当。他手持木杖,走到庭院,把头上两条长辫往脖颈上一盘,脸朝御寨方向,开始用女真语唱起了哀婉凄切的咒语:"取合刺一角指天、一角指地底牛,另有无名底马,前看有花面,后看有白尾,横看有左右翼。"然后用杖头的尖刀划地。他唱完了郎主,又接着唱斡本、蒲鲁虎、挞懒和兀术,把这五人前后诅咒一遍。按女真人的迷信习俗,只要经他诅咒,这五人必定遭遇厄运,家破人亡。完颜谷神当珊蛮时,就把此类诅咒看得很重。自从身居显贵,更不轻易使用,只是在十一年前攻破开封城前,他使用过一次诅咒,这是十一年以来的第二次。

完颜谷神回到宅院内的德星堂,又独自坐在炕上沉思多时,他突然抬头望见洪皓所题"德星堂"匾的汉字,就吩咐长子完颜把答和次子完颜漫带说:"你们去叫洪尚书前来。"完颜把答和完颜漫带马上走出宅院,也不用骑马,只是走了几十步,就到达洪皓所住的土穴,这是按女真人的习俗挖掘的,可以冬暖夏凉。奉使多年,洪皓的衣着已经全部报废,他身穿粗麻布袍,头上包一块麻布头巾,坐在穴外,用马粪球燃火烤熟一个麦面团,正在嚼食。完颜把答、完颜漫带与他们的三弟不同,他们倾慕汉文明,除了身上的服饰、头上的双辫外,完全像文质彬彬的宋朝儒士,并且礼敬老师。两人上前,用汉礼向洪皓长揖,并且使用洪皓为他们取的汉名说:"弟子彦清、彦亨拜见洪尚书,阿爹请洪尚书前去。"洪皓只能立即走下土穴,放下吃剩而不能随便扔弃的面团,随着两个学生前往。

洪皓随两人进入德星堂,完颜谷神下炕,把他请上炕头。洪皓按女真习俗点了汤饮,然后进行谈话。洪皓与完颜谷神的关系也是在这个时代颇为特殊的关系。九年前,洪皓最初出使金朝时,完颜谷神对他还是相当粗暴,然而随着时间的推移,对他已是愈来愈客气,愈来愈敬重,尽管各自站在本朝的立场上,洪皓又有被拘押者的身份,但彼此还是可以有某种平等的交流。

完颜谷神开门见山说明情况,说:"我欲为粘罕报仇,洪尚书有甚计议?"洪皓心里暗自感叹:"不意万里奉使,不得归宋,如今又遇女真内讧,自家万不可卷入其中。"他想了一下,就问道:"不知国相如今有多少军马,可供驱使?"完颜谷神叹息说:"我如今并无军马。"洪皓说:"既无军马,不如且休。粘罕既死,蒲鲁虎等岂不疑忌国相?国相不如上辞职奏,雌伏保身,且待日后底时机。此便是《老子》以柔胜刚,以无为胜有为底道理。"完颜谷神听后,就不再说话。

洪皓离开完颜谷神的宅院,回到自己的土穴,走下七级土阶,坐在土炕上,继续啃嚼吃剩的面团。这个土穴还不足以用"斗室"两字形容,因为根本没有窗户,七月末的天气,一扇柳条编织的顶盖还不常遮蔽穴口,白天尚能稍见光明。洪皓在低矮狭小的穴里起居,就必须俯首折腰。一个土炕占了穴里的大部分面积,这是女真平民帮他建造的,在严冬时节可以说是洪皓的活命炕。炕上有一大片缝合的羊皮,白天是炕上铺垫,夜晚则用作被褥。炕上有一只小木桌,上面放着纸墨笔砚,另有一盏小油灯。

洪皓出使九年,固然强忍着物质生活的极端困顿,但最使他难熬的,莫过于精神上的孤寂和苦闷。特别是在行将到来的漫长冬夜,陪伴着洪皓的,是混沌的黑暗、风雪的怒吼、野兽的嚎叫,此时此刻,他简直是欲哭而无泪。洪皓强烈思念着生活在鄱阳湖滨的老母与妻儿,强烈思念着五国城罹难的本朝皇帝,也强烈思念着占据东南半壁的江南君臣。他真想为本朝做一点什么,通一点情报。但是,尽管他的人身还有某种自由,却与相距不太远的五国城的宋钦宗,不可能有任何私下的往来。

东北七月下旬的夜晚相当寒冷,洪皓只能及早用顶盖遮蔽穴口,点亮了炕桌上的小油灯。他紧皱眉头,呆呆地望着油灯,独自冥思苦想:"虏人内讧,又苦于与鞑靼交兵,若是教南方本朝君臣知得,及时用兵,岂不是好!"但是,他反复思索,直到次日天明,还是一筹莫展。他并非没有结识完颜谷神府第中的汉人驱奴。然而在古代的交通地理条件下,且不说策划驱奴们逃往江南,就是逃到燕山府,也几乎如徒步上青天一般困难。

洪皓也不知难眠的长夜已经到了几更,最后他从土炕上起身,摸黑爬上土阶,掀开土穴的顶盖,原来天色未明,一股冷气迎面扑来,使他打了一个寒噤。洪皓走出穴外,遥望暗空中的南天,不由流下两行玉箸般的泪水。多少年来,他习惯于精神上的压抑,已经很少落泪,但今夜的心潮起伏,却难以平静。他突然用手抹去脸上的冷泪,用激昂的声音说:"孤臣万里,冷夜寒风,却是丹心难泯!唯有雌伏于冷山寨,寻觅报国底时机!天下黎民家破人亡,妻离子散,流血膏原野。与谷神府第底驱口相较,自家虽有些少委屈,又何足挂齿!"

再说完颜谷神等洪皓走后,又独自考虑几天,特别打听到自己的诅咒一时还没有发生效应,于是就向金熙宗上奏,请求致仕。金熙宗不久就下令不允,而发表他外任兴中府(治今辽宁朝阳市)尹。

[壹伍]
伪齐臣皇帝的废黜

十月,完颜挞懒和完颜兀术来到御寨。除掉完颜粘罕,固然是许多女真贵族高兴的事,但涉及权力的再分配,他们又明显地分成两派。一方是完颜斡本和完颜兀术兄弟,另一方是完颜挞懒和完颜蒲鲁虎叔侄。

在完颜挞懒和完颜兀术到御寨之前,完颜斡本特别请完颜蒲鲁虎到自己私第宴饮。两人坐在炕上饮糜酒,用豆酱、生狗血、葱韭末拌着生鱼片、生獐肉、肥猪肉之类,动手抓食。完颜斡本见对方情绪颇好,就试探说:"粘罕既死,如今唯有你与自家领三省事,谷神又上奏辞职。依自家底意思,不如召守东京底讹鲁观前来,接替谷神。"完颜讹鲁观汉名宗隽,也是金太祖的儿子,是已故二太子完颜斡离不的同母弟,现在担任东京辽阳府留守。完颜斡本提出完颜讹鲁观,是在事先颇费了一番斟酌。他认为,完颜讹鲁观是自己的兄弟,应当是站在自己一边,但是,由于完颜讹鲁观又与完颜蒲鲁虎关系亲密,对方也不至于反对。完颜蒲鲁虎果然高兴地说:"召讹鲁观到御寨,煞好!"

完颜斡本又进一步试探说:"自粘罕领三省事,都元帅底职事便虚位。如今可教挞懒做都元帅,坐镇御寨,指挥天下兵马。"有了粘罕做都元帅反而失兵权的教训,完颜蒲鲁虎马上表示反对,说:"可教挞懒做左副元帅,依旧在燕京统兵。"完颜斡本不能再坚持原议,就说:"既是恁地,便教兀术做右副元帅。"完颜蒲鲁虎也不能出面反对,说:"便依此议。"女真人商量政务,决不像汉人那样繁琐,三言两语,就决定下来。

完颜挞懒、完颜兀术、完颜讹鲁观等人到御寨后,在一个雪虐风饕的早晨，共同上朝。众人进入温暖如春的乾元殿，就脱去皮裘，抖落身上的飘雪，站立朝班，而殿外的朔风怒吼声，还是不断传到殿里。经过宇文虚中制订各种制度后，金人的朝班已经愈来愈像中原王朝。按照金朝属水德的规范，高官们一律窄袖皂袍，其上是熊、鹿、山林的图案，当时叫"秋水之服"，腰系吐鹘玉带，左面佩金牌，右面佩镔铁刀，脚穿乌皮靴。但他们的头上，却是仿效宋朝，按品级戴着七梁冠和五梁冠。大臣们站立御座前方的两侧，左列以完颜斡本为首，右列以完颜蒲鲁虎为首，两人与众官员不同者，是在七梁冠上另加显示身份的貂蝉笼巾。

金熙宗头戴幞头，身披赭黄罗袍，在仪卫的簇拥下，步入御榻。群臣用女真礼跪拜，却按汉语山呼"万岁，万岁，万万岁"，因为女真语原来没有此类词汇，就只能使用汉语音译。金熙宗按照完颜斡本的拟定，开始宣布新命，他说："朕以太保、领三省事、追封周宋国王粘罕薨逝，尚书左丞相、兼侍中谷神又乞致仕外任，国务不得少人主张，今特命讹鲁观为尚书左丞相、兼侍中。挞懒可任左副元帅，封鲁王。兀术任右副元帅，封潘王。"于是，完颜讹鲁观、完颜挞懒和完颜兀术就走出班列，行女真礼谢恩。

完颜挞懒起立后说："刘豫那厮唯是贿赂粘罕与高庆裔，方得以做子皇帝。然而他全不中用，与南房军屡战屡败，苛政毒刑，横征暴敛，百姓恨之入骨。如今粘罕与高庆裔已死，不如将他废罢。"金熙宗受张妃和宇文虚中的影响，本来就对刘豫没有好感，他说："刘豫胡做，请立太子，竟敢进赂于朕底后宫。然而近日有郦琼率南房军四万投奔，又上奏请大金军马讨荡康王，当怎生措置？"完颜挞懒早已胸有成竹，说："自家已下札子，言道郦琼无故前来，疑有诈伪，教刘豫将投降军马尽底解散。此回正宜乘机出兵，废除齐国。"完颜讹鲁观以新任丞相的身份说话："依自家底意思，此回可教挞懒与兀术同去开封，相机行事，必是成功。"

金熙宗凡遇大事，总是首先望着自己的"仲父"，完颜斡本用眼色表示同意，金熙宗又发问说："众卿有甚计议？"完颜兀术急不可耐地说："自家愿与挞懒同去。"于是废除伪齐政权的事就此敲定。

完颜斡本对杀完颜粘罕后的各种安排还是感觉高兴，他在完颜兀术离开御寨以前，专门设私宴，招待两个同父异母弟，用以表示欢庆。他举盏说:"此回讹鲁观到御寨做丞相,兀术又做右副元帅,日后小郎主便全仗自家们兄弟扶持。"这几句话正是他设宴的本意。不料完颜兀术几盏酒下肚,就开始发泄不满,说:"斡本,你如何只杀粘罕,而不杀谷神?"他还是因为十一年前抢不到宋钦宗的郑、狄两才人,一直对完颜谷神心怀仇怨。

完颜斡本笑着说:"谷神既已与粘罕离异,如今蒲鲁虎与挞懒势张,便尤须谷神底助力。"不料他的话又引起完颜讹鲁观的不满,他说:"斡本,蒲鲁虎与自家们是兄弟,唯当同心一力,岂得与谷神为比。"完颜斡本解释说:"老郎主在时,蒲鲁虎原是要做谙班孛堇,被自家们力阻。蒲鲁虎虽是勉强依允,却是心中不服。挞懒与蒲鲁虎亲密,又多智计。为小郎主底座位,自家们不可不防。"完颜讹鲁观说:"蒲鲁虎既已尊礼小郎主,又有甚不服?斡本须与蒲鲁虎讲好,不得胡做。"

完颜斡本表面上不好再说什么,心里却暗自后悔,不该请完颜讹鲁观到御寨任左丞相。他只能在宴会后,撇开完颜讹鲁观,单独嘱咐完颜兀术说:"挞懒原是有异心,你须是用心看觑,不得教他滋生患害。"完颜兀术说:"斡本放心,自家虽是右副元帅,却是不怕他底左副元帅。我自当扶保合剌稳做小郎主。"完颜斡本最高兴就是完颜兀术最后一句话,他握住完颜兀术的手说:"有兀术主张军事,我便无忧。"

完颜挞懒和完颜兀术离开金廷不久,金廷又发表军事统帅的新命,除了完颜撒离喝依旧任元帅右监军外,另外任命完颜阿离补任元帅左监军,完颜拔离速任元帅左都监,渤海万夫长大挞不野任元帅右都监。

再说刘豫因为请求金朝立皇太子的失败,心里一直烦闷,延挨到八月,不料郦琼投降的喜讯从天而降,又使他极度振奋。刘豫马上召郑亿年和冯长宁入宫。两人到文德殿拜见这位大金的臣皇帝,行臣礼。刘豫说:"康王失道寡助,如今郦琼竟率刘光世下全甲人马前来,弃暗投明。今朕特命郑卿为接纳使,冯卿为接纳副使,可接引郦琼一行到开封,先到城南玉津园一带屯驻。朕当择吉日召见,重赏郦琼,用以招徕南人。"

郑亿年说:"臣愚启奏陛下,常言道,受降如受敌,陛下以帝王底大度,推诚于天下,远人自当闻风而归。然而人心叵测,凡事亦不可不防。

臣愚愿请李成与臣等同行，将郦琼所统人马，相机分拨诸军。郦琼便是心怀异志，亦不得施其奸计，而不得不真降。"刘豫高兴地说："卿煞是忠荩多智，便依卿议。"

郑亿年等离开封城不久，就向刘豫上奏，说郦琼确是真心投降，并无诈伪。到九月中旬，郦琼等几十名前行营左护军将领在郑亿年和冯长宁的陪同下，来到开封城。他们的军队已被李成剥夺和改编，每人只带着四名亲兵。但刘豫的欢迎仪式却特别隆重，宣德门一带的宫城墙粉饰一新。刘豫本来准备亲御大庆殿，后来刘麟说："若是俘囚康王到开封，方得在大庆殿行献俘大典。"就仍然改在常朝的文德殿。

郦琼等入殿，向面南而坐的刘豫行跪拜臣礼，由郦琼率先说话："臣郦琼等久闻陛下圣明英果，唯恨投拜来迟，乞陛下恕罪。"刘豫说："良禽择木而栖，良臣择主而事。卿等识得逆顺，及时归朕，朕极是欣慰，自当不吝醲赏。"他命令郦琼等人起立，然后由郑亿年宣布封赏。郦琼从宋朝原来的正五品中侍大夫、武泰军承宣使超升为从二品靖难军节度使，并且出任拱州知州。其他几十名将领也各有升迁。郦琼等降将又再次跪拜谢恩，但他们虽然都是没有多少文化的武人，其实也已品尝到了被疑忌的滋味，伪齐绝不是原先理想的乐土，不让他们继续统兵，其实就是剥夺了他们称雄的资本。然而除了顶礼膜拜大齐臣皇帝的圣恩，低眉折腰，听凭摆布外，他们已无其他出路。

刘豫又说："卿等来自伪地，康王底情实，了如指掌，有甚取江南底良策，可悉心开陈，朕当虚心听纳。"郦琼明白，现在无非是说宋方的坏话，讨新主的喜欢，就说："康王荒淫无道，因而并无子嗣，仅此一事，便知天意厌赵氏，倾覆有日。江南底将帅，才能皆是不及中人。每当发兵，便身居数百里之外，名为持重，其实只是怯战。偏裨虽有智勇，立功便归于将帅，所以将士们唯是离心离德，不亡何待。岂如陛下严于赏罚，恩威兼施，日后必当混一天下。"刘豫明知对方只是虚伪地捧场，却还是面露喜色。

刘麟发问说："闻得江南君臣有意于用兵。"郦琼说："康王只图享乐苟安，原无用兵底意思。宰相张浚虽是有意，却是轻躁无能底人，枢密使秦桧唯是追随张浚，人人皆说他只是在政事堂伴食。"郦琼对秦桧的底细并不了解，他更不知道接纳使郑亿年正是秦桧的亲戚。

郑亿年听郦琼随便贬损秦桧，内心下意识地颇感不快，就说："闻得康王知你素服岳飞，所以教岳飞作书与你。"郦琼想了一下，回答说："岳飞虽是稍胜于自家底旧帅刘光世，亦不及中人之才。臣已是决意委身陛下，岂得教岳飞一纸书信动摇。"他的说法当然不能与前面的话自相矛盾。郑亿年冷笑着说："闻得你畏惧岳飞与王德，又与岳飞同乡，若是他们举兵，你敢与他们对阵厮杀否？"郦琼到此地步，也只能硬话说到底："若是大金有意兴兵，臣愿为前锋，与岳飞、王夜叉一决雌雄。"

刘豫对郑亿年说："卿可为朕草国书，禀告大金国主，请大金乘机发兵，剿灭赵氏康王庶孽。"刘豫身为臣皇帝，本来是应当上奏金熙宗，但他嘴上还是不愿意用"上奏"两字。郑亿年就当场为刘豫草奏。

没隔多久，如前所述，完颜挞懒以金朝元帅府的名义下札子，命令刘豫把郦琼所率的降军解散。刘豫也采取瞒上不瞒下的办法，立即上报金朝元帅府，说已遵命解散降军。实际上，这四万余降军早已拆散，分隶伪齐各军。转眼已是十一月，金朝元帅府又给刘豫下令，说大军即将南征，齐国的军队全部隶属大金元帅府，以便行动，并且要刘麟前去迎接大军。刘豫立即回报，表示欣然听命。刘麟也马上率领二百骑北上，渡过黄河。

前面第五卷曾经交待，为了救护刘豫，金朝在去年曾命令龙虎大王完颜突合速带兵屯驻东、西两京，但到今年春末，完颜突合速又率金军返回北方避暑，于是在河南就没有金军屯驻。为了保证废除刘豫的成功，完颜挞懒命令完颜阿鲁补率军一万，下辖两个万夫长，先到开封城，在城西金明池、琼林苑一带屯驻。完颜阿鲁补的军队与刘麟正好是反方向行进。

十一、十二年前，完颜阿鲁补曾在李固渡、开德府等地与宗泽所统的宋军交战，现在按照金朝元帅府的密令，他已出任三路都统。原来伪齐将所辖河南之地按宋朝原来的西、东、南三京，分成三路，即河南府路、开封府路和归德府路。归德府是应天府的改名，应天府原名宋州，其节度使镇名归德军，宋开国皇帝赵匡胤因自己是由归德军节度使篡位称帝的，就将自己所领的节度州名定为国号。伪齐既然与宋敌对，当然就不能沿用"应天"两字。完颜阿鲁补驻兵之后，就首先把开封的伪齐守军全部收归自己掌管，以防刘豫反抗。

刘麟为了显示对金朝的殷勤和忠心，率二百骑倍道兼程，他们只是在大名府稍作停留,又往东北方向行进。一天上午,刘麟一行来到恩州武城县境,突然见到前面尘土飞扬,刘麟知道必定是金人骑兵,就与二百骑士下马,迎候金军。金军张开左右翼,顿时把刘麟的军队包围在核心。刘麟和随行军士都感到形势不妙,却又迷惑不解。

原来这支金军由完颜兀术亲率,等包围之后,就由元帅右都监大挞不野率领他的合扎亲兵三百人上前,他不再称呼"齐国皇子",而是用严厉的声调命令刘麟说:"刘官人可随我去拜见四太子,其余军士且卸脱器甲。"于是二百伪齐军只能乖乖地向金军缴械。刘麟此时已经大致明白金人的用意,他垂头丧气地解下腰间的佩刀,交付大挞不野。大挞不野带着八名合扎亲兵,押解刘麟去见完颜兀术。刘麟哭丧着脸,跪在完颜兀术马前,说:"罪官刘麟叩见四太子。"完颜兀术并不多话,只是命令合扎亲兵说:"且将刘麟拘押燕京,日后听郎主底旨意。"于是刘麟就被押解北上。他甚至连统兵在后的完颜挞懒都未能见一面。

开封城早已非复旧时的繁华。刘豫与文官武将们商量,感到外城过大,而且过于荒凉,难于防守,所以就放弃了外城的维修和守护,任人们自由出入,只派军队严密守卫内城。完颜兀术率领前锋部队急速渡河,直奔开封城西的金军营寨,与完颜阿鲁补的军队会合以后,就从外城西的开远门和内城西闾阖门进入。守城的伪齐军如今已归完颜阿鲁补指挥,当然不会拦阻。完颜兀术进入内城后,就分兵把守宫城的宣德门、东华门、左掖门、右掖门等,然后亲自从东华门进入大内。

守宫城的伪齐宦官等还不知发生了什么事,一名宦官皇城使就被金军拖到完颜兀术马前,吓得面如土色,只是跪拜在地,浑身战栗,完颜兀术用生硬的汉语问道:"刘齐王在甚处?"那名宦官说:"回禀四太子,小底唯是看守宫城,不知官家在何处。"完颜兀术听对方还是称呼"官家",不由大怒,他举起手里的马鞭,将宦官一鞭抽倒在地,然后与完颜阿鲁补等人驰马入宫搜寻。

有一宫女向金人交待,说刘豫正在讲武殿上。讲武殿是将原北宋的明堂拆毁后改建的。完颜兀术等就直驱讲武殿,下马进殿,刘豫此时才慌忙出迎,向金人长揖,说:"不期四太子到此,容自家更衣后拜见。"完颜兀术说:"不须,近有紧切公事,当与刘齐王面议。"说完,就上前抓住刘豫的手,把他拉出宣德门。金军驱迫刘豫骑乘一匹小黄马,就押他出城,暂时囚禁在琼林苑的金营。

作为这次废立事件的主角完颜挞懒随后赶到开封城,他命令伪齐的廷臣等聚集在宣德门下,然后由通事宣读以金熙宗名义所下的废刘豫为蜀王诏,元帅府的指挥宣布将伪齐的尚书省改为金朝的汴京行台尚书省,发表了对一批伪齐官员的新命。接着,几千名金军分行开封城内的大街小巷,用汉语大声喊道:"如今刘豫已废,此后不用尔们签军,不要尔们免行钱,不要尔们五厘钱,行将请尔们底旧主人来此坐,教尔们快活。"金人其实没有打算让宋钦宗回开封,只是为废伪齐之初,要安定人心。早在伪齐于北京大名府建国之初,就有人贴出一首小诗,如今这首讽刺短命的伪齐政权的小诗,又在御街上近内城正南的朱雀门一带重新张贴,招引了不少市民的围观,此诗写道:

　　浓磨一铤两铤墨,画出千年万年树。误得百鸟尽飞来,踏枝不著空归去。

完颜挞懒处置完了废立的事务,才骑马回到金明池的金营。他坐在交椅上,吩咐合扎亲兵把刘豫押来,刘豫见到完颜挞懒,就急忙下跪,叩头不止,一面流泪,一面说:"自家们父子只是尽心竭力伏侍,无负于上国,今日唯是乞元帅哀怜。"完颜挞懒感慨地说:"刘蜀王,刘蜀王,尔犹自不知罪过。尔独不见赵氏少主出京时,万姓燃顶炼臂,香烟如雲雾,号泣之声相连十余里。此事虽隔十一年,自家尚是记忆犹新。如今废了尔后,京城内无一人为尔烦恼。朝廷还尔奴婢、血亲骨肉,各与尔父子钱物一库,煞好。你且北去。"说完,就把手一挥,于是金军就把刘豫押走。

刘豫垂头丧气地软禁在金明池畔一间屋里,回想起八年间子皇帝和臣皇帝的甜酸苦辣,就不断地唏嘘叹息,又不断重复说:"世上底荣华富贵,原是过眼烟雲,早知今日,悔不当初!"房门突然被推开,进屋的竟是大挞不野。刘豫连忙向他下跪,哀求说:"刘豫已知罪过,今日唯乞都监做一床锦被掩覆。"大挞不野说:"刘蜀王,你尚是封王,何须与自家下跪。自家便是有意,又怎生掩覆得?"

他请刘豫起立,然后坐下谈话。大挞不野说:"我亦只为见你可怜,便前来劝谕。自家大氏,原是渤海皇室底遗族。眼见得大辽无可支撑,金人招我时,原是许我在辽东复国。然而自家披坚执锐,争战积年,出生入死,今日方得做一个元帅右都监。你只是在山东守一郡,势孤援绝而出降,却是做得皇帝。便是如今,自家亦是比不得刘蜀王安便。刘蜀王,你须是知足,不须苦恼。"刘豫听后,只是长叹一声,再也无话可说。

几天之后,完颜挞懒和完颜兀术就驱押刘豫北上,留大挞不野和完颜阿鲁补坐镇开封,守卫河南地区。临离开汴京前,完颜挞懒又单独召见资政殿学士、知开封府郑亿年。他说:"自刘豫废后,自家可与康王讲和。我知你是秦参谋底亲戚,你可与他潜通书问,言道我亦是思念他。他如今在江南,若得成就与康王和议,煞好。"郑亿年诺诺连声而退。

金人对废立的刘豫父子并不放心,把他们一迁再迁,最后迁到了原辽朝的上京临潢府。上京曾是辽朝契丹族兴起的基地,经历辽金战争和金军攻破后的屠城,已变得十分荒凉和萧条,居住者往往是流配的犯人。在金人的眼里,其实已经类似于宋人眼里的海南岛。甘心当子皇帝和臣皇帝的刘豫,就在那里度过了残年。

完颜挞懒北上燕京,在归途中经过涿州,就召见留在该地的宋使王伦和高公绘。原来两人奉使到北方后,完颜挞懒只是在本地与他们见过一面,就把他们暂留在涿州馆舍之中。现在两人被召到州衙。双方相见礼毕,完颜挞懒居中坐定,两名宋使并无座位,只是分立左右说话。王伦与金人打了过多的交道,十分熟悉他们简单干脆的办事方式,就说:"忆得下官曾与元帅言道,刘豫忍心背离本朝,日后便难保他不反背大国。今日废除刘豫,便是元帅底英断。"完颜挞懒笑着说:"自家早有废立刘豫底意思。留你们在此,便欲你们待刘豫废立后回报江南,自后和议得以平达无壅。大金可将梓宫、康王母与河南之地归于江南。"双方只是谈了一小会儿话,完颜挞懒就吩咐宋使回国。这对于王伦和高公绘,当然是天大的喜讯。完颜挞懒对宋使的许诺只是自作主张,他也不认为此类事还需要事先与金廷或完颜兀术商量。

[壹陆]
行在搬迁前后

王伦和高公绘归心似箭,他们昼夜兼程,抢在绍兴七年的岁末渡过了淮水,并且立即向宋高宗递发急奏。腊月下旬,按照宋廷的安排,宋朝九庙的神主木偶首先举行迁移临安的仪式,而赵鼎、秦桧等为首的百官在建康城举行送别典礼,与此同时,在行宫的宋高宗收到了宋使的急奏。

宋高宗临时在朝殿召见大臣,向他们出示了王伦的奏疏。宋高宗已经等不及大臣发表意见,一面露出颦眉蹙额的表情,一面说:"虏帅挞懒已示议和底意思。朕以梓宫及皇太后、渊圣皇帝未得归还,晓夜忧惧,念念不忘。若是虏人能从朕底所求,其余一切,便不须计较。"赵鼎说:"陛下底圣谕,便是仰见焦心劳思,唯是以孝悌为重。"宋高宗说:"国家但能自治,以上承天意天心,岂无复疆底时机。"秦桧心想:"如今挞懒执掌大权,主上又示意欲和,此便是自家底良机。然而既是赵鼎在上,亦须相机行事。"就说:"陛下底孝思罔极,足以垂范天下后世。然而臣等身为大宋臣子,亦岂得不以屈辱为愤。臣料得虏人虽是狡狯,亦是难逃陛下底圣鉴。"当然,宋高宗、赵鼎等人都并没有体会到他的左右逢源式口奏的深机。

宋廷又重新任命王伦和高公绘为大金国奉迎梓宫使和副使,并且规定他们在明年元旦过后,元宵之前,再次出使。

张婕妤和吴才人自然很快地体察到宋高宗内心深处的快意,皇帝苦苦期盼了十一年的和议,过去似乎是遥遥无期,不料转瞬之间,却行将成为现实。吴才人更抢先一步,她特别召张去为说:"自官家登基十一年以来,若论'快活'二字,便无如此回除夕与元旦,你须是设计,教官家尽欢,不负节日良时。"这当然是给张去为出了难题。因为宋高宗自称要在行宫为父亲守三年丧礼,守丧期间,就无法张灯结彩,歌舞作乐。

张去为经过冥思苦想之后,还是找到王继先的府第。这两个亲如兄弟的人谈话,自然是不须有任何顾忌。张去为说:"有一小诗曾说人生乐事莫如四件:'久旱逢甘雨,他乡遇故知。洞房花烛夜,金榜题名时。'官家无此四乐事,他底乐事莫如与虏人议和,便是降尊纡贵,亦胜似醍醐灌顶,甘露洒心。吴才人言道,除夕元旦,岂得教官家败兴。然而此事甚难,切望你有以教我。"王继先笑着说:"此事不难,须知官家底第一乐事是议和,第二乐事便是女色。我近日得一冯姓舞女,姿貌虽不惊人,而周身柔若无骨,可于除夕夜宴时进献,必是为官家助兴。"他提示了一些助兴的细节,张去为拍手称妙。

很快就到了绍兴七年的除夕,为了避免张扬,宋高宗这次是在寝阁与张婕妤、吴才人吃年夜饭,而赵瑗和赵璩却另外安排在张婕妤阁用餐。按当时礼制,在守丧期间,不得饮酒食肉。但这条规矩早被张婕妤和吴才人以呵护官家的圣躬为名,而打破了。等到宋高宗居中,左右是张婕妤和吴才人,面南坐在长方形食桌边,舞女冯袅袅就开始上场表演。

除夕天气还是十分寒冷,寝阁里当然生着木炭炉,而冯袅袅预先饮酒吃食,饱暖了身躯,然后身披最薄的素色丝纱,用左手叉腰,右手托着一个大木盘,迈着轻盈的舞步,进入寝阁。荧煌的烛光照透丝纱,使她白玉似的肌肤闪烁着珍珠般光辉。她原先不算出众的面容,经过精心化装,也相当动人。然而最使宋高宗心醉神迷的,当然是她的舞姿。她的眉一扬,眼一晃,一举手,一投足,放一双箸,置一只碗,全部是使用舞蹈语言。虽然不能有音乐伴奏,但她往返出入,传杯摆盏、进酒献肴的每一姿态,都成了无声的音乐,无韵的诗歌。岂但是宋高宗,就是张婕妤、吴才人和其他在寝阁侍候的宦官、宫女们,也都看得如痴似醉。宋高宗得意忘形,不免拍案叫绝,说:"端的是柔若无骨,张去为!"张去为急忙应声说:"小底在此伏侍官家。"宋高宗说:"你可传朕旨,将王继先进官五阶。"张去为说:"小底领旨!"

宴饮持续到深更半夜,醉醺醺的宋高宗得意忘形,他当众拥抱冯袅袅，让她坐在自己膝上，向她一口一口喷酒气，冯袅袅感到难闻，却又只能对官家强颜欢笑。宋高宗哈哈大笑，说："快活！快活！朕自身登大宝，便有黄潜善、汪伯彦献计，教朕与虏人划河为界，永息兵革，做快活天子。朕苦候了十一年，不料今日方得如愿以偿，端的是无比快活！自此以往，你们亦得与朕同归临安，安乐一世。"张婕妤连忙说："官家主和，得以遂宁亲底大孝。"吴才人也抢着说："此便是圣谟高远。"大家都大笑起来。

宴饮结束，当然是轮到冯袅袅侍奉宋高宗上床，而张婕妤和吴才人只能怀着妒情和醋意，离开寝阁。冯袅袅一时宠幸无比，不料只过了半月，宋高宗又玩腻了她，喜旧厌新，重新喜欢起姿色更美的张婕妤。

宋高宗在深宫欢度除夕的事，可以瞒过其他大臣，当然瞒不过秦桧。按照北宋时的惯例，元旦原有规模盛大的朝会，但绍兴八年（1138年）的元旦，宋高宗在表面上还是不想铺张，正当的藉口当然是自己还在行宫守丧。闲着无事的王癸癸的第一要务，自然是坐轿去干兄弟王继先的府第。与此同时，秦桧也须到赵鼎府第拜年。秦桧已经向宋高宗告假，准备在新年之初，展拜埋殡在本府的祖坟，也算是荣宗耀祖之举。尽管如此，他们夫妻还是把交结权势放在更优先的地位。

秦桧对赵鼎表示殷勤寒暄之后，就上轿回府，有仆人禀报："今有一相公底远方故交，不知姓名，前来投书。"秦桧感觉奇怪，就召来传书人，此人进厅堂，向秦桧叩头，说："男女奉主人命，叩见秦相公。"他不说主人姓名，就呈上书信，秦桧启封一看，原来是郑亿年的来函。他当即屏退仆人，问道："你家相公另有甚言语？"那名传书人说："郑相公言道，他底言语尽在信中。"秦桧想了一下，就说："我不作书回覆，你归去之后，可传我言语，唯愿日后郑相公得归南方，与亲人相聚，岂不快活。"他只是赏赐了传书人一笔钱财，就马上打发他回去，并且规定他不得在建康城里留宿。

王癸癸回府后，秦桧就拉她在书房密谈。王癸癸首先叙述从干兄弟那里打听到的深宫欢度除夕的情况，秦桧笑着说："醉后出真言，官家欲永息兵革，做快活天子，老夫便得投其所好，做快活宰相。将士立得军功，唯有立奇功底，方得升官五阶，极是稀罕。如今王医官献一舞女，便得升官五阶。仅此一事，便见得圣意所向。"他说完，就哈哈大笑，取出郑亿年的来信，说："大金今有挞懒主和，老夫又何患大功不成。此是郑十八底修书。"他把郑亿年的书信递给了王癸癸。王癸癸看后说:"老汉,此信可把与老身底兄弟们一阅。"秦桧连忙制止说:"此事使不得,事机不密,反受其害。所以老夫即刻发付传书人回归,以免引惹,有误大计。"说完,就把书信从王癸癸手里取来,当即焚化。

宋高宗的辞旧迎新生活,过得舒心惬意,直到元宵之后,才真正开始处理政务,处理行在搬迁的事务。一天上午,他先后召见三班臣僚。

第一班当然是现任的宰执,共有赵鼎、秦桧和新任参知政事刘大中三人。君臣讨论了若干迁行在的事务后,赵鼎说:"自虏人废立刘豫以来,中原百姓与士大夫、将士思归之心甚切,淮北底归正者络绎不绝。廷臣们纷纷建言,此正是恢复之势,宜乘机进兵。岳飞亦屡次上奏,乞增兵,攻虏人底不备,长驱以取中原,以为朝廷不可失此良机。此事莫须召诸大将到阙廷。"赵鼎的意思倒不是打算乘机用兵,他只是觉得,如果不用兵,就会受到舆论的指责,需要设法找一些不用兵的理由。

宋高宗说:"此等议论不须恤,今日梓宫、太后、渊圣皇帝皆未得归还,不和,便无可还之理。朝廷决计,又何须与诸大将计议。岳飞乞增兵,尤不可许。今日诸大将底兵马,已患难于分合。末大必折,尾大必掉,古人所戒。若要增兵,不如别置数项军马,缓急之际,便易于分合。"

秦桧明白,宋高宗思虑的中心,已从如何抵御金人,改为一面与金人媾和,一面侧重于对内猜忌和防范武将,就乘机进言:"如今诸将权太重,天下本是天子之军,然而民间却是叫韩家军、岳家军,各军唯知有大帅,不知有天子,跋扈有萌,臣以为不可不虑。去岁罢刘光世,招致淮西兵变。然而亦不当因噎废食,要须制御有术,防患于未然。"

宋高宗对秦桧这番议论深有好感,就说:"卿底意思深契朕心。"赵鼎说:"诸大将兵虽多,然而聚则强,分则弱,且看与虏人讲好底事如何分晓,然后徐议制御诸将,方得稳当。"宋高宗说:"制御之术,唯在于抚循偏裨。得偏裨之心,则大将底权势必分而弱。卿等且留意,一、二年间,辅朕了得此二事,大宋江山方得奠安,朕当与众卿共享太平。"秦桧真想抢先说:"臣当铭记圣旨,朝夕不敢暂忘。"但是话到嘴边,还是咽了下去,依自己执政的身份,至少不能超越在赵鼎之前表态。赵鼎说:"臣理会得圣旨,且待日后缓缓措置。"从文官的传统心态出发,他也不愿武将权重势尊,但既然存在金朝的威胁,即使对金媾和,也并不意味着威胁就此解除,所以觉得制御武将的事难于施行。秦桧到此只能说:"陛下圣意,臣不敢暂忘,当与赵相公等同共理会。"

宰执们下朝殿后,第二班面对的是前任宰相吕颐浩。他今年已有六十八岁,上殿时,步履蹒跚,老态龙钟,艰于跪拜,只能由宦官扶持,完成见皇帝的礼节。宋高宗与他几年不见,颇感他衰老得太快,简直与当宰相时判若两人。他也听到一些传闻,判断出吕颐浩的衰老与酒色过度有关。吕颐浩这次奉召到行在,他的内心却是颇为伤感。自己已是一个衰朽无用的政治废物,眼见得赵鼎掌政,特别是过去的政敌秦桧东山再起,而自己却已无能力再与他们较量。他得知朝廷已准备与金人讲和,心里也不是滋味,因为他毕竟还是主战者。赵鼎和秦桧在政事堂按礼节宴请吕颐浩,又使吕颐浩增加了一层感伤,他从内心讲,更厌恶秦桧那种皮笑肉不笑的神态,又不得不与他们酬酢。

见到吕颐浩的老态,宋高宗还是念当年救驾的大功,下令赐坐谈话。吕颐浩谢恩坐在御榻左前方的一把交椅,然后用略微气喘的音调说:"老臣受陛下深恩,无一时敢忘。然而如今老臣委是气力衰惫,难以为陛下效犬马之劳,若是勉强坐镇建康府,必是有误国事。唯求圣慈毋嫌反汗,亟寝误恩,教老臣得以安度残年。"宋高宗见到吕颐浩这副模样,也感到难以交付坐镇建康府的重任,说:"既是恁地,朕暂允卿奏,容卿安养。然而卿是朕底元老重臣,朕所倚信,军国大计,尚须教卿顾问。"宋高宗接着就简单地叙述了对金媾和与收武将兵权的两项谋划。

吕颐浩当然不敢公开与皇帝异议,他想了一下,就说:"此是陛下英断,臣唯是仰领圣旨而已。然而虏人狡诈,虽不出陛下所料,亦须谨慎从事。收武将底兵权亦须相机行事。臣愚以为,陛下底孝思足以感动天地,求梓宫、皇太后与渊圣回归,求虏人归还河南之地,亦是权宜之计。日后复中原,收燕山,教老臣得以展拜祖茔,必是陛下底长策。"他说到"祖茔"两字,不免感怆落泪。

宋高宗当然听出了吕颐浩言谈的微言大义,但是,既然吕颐浩不反对与金和谈,这一点异论还是在他可以容忍的范围内,他说:"卿谋国忠荩,朕岂得忘怀。如今宰辅大臣,刘大中已任参政,而尚少一枢密副使,依卿底意思,何人可当此委寄?"吕颐浩心想:"何不乘机荐一主战底。"就说:"前知荆南府王庶到阙下,已任兵部侍郎。他曾历边任,颇知军情,亦谙秦、蜀山川地理,又得虏人底情伪。他常言道,方今之患,在于庸将统军,不知兵底,不可使主张军事。然而知臣莫如君,枢副之任,须是陛下圣鉴。"吕颐浩到行朝后,曾与王庶有一次长谈,他所说的"庸将"就是指张俊。王庶曾对吕颐浩激愤地说:"张俊身任淮西宣抚使,得知淮西兵变,不率兵剿抚,却是擅弃盱眙,统兵逃回建康。此等人为大将,岂不误国事,又如何复中原?"

宋高宗对吕颐浩的提名并不马上表态,他等吕颐浩下殿后,又召第三班轮对,面对者正是张俊。张俊自从淮西兵变后,就一直躲在建康府,不敢到江北,却又制造各种藉口,使用花言巧语,而得到了宋高宗的首肯,所以他擅弃盱眙城的事,就算是名正言顺了。宋朝只派了刘锜一军暂驻庐州。现在宋高宗要把行在搬迁临安,命杨沂中一军护卫,而留张俊一军镇守建康府。宋高宗要召见他,无非是为了临行前,有所叮咛。

张俊上殿,拜见礼毕,宋高宗说:"卿是大将,朕从来待卿如家人。如今卿以宣抚淮西,兼坐镇建康,为朕守门户,委寄非轻,卿须努力。"张俊自知擅弃盱眙南逃,颇受士大夫们的指责,就乘机用激昂的语调说:"臣受陛下天大底圣恩,唯是图报。如今臣训习部伍,一旦陛下有旨,臣自当与岳飞、杨沂中等大合军势,期于破敌,以报国家。"

宋高宗也多少明白张俊说大话的缘由,就说:"朕须是晓谕卿,自古御虏之道,来则举兵驱逐,去则不须远追,最是得体。如今朝廷已是与虏人讲好,以息兵祸,此是国家底大利。卿唯是为朕守得门户,便是立功。"张俊马上应答说:"臣已是理会得陛下底圣意,用兵不是好事,如是虏人来犯,便是不得已,须用兵抵御。平时不可生事,臣已是奉朝旨,严命将士,不得招诱虏境底人。"

宋高宗笑了,他颔首之后,又说:"卿能体悉朕底旨意,煞好。闻得卿家岁收租米百万石,已是天下首富,却是上奏,求朝廷蠲免本家和买绢。三省拟就,教朕每岁另赐卿绢五千匹,以免起例。今日诸大将皆无此请求,卿独欲开此先例。朕恩待大将,岂惜此五千匹绢,唯恐公议不可。卿初到大元帅府,时为何官?"张俊马上答话:"臣此时尚是低官。"宋高宗又问:"当时家赀如何?"张俊说:"当时甚贫窘,曾从陛下求战袍御寒。"宋高宗说:"卿如今却是富贵盈溢。"张俊说:"此皆是陛下圣恩广大,臣心非是草木,唯当尽心报答。"宋高宗说:"卿既知朕底恩意,须当自饬,常如做小官时,便能长保富贵,造福子孙。"张俊连忙下跪,再次叩头,说:"臣自今之后,再不敢有此请乞,唯求陛下收回岁赐绢,臣方得安心。"

宋高宗说:"朕允卿奏。朕更有一、二事戒卿,朕离去建康后,卿在此无与百姓争利,勿兴土木之功。卿且观此朝殿,至今尚无砖面。朕为天下主,便是以金玉为饰,又岂是难事。然而在艰难之际,须是一切从俭,方得少纾民力。朕须是以俭朴表率天下。"张俊说:"臣今日恭领陛下圣训,敢不遵旨。"

等张俊退殿后,宋高宗突然扭头向着在身后侍立的张去为,说:"朕底驭将之道如何?"张去为急忙走到御榻前下跪,然后用清亮的口齿回答:"官家待诸大将恩过父子,又深得恩威兼济之道。"宋高宗说:"朕自近年来,方是理会得祖宗驭将之道。大凡武夫粗人,少知礼义。一旦身为大帅,若是无贪心,必有野心,若是有野心,便无贪心。如刘光世罢兵柄后,甚是无聊,朕便赐他珍玩数种。刘光世大喜,秉烛夜观,竟至四更。此便见得他有贪心,而无野心。廷臣议论张俊甚多,然而朕便是喜爱他无野心,亦足以为朕看门守户。如岳飞廉洁,能与军兵同甘苦,治军至严,又礼敬文士,颇得清誉,便须朝夕防他底野心。他求朝廷增兵,朕岂得俞允。"

宋高宗的圣谕,自然通过王继先这条暗线,传到了秦桧的耳朵里。这对秦桧说来,当然是揣摩圣意的宝贵情报。

二月,宋高宗开始启程,将行在重新搬迁临安府。御船队沿大江航行,到镇江府后,就进入运河,南下临安。宠爱一时的冯裊裊,虽然还得了一个宫中低等的国夫人封号,但宋高宗已经对她没有多少兴趣,让她与其他宫女另坐舟船。宋高宗还是和张婕妤、吴才人同在御船起居。一天夜宴已毕,宋高宗略带醉意,他右手拉着张婕妤,左手拉着吴才人,一同到船头观赏运河春夜的景色。皎美的月半圆月,在波面反映着散乱的月光,运河两岸的水乡泽国显得静谧,唯有御船队的摇橹声,时而惊起夜宿的水禽。水禽的击水腾空,又给夜航者别增情趣。

宋高宗突然询问左右的两个宫女:"你们以为,朕何以欲归临安?"张婕妤说:"临安底湖光山色,非建康可比。"吴才人又说:"臣妾以为,建康底行宫亦是比不得临安。"两个女人都懂得,此时此刻,不需要用在德不在险之类政治套语,只要能契合皇帝的内心世界,就更能得到皇帝的喜欢。宋高宗说:"二娘子端的是知心。朕自到建康以来,眼见得行宫地无砖面,柱无丹艧,便兴味索然,又值阿爹驾崩,岂得再兴土木,不如到临安快活。便是日后与虏人讲好,归还河南之地,朕亦岂得冒险归东京,唯是驻跸临安,既有重江之险,又有湖山、佳丽之乐,朕方得高枕无忧,做快活天子。"吴才人说:"臣妾料得,官家底圣算,必是称心如意。"

宋高宗又带着猥亵的神态和语调说:"你们岂不知杜甫底诗:'越女天下白。'"说完,就哈哈大笑。张婕妤连忙说:"臣妾无能,唯是切望官家行宫中多纳越女,早生龙种。"吴才人不甘落后,又说:"太宗官家底神灵,必是庇佑官家!"于是宋高宗醉中的笑声就格外欢畅。

宋高宗的这番真心话,又通过张去为和王继先的暗线,传到了秦桧的耳朵里,在秦桧看来,无疑又是一件重要情报。

三月,等行朝的搬迁大体安排妥当,宋高宗又在临安的行宫便殿单独召见左相赵鼎。赵鼎当然明白,皇帝的召见,必定是有一些政务,不便当着两个执政的面,与自己商量。拜见礼毕,宋高宗就开门见山地说:"秦桧以前任宰相之重,久在枢府,得无怨望否?"赵鼎说:"臣以为,秦桧是大臣,必无怨望。然而进退大臣,权在陛下,况且如今右相有缺位。"宋高宗说:"若是卿无异议,朕便拜秦桧为右相。"赵鼎说:"陛下英断。"

宋高宗又说:"如今艰难时节,宰相兼枢密使,然而枢府亦不可无人主张。卿试为朕举荐一人,充枢密副使。"赵鼎面带微笑,说:"臣以为陛下底圣意已有所属。"宋高宗也笑着说:"王庶议论劲直,他言道,军不可专,专便难以制约,兵不可骄,骄便不得用命。他甚是嫌恶庸将统兵。不如教他做枢副,得以制约诸大将,此亦是一说。"赵鼎已经明白皇帝的用意,就说:"臣别无异议。陛下虑诸大将跋扈有萌,用王庶制约,正得其人。"

于是,新的宰执人选很快确定。宋高宗下令,发表秦桧升任右相、兼枢密使,王庶出任枢密副使。

[壹柒]
特殊的辞旧迎新

再说岳飞回到江州,心境抑郁。十二月初,徐庆和郭青向他建议说:"自家们奉王命暂驻此地,眼见得除夕、元旦将至,不如教国夫人等前来相聚,亦得为国太夫人上冢行礼。"岳飞说:"使不得,此回有背嵬军、右军与水军将士驻江州。如是教自家底将领与妻儿在江州相聚,而军兵们又不得与妻儿老小相聚,又当何说?"话音刚落,孙革进来,报告了金废伪齐的消息。

大家一时都感到振奋,岳飞想了一下,说:"此正是大举用兵,与虏人决战底时机。我料得中原必有不愿顺番底军民,前来助顺。"他对徐庆说:"徐太尉,你可于来日先率右军回归鄂州,教王、张二太尉相机行事,招抚北方归正军民,筹措北伐。"徐庆说:"下官遵令!"岳飞又对张节夫和孙革说:"张干办亦可随徐太尉同归鄂州。孙干办可为下官草奏,另修书与赵相公,周述用兵利害,以觊主上与宰执采纳。"

徐庆率右军返回鄂州。岳飞和孙革为上奏和写信,也忙碌一通。但岳飞终于得知朝廷准备与金朝讲和的动向,原来自己只不过是空忙一阵而已,一时顿觉心酸意冷。除夕和元旦,岳飞难以欢度节日,他只能怀着沉重的心情,为亡母上坟。

十二月二十七日,岳飞暂时脱离军务,带了两个亲兵,先到东林寺与慧海长老相处了一天,翌日就前去姚氏墓,对原来的草棚稍加修葺后,就住宿在里面。岳飞谢绝岳家市的宗族的照应,只是向他们要了一些铺盖的稻草。腊月的寒气冰冷透骨,岳飞和两个亲兵虽然穿着麻布绵袍,仍然颇有冷意。岳飞在坟前行祭礼后,就顶着凛冽的北风,长跪在墓前,接连几个时辰。夜晚的天气更冷,岳飞因为心境颇坏,怎么也睡不着。他听见两名亲兵已经发出轻微的鼾声,就轻轻起身,把自己身上的稻草帘覆盖在亲兵身上,然后爬出草棚。

这是个星光黯淡的冬夜,扑面的冷风,使岳飞打了个寒噤。黑暗中的庐山,也已丧失了白天的雄丽奇崛。他仰望北方的远空,心中十分悲慨,此时此刻,他的肺腑之言已经难以抑勒,只能长跪在母亲的墓前,向姚氏的亡灵倾诉:"妈妈神灵在上,阿爹底坟茔远在汤阴,亦不知如何? 千里孤坟,分别十二载,又不知甚处话凄凉。十二年前,你教儿子背刺'尽忠报国',儿子自问,尚是不敢有负母教。然而如今行朝大臣,竟无人主张复仇报国,唯是以苟且偷安为得计。朝廷既是欲与仇敌屈辱媾和,又教儿子何以为计? 耗尽东南百姓底膏血,养育得鄂州十万雄师,如今唯是听任厩里底战马怒嘶,匣中底宝剑悲鸣,儿子受制于朝廷,不得北进一步,直是愧对全军将士! 愧对东南百姓! 愧对北方父老! 愧为大将! 愧立于天地之间!"

丈夫有泪不轻弹,但岳飞还是流下了英雄泪。他又继续向母亲哭诉:"世上最难知底,莫过于人心。古代圣贤有言语教诲,礼义廉耻,国之四维,四维不张,国乃灭亡。然而养尊处优底高官,理应与国家共忧戚,同患难,却是居国耻之中而不知耻,唯是以宴安耽乐为得计。他们全无雪耻底方略,却又不教忠臣良将雪耻。李相公大节孤忠,远见卓识,却是教他退闲而废;宗留守耿直无畏,鞠躬尽瘁,却是教他赍志而殁;张招抚文韬武略,忠荩谋国,却是藉贼人之刀而杀害。忠臣如此下场,岂不教人心寒齿冷。天理何在! 难道昊天上帝、列祖列宗之灵,竟是庇佑奸人!"说完,竟恸哭起来。

岳飞哭了一会儿,又继续说:"儿子自幼爱听路岐人作场,说三国时关、张底故事,歆羡他们底功烈。十二年前奉母命,忍痛背井离乡,从军杀敌。儿子做偏裨时,自叹听命于杜充之流,不得自由,切望自成一军,方得纵横驰骋,规复中原,使自家在史册上得与关、张齐名。如今已升大帅,方知得身在官场不自由,欲进无路,欲退无门,唯是素餐尸禄,岂不有愧于妈妈底教诲! 日后又当怎生行事,切望妈妈有以教训。"当然,人死万事空,接连几天，岳飞连梦中也没有得到姚氏的任何教训。

与在建康行宫中寻欢作乐的宋高宗适成鲜明对照，岳飞却是在母亲的坟边，以十分抑郁痛苦的心情，度过了辞旧迎新的节日。正月下旬，岳飞接到朝廷命令，让他返回鄂州驻守，于是他又在二月统背嵬军和部分水军，溯江而上，回到岳家军的大本营。

金废伪齐的变故，不能不给河南之地的人心造成新的动荡。女真人要把汉人重新剃头辫髪，就势必引起反抗。沿淮上下，军民投宋者络绎不绝。十一月，伪齐废立的消息刚传开，临汝军（治今河南新蔡县）知军崔虎就率领七百余官兵，前来信阳军，投奔岳家军。绍兴八年元旦，北方又有专人前来传书，说是蔡州提辖白安时准备杀金军起义，请求岳家军接应。当时王贵已回鄂州，与张宪共同主持大军日常事务。两人立即放弃休假，一面报告尚在江州的岳飞，一面召集众将和幕僚们商议。张节夫说："自家与白安时曾是相识，愿立即前去。"王贵说："张干办轻入蔡州，须防有诈。"张节夫说："下官料得无诈，便是龙潭虎穴，亦须去一回。"

张宪说："既是白安时求自家们接应，下官当率本军与赵太尉底胜捷军同去，张干办可先去联络。体探得房人自废刘豫之后，挞懒与四太子已是回归燕京，而留大挞不野与三路都统守河南之地。自家们占守蔡州之后，若是他们举兵争战，必有一回厮杀。若是岳相公与王太尉统兵前来，便可一举收复河南之地。"王贵说："下官料得河南人心思宋，破大挞不野与三路都统底兵马不难。然而朝廷有旨，虽是伪齐新废，自家们亦须谨守地界，不得生事。"王贵说这番话，还不知道王伦回归，朝廷决计对金和议的新消息。

徐庆说："便是有朝旨，不得大举用兵，自家们亦须乘机占守蔡州，以为日后北伐底前沿之地。"王贵说："张太尉到蔡州，自可占守，若是大挞不野与三路都统举兵，下官亦当统兵前来，同共破敌。然而蔡州是否就此收复，须是听朝廷与岳相公底号令。"大家对王贵的主张再无异议。

午饭过后，张节夫马上带领十名骑士出发，张宪统本部前军和赵秉渊的胜捷军也随即启程。唯有前军副统制王俊佯称泻腹，留在鄂州。张节夫匆匆与家眷告别，兼程而行，他到信阳军稍作休息，就越过宋金交界。

白安时已经派一支五十人的小部队迎接,他们护送张节夫一行,直到蔡州城,时值正月十一日。

张节夫径入提辖司,会见白安时,两人坐下进行密谈。张节夫说:"大丈夫生于天地之间,要知'忠义'二字,白太尉愿归正朝廷,便是忠心不泯。"白安时说:"下官不识逆顺,追随刘豫多年。如今虏人要自家们剃头辫发,岂但下官不情愿,所率一千五百军兵与乡兵亦是不情愿。如今唯有知州刘永寿尚是犹豫。"

张节夫问道:"他何以犹豫?"白安时说:"刘知州娶女真人温敦氏为妻,伉俪情深,不忍相弃。"张节夫说:"岳相公自来善待俘虏,不问他是何族类。下官知得,当年有女真人女奚烈奴申投拜,便受岳相公厚待,他亦知感恩。温敦氏若是归宋,岳相公亦决不歧视。"白安时说:"温敦氏亦知刘知州有归宋之心,却是私下苦劝。下官与刘知州相交多年,亦不忍举军起义,而弃他于不顾。"张节夫想了一下,说:"既是恁地,待下官前去劝谕。"

张节夫话音刚落,有军兵前来报告:"今有三路都统属下兀鲁孛堇率三千甲军,前来州城东下寨。"女真人入中原之初,一般是不敢驻守城市,他们宁愿在城外单独设寨,以防意外袭击。白安时对张节夫说:"张干办且在此稍住,下官先去见刘知州,然后再与张干办计议。"

白安时找到刘永寿,刘永寿正在发愁。原来刘永寿曾与金将夹谷兀鲁共事,揭发过夹谷兀鲁的贪赃行为,所以夹谷兀鲁此次前来,分明挟有报复私仇的意图。刘永寿向白安时介绍情况,说:"兀鲁孛堇教我明日去寨中参拜,料想得无好事。"白安时心想:"此正是机会。"就说:"刘知州如今已置身死地,如欲活命,唯有归正。下官料得夫人亦是无计可施。实不相瞒,岳相公下张干办已在我提辖司。此时此刻,刘知州不可不见。"

刘永寿马上请张节夫到州衙。张节夫又再三申述了岳飞善待女真人的道理,说:"温敦夫人若是归宋,决可放心。"刘永寿到此也只得下了归宋的决心,他说:"兀鲁教下官明日便去他寨中,又当怎生措置?"张节夫说:"刘知州若是去虏寨,岂非是自投罗网。刘知州不如佯称有疾,诱使兀鲁统兵入城。虏人多马军,白提辖便是统步兵乘夜劫寨,虏人亦是易于逃窜。不如教他们入城,马军便无以驰突。待下官去叫张太尉大兵前来策应,必可一举剿杀。"刘永寿最终同意张节夫的谋划。张节夫又连夜出蔡州西城,联络张宪的援军。

刘永寿回到卧室,向温敦氏坦白了一切,说:"自家们虽是族类有异,而夫妻相亲相爱。如今唯有决计归正,岳相公必是不分族类,善待贤妻。"温敦氏叹息说:"汉人言道,女子嫁鸡随鸡,嫁狗随狗。事到如此,奴家不随从贤夫,难道坐视贤夫死于兀鲁孛堇底刀下。自大金军马入中原以来,赵宋军马望风崩溃,女真儿郎们初始实无战斗,而唯有掳掠,他们目睹中原繁庶,满载女子财宝而归,人人称心满意。然而自宗爷爷、吴相公、岳相公等用兵以来,赵宋军马日渐雄锐,而女真军马已是大不如悉。闻得元帅府下令签军,往往与家人泣别,以为前去死地。此后又闻得此回唯是废刘豫,不须厮杀,便是人人欢天喜地。南北皆是厌苦征战,又不知何日方休?"刘永寿说:"我观挞懒郎君底意思,亦以为难于用兵,欲与大宋和议。然而岳相公却是不复中原,便不肯善罢甘休。既是贤妻愿随我南归,我便无后顾之忧。"

夹谷兀鲁接连派人催刘永寿去营寨,而刘永寿就是不去。拖延到十四日,即元宵的前一天,夹谷兀鲁再也无法忍耐,就留下一半老弱阿里喜守寨,自己亲率一千五百骑兵,由蔡州东门入城。白安时率守城的汉军把夹谷兀鲁迎到州衙。夹谷兀鲁下马,率几十名亲兵径入厅堂,他用汉语厉声吩咐白安时说:"你去教刘永寿出迎。便是有疾患,亦须见我!"等白安时走后,他就拔出了一把佩刀。

白安时很快就引领十名武士进厅堂,他们都是全身甲胄,为首的手执一条四宋尺六宋寸镔铁四楞锏,正是岳家军同提举一行事务、前军统制张宪。夹谷兀鲁一愣,说:"来底是甚人?"张宪并不答话,抡锏上前,夹谷兀鲁也持刀迎战。张宪一铁锏就把夹谷兀鲁的颈肩连接处的锁骨打断,夹谷兀鲁惨叫一声,跌倒在地,一名亲兵上前,砍下夹谷兀鲁的首级。

从州衙到街道,预先埋伏的张宪所统前军,与白安时的起义军同时出击,与金军短兵相接。前军第一正将张应则率部关闭了蔡州城的东门,使金军无处可逃。岳家军蓄锐已久,人人奋勇争先。在合围中的金军走投无路,被杀六百多人,大部分被迫投降。一场歼灭战很快就结束了。

与此同时,赵秉渊也率胜捷军围攻蔡州城东的金军营寨。守寨的金军老弱阿里喜更无战斗力,只是纷纷投降,只有极少数人战死。

战斗结束后,张宪下令,把所有的俘降者,不论是女真族,还是其他民族,一律训话后释放。俘降者欢呼谢恩,出城北去。张宪则统率前军和胜捷军在蔡州城中度元宵。他向王贵、岳飞和朝廷飞驰捷报,同时也加强对开封金军的侦察。

守开封的元帅右都监大挞不野和三路都统完颜阿鲁补接到败报,大挞不野马上找完颜阿鲁补单独商议。大挞不野毕竟是渤海人,官位虽然高于完颜阿鲁补,却还是只能在女真人面前低声下气,他说:"阿鲁补郎君,如今蔡州失守,被岳家人马占据,你以为当如何措置?"他的内心其实是怯于与岳家军交锋,只能向对方试探。完颜阿鲁补说:"自家们人马不多,此事莫须告报元帅府,听挞懒与四太子处分,方是允当。"大挞不野有完颜阿鲁补的话,正好下台阶,于是两人就向燕京元帅府发出急报。

急报传到设在燕京城中原辽朝行宫的元帅府,完颜挞懒和完颜兀术身为两个最高的军事统帅,却意见不一。完颜挞懒说:"河南之地原是刘豫占据,我已许康王议和,归还赵氏,如今岳家军马占据一州,不须较。"完颜兀术马上表示反对,说:"你如何将河南之地归于康王?"

完颜挞懒说:"大金自老郎主兴兵以来,战胜攻取,无不如意。然而自十三年前,赵氏少主到青城上降表,突然天降大雪,我送他入开封城时,却见得万民欢呼,城中天色晴明。自家因此便知灭赵宋不祥。此后征战,大金人马果是迭遭挫败,以此便知天意不欲亡宋。"完颜兀术说:"便是欲与康王议和,亦不须归他河南之地。"

完颜挞懒说:"与他河南之地,亦是占卜天意。"完颜兀术问:"怎生底?"完颜挞懒说:"大金人马屡受挫衄,在于失地利,四川多山,江南多水。如今以河南平原之地诱赵氏军马聚集,然后便以马军渡河,一举剿杀。"

完颜兀术说:"此亦是一说。如今岳家军马已到蔡州,正宜进军剿杀。我料得若是破得岳飞,康王更无可战底将帅。"完颜挞懒笑着说:"你唯知厮杀,却是只虑胜,不虑败。用兵不得心急。且缓缓底,看议和后事势如何。"完颜兀术不听,说:"既是你不欲用兵,自家便统兵前去。"

完颜挞懒虽然是左副元帅,却也无法阻拦这个任右副元帅的侄子行动。完颜兀术临时调集六万人马,急速南下,刚抵达真定府,就得知岳家军已经退出蔡州,于是就率军屯驻祁州(治今河北安国)。不久,完颜挞懒也来到祁州,考虑到祁州离开封较近,便于用兵,他和完颜兀术就决定把元帅府迁移到祁州。

原来宋廷得知岳家军占领蔡州,唯恐有碍和议,就直接发金字牌御笔,下令王贵和张宪收兵。张宪无可奈何,只能率领前军和胜捷军,放弃蔡州,而护送归正的军民南下。

[壹捌]
勇将自尽母子相会

　　左相赵鼎和右相秦桧虽然都身兼枢密使,其实也不过问军事,唯有新任枢密副使王庶则一心一意考虑军事问题。他从陕西而来,对于吴玠当然相当熟悉,出任荆南知府后,又对岳飞十分赞赏。他还未见韩世忠一面,而最看不上的自然是张俊。在他的筹划里,最好是把张俊罢免,而将行营中护军归岳飞统一指挥。但王庶一旦到行朝做了廷臣,就很快了解到,如今岳飞已是宋高宗最猜忌的武将,而善于逢迎的张俊,却愈来愈得到皇帝的喜欢,尽管张俊擅弃盱眙受到了廷臣们的一致指责,但皇帝还是一力袒护。王庶明白,自己虽然当了枢密副使,而将中护军归岳飞指挥的方案至少在目前根本没有实施的可能。

　　随着张浚的罢免,都督府的机构自然就撤销了,不久前改任都督府都统制的王德就无所归属,但他的八千人马还屯驻在建康府。正好张俊从前沿也逃到建康府,他看中了王德,就赠送很多金银财宝,进行拉拢。等到一定火候,就向王德提出归属自己的问题,王德表示愿意,于是张俊就正式上奏,请求归并王德一军,并且提议由王德出任本军都统制。

　　三月下旬,宋高宗召宰执大臣讨论张俊的上奏,王庶首先表态说:"张俊只是庸将,唯当与刘光世相仲伯。王德虽亦有不公不法事件,尚是勇悍善战,教他做行营中护军底都统制,正得其宜。然而张俊终是不宜长久掌兵,日后莫须渐次削除他底兵柄。"赵鼎说:"王德做都统制,自是允当。"但他对张俊掌兵的事不作表态,秦桧和刘大中也马上附和赵鼎。宋高宗说:"便依卿等所议。"

王庶又说:"虏人狡诈,如今已是三月,须防秋冬不测。臣误蒙圣恩,供职枢庭,而与韩世忠尚是未识一面。臣愿去沿江视师,与三大将共商方略。"宋高宗说:"卿注意军事,甚慰朕怀。然而有前人之失,如张浚待诸将喜怒无常,予夺无方,终以狎昵取侮,而吕祉尤是傲慢自尊,虽然恪守臣节,而终被杀害。如此等事,皆足为戒。"王庶说:"臣当谨遵圣训。"

四月初,王庶开始视察沿江各军。他此次出巡,设枢密行府,临时辟任了一批属官,其中有前岳家军参议官、现任军器监丞李若虚,他出任谘议参军。十一日,王庶首先到临安府的都教场,视察杨沂中的殿前司军。王庶身穿紫色公服,骑马入教场,由杨沂中陪同阅兵,然后坐在坛上,接受众将参拜。他神情严肃庄重,对众将自然而然地产生一种威严。王庶用慷慨的语调、简单的语言说:"下官就任枢府以来,唯是思念北方故土。你们受国家厚恩,第一要义便是常念报仇雪耻,日后得以荣归故乡,解救父老。"他所以如此说,是因为当时的军人大抵是北方人。次日,王庶就与全体属官动身,前往楚州。

再说韩世忠在淮西兵变后,听说张俊从盱眙城逃回建康府,不由对众将嗤笑说:"张七此人直是鼠心兔胆,自家们便端坐楚州不动。若是刘豫那厮前来,正宜受死。"他在楚州只是加强军训,加固城防,随时准备迎敌。

韩世忠虽然身为大将,也忠于国事,其实还是需要像梁佛面那样一位夫人当贤内助,能够对他的某些不良行为加以管束。自从梁佛面去世后,依次是茅佛心升格为正妻,但她对韩世忠而言,就根本没有像梁佛面那样的权威。韩世忠的钱财来得容易,花费也颇为大方,决不像张俊那样悭吝。但他一个最大的毛病就是好女色。韩世忠最近一个时期,白天处置军务,操练军队,晚间无事,就喜欢到部属家里宴饮,并且要他们的妻女作陪,见到姿色好的,就不免调戏。

一天晚上,韩世忠又来到呼延通的家里,呼延通只好置酒招待。在一张方形的食桌上,让韩世忠正北面南而坐,自己陪坐在东边,另有随韩世忠前来的亲校耿著陪坐在西边。呼延通恭敬地为韩世忠注酒劝盏,韩世忠用眼睛向耿著示意,耿著就说:"呼延太尉,你何不叫孺人前来劝酒。"

呼延通脸色难堪,韩世忠却用威逼的目光对着呼延通。呼延通万般无奈,就只能进里屋招呼妻子韩婉出来。韩婉是续弦,年轻貌美,原是临安美妓,呼延通花费了五千贯钱,方才将她娶来,百般疼爱。今夜韩婉有意不化妆,身穿旧衣裳出来见客,她向韩世忠和耿著行礼,口称"韩相公万福,耿太尉万福",然后举起酒壶,为韩世忠和耿著注酒。

韩世忠已不能自持,他的两眼盯住韩婉,最后忍不住说:"煞是个美貌底女子!"呼延通说:"韩相公,你底府中妻妾成群,如夫人茅氏、周氏等,岂不远胜于自家底浑家。"韩世忠却是吐了吐舌头,直率地说:"我与她们厮混已久,便有兴于他女子。"他趁着韩婉第二次注酒时,就抓住她的手,韩婉手中的铜酒壶立即掉在地上,酒浆洒了一地。韩婉想用力挣脱,可是韩世忠的手犹如铁箍一般,牢牢地抓住不放。呼延通忍无可忍,站立起来,愤怒地说:"韩相公,常言道,友人之妻不可欺。下官虽是部曲,然而亦曾为你出生入死,你岂得欺负下官底浑家。"他正准备上前解救,韩世忠的手却应声松开,韩婉带着哭泣声乘机逃回内室。

韩世忠想到呼延通曾在战阵中救过自己性命,就不再说什么,只管豪饮大嚼。耿著却说:"呼延太尉,天下美貌女子亦是不少。闻得呼延太尉以五千贯取得,如今韩相公可以一万贯赏你,教你另娶一美女,岂不是两全其美。"韩世忠把目光盯住呼延通,呼延通最后只得长吁一声,说:"既是恁地,下官便将韩婉献于韩相公。"

韩世忠高兴得哈哈大笑,不一会儿,竟醉倒在桌上,发出鼾声。呼延通却一直气愤地坐在一边,不饮不食。他见到韩世忠熟睡,就下意识地起身,用手握住自己腰间的剑柄。耿著见到这种情景,连忙上前,用手捏住呼延通握剑柄的手,大喊道:"呼延太尉不得胡做!"韩世忠被他的喊声惊醒,他从桌边起立,见到了耿著和呼延通这种相持的情景,不由得吓出一身冷汗。韩世忠急忙逃出呼延通的家宅,骑马飞驰回府。

韩世忠当夜坐衙,命令亲兵把呼延通抓来。呼延通很快被押到灯火通明的宣抚处置司大堂,跪在地上。韩世忠说:"呼延通,你岂敢害我,如今又有甚说?"呼延通只是低头不语,耿著也随他一起进入大堂,陪着下跪,说:"下官乞韩相公息怒,念呼延太尉是一员勇将,将功折罪,恕他一回。"说完,就不断向韩世忠叩头求情。

韩世忠说："既是恁地，我便依旧赏呼延通一万贯。然而楚州留你不得，你可去淮阴县后军崔太尉属下做一部将，日后立功，依旧升擢。"行营前护军的后军统制崔德明屯守运河与淮水交汇处的淮阴县，他向来与呼延通不和。大家明白，韩世忠将呼延通贬到崔德明的部下，并且还不是当将一级指挥官，如正将、副将、准备将之类，而是当更低一级的部将，这无非是教呼延通在崔德明属下活受罪。呼延通领取了韩世忠赏他的一万贯含恨归家，韩世忠已经预先用轿把韩婉接走。呼延通瞧着空荡荡的卧室，不由得滴下泪来，他咬了咬牙，就马上收拾行李，在天色未明时出发，骑马前去淮阴。

韩世忠回嗔作喜，他浅寐了一会儿，就准备去享受这位刚抢到手的美人。不料他在睡梦中被仆从叫醒，说是韩婉已经上吊自尽。他急忙赶到安置韩婉的房中，女使们已将韩婉的尸身抬到床上，茅佛心也以正妻的身份来到现场。韩世忠问："韩氏有甚言语遗嘱？"茅佛心取过一段白绢，其上是韩婉的绝命辞，她主动为不识字的韩世忠念道："妾身虽是烟花女，蒙呼延太尉厚爱，誓不相负！"韩世忠哀叹说："不料她亦有如此节烈，可将尸身归还呼延太尉。"

耿著奉命带着韩婉的棺材前去淮阴，他对悲痛欲绝的呼延通说了些劝慰的话："自家们是大丈夫，须是在战阵中见英雄。韩氏既死，不得复生，亦不须过于儿女情长。日后与房人交锋，呼延太尉自有立功之机，亦不当久居人下。"耿著又嘱咐崔德明，必须厚待呼延通。

转眼到了绍兴七年十二月二十三日，这是韩世忠的四十九岁生日。宣抚处置司的将领和属官们为韩世忠上寿，然后在大堂上安排了丰盛的宴会，宴会将要兴尽而散时，有仆从进来禀报韩世忠："今有淮阴县呼延太尉前来祝寿。"韩世忠听后，顿时变了脸色，他马上站立起来，回到后房。呼延通进入大堂，得知韩世忠离去，就只能北向跪在地上。耿著只得以韩世忠亲信的身份，把呼延通扶起，劝慰一番，说："韩相公虽是余怒未息，日后终当自解。呼延太尉莫如且回归淮阴。"呼延通垂头丧气，策马离开了楚州。

崔德明也到楚州参加祝寿，他目睹了韩世忠对呼延通的无礼，感到乘机报复，已是有恃无恐。他回到淮阴县后，就把呼延通召来，当着众将的面斥责一通："淮阴县是前沿,你身为部将,如何敢不遵自家底号令,擅离军中?"呼延通无言以对。崔德明又说:"军中底事,便是有赏有罚,岂得有赏无罚,可将呼延通责杖五十,以为擅离军中之戒。"

呼延通被责打了五十军棍,一瘸一拐地回家,独自闷坐,不发一语。最后,他出门,十分费劲地骑上那匹心爱的黄骠战马,缓步来到运河边。他勉强下马后,长久地凝望着并不清澈的河水,呼延通终于发出深沉的叹息,说:"自家亦是大宋名将底后裔,不料今日到此地步。娇妻为我自尽,我偷生于世,便是有负贤妻!"说完,就纵身跳入运河。

呼延通自杀的消息很快传遍行营前护军的全军,军人们莫不为一员勇将的不幸而叹息。韩世忠听到这个消息,也深为后悔。他把崔德明召到楚州,责打了八十军棍,将崔德明贬为军卒。

尽管如此,韩世忠还是不改到部属家宴饮,要他们的妻女作陪的旧习。一天,他骑马在军营中视察,偶尔见到一名营妇,在空地上捣衣,她虽然已是徐娘半老,却犹有姿色,就在马上问道:"女娘子姓甚名谁?"他的亲兵向那个女子介绍说:"马上底便是韩相公。"那名女子急忙起立,向韩世忠行礼道"万福",说:"启禀韩相公,奴家姓刘,名巧娘,是中军第十一队顾押队底浑家。"

韩世忠当时不说什么,回府后,就下令把刘巧娘召到府里。刘巧娘此时换了一身干净衣装,髮髻也梳理整齐,还是向韩世忠恭敬行礼道"万福",韩世忠见了,更有几分欢喜,说:"阿刘,你在营中亦是辛苦,不如到我家做一个女使,每月当给予二十贯雇钱。"不料刘巧娘竟忍不住流下两行泪水。有了韩婉的前例,韩世忠倒不想勉强,问道:"阿刘,你为何落泪?"刘巧娘说:"亦是奴家乖错命薄,若是当年忍得一时底孤苦,今日当与茅夫人相似。"韩世忠大惊,说:"你底往事,可与我直道来。"

刘巧娘开始向韩世忠叙述自己的身世:"实不相瞒,奴便是鄂州岳相公底结髮浑家。"原来韩宣胄也得知岳飞当大将,心里总是忐忑不安,又正好喜欢上另一个女子,他得到韩膺胄的书信后,就把刘巧娘抛弃了。刘巧娘在镇江府流离一阵,又嫁给韩世忠军营中的一名低等军官押队顾凛。韩世忠听完刘巧娘的叙述,就说:"既是你底双子尚在鄂州,岳五又岂得不认。你且归去,待我与岳五修书,且看他怎生处置。"他赏赐了刘巧娘五十贯,刘巧娘千恩万谢,离开了韩府。

再说王庶到楚州前,已经听说了呼延通自杀的事,也深感惋惜。一些属官对王庶介绍说:"韩太尉最是藐视儒生。"王庶笑着说:"我与他皆是陕西人,虽是儒生,却身居枢密副使,不得教他轻视。"

王庶一行将到楚州,一些属官向韩世忠提议说:"王枢相到此,礼仪甚重,韩相公莫须出城迎接。"韩世忠说:"他是正二品底枢副子曰,我是正一品底少保,不须出城。"

王庶一行抵达楚州后,就来到宣抚处置司,不等出迎,直入大堂。韩世忠得知后,方才到大堂会面。王庶首先面带微笑,向韩世忠作揖,说:"下官便是新任枢副王子曰,久闻韩少保底大名,今日方得一见。"韩世忠听王庶自称"子曰",倒反而有点难以为情,他也向王庶还礼,说:"下官与王枢相同是陕西人,又同共伏侍官家。王枢相奉圣旨视师,下官未得及时迎接。"王庶主动上前执着韩世忠的手,双方分宾主坐定,有仆从送上茶水。

王庶长途跋涉,确是有些口渴,他呷了几口茶,然后用略带诙谐的口吻说:"闻得韩少保轻视儒生,叫他们'子曰'。下官虽是不知兵底子曰,而猥蒙圣恩,供乏枢府,亦只得尽心职事。在职一日,须是尽一日臣道。国朝虽是文武二途,区分甚严,然而下官以为,国耻深重,文官武将又何须分彼此。下官虽是不知兵,却是愿与知兵底一心一德,同赴国难,共济国事。"王庶说到后来,语调变得严肃而诚恳。

韩世忠反而有几分尴尬,他吐了一下舌头,说:"王枢相既是奉圣旨到楚州,下官自当听你底号令。"王庶说:"下官既是不知兵,便须与你共商军事。韩少保以为,目即事势如何?当怎生用兵?"

韩世忠说:"自虏人废伪齐之后,河南军民归正之心益切。如不是乘机用兵,机会极是可惜。然而闻得朝廷却欲与虏人讲好,此事万万做不得。"王庶说:"下官底意思与韩少保同,此回前来视师,正欲与三大将共商复仇报国底长策。"

韩世忠说:"若是朝廷教我出兵,自家底军马愿为各军底前驱,唯受王枢相驱策。"王庶说:"韩少保煞是忠义,然而各军能否与行营前护军并力？"韩世忠说："岳五敢战,我所忧底唯是张七,他鼠心兔胆,必是延误兵机,下官难以与他并力。"

王庶在楚州多日,视察军营和各种设施,对当地的防务相当满意。到临行时,王庶和韩世忠已经建立了相当好的关系,他最后辞行,与韩世忠在一间房里单独谈话,他说："韩少保坐镇楚州,必是防秋无虞,足以宽主上忧顾,然而泗州与天长军二地,尚须分兵把截,以备缓急互为声援。"韩世忠说："王枢相此议甚是,下官自当分拨军马,前去泗州与天长军。然而乘机出兵,亦须王枢相去行朝后一力坚持。"

王庶说："会得。下官如今与韩少保已是相知,不妨直言。如勇将呼延通屈死,极是可惜。此事可一而不可再。韩少保既是忠心为国,有志于恢复大计,又何须重色!"虽然王庶只用了"重色"两字,但韩世忠还是涨红了脸皮,他只是尴尬地吐着舌头,窘迫得难以回答。王庶见到对方的模样,就主动给韩世忠下台阶,说："人非圣贤,孰能无过。下官料得韩少保是个顶天立地底丈夫汉。"

王庶说完,站起身来,正准备告辞,有仆从进入,报告韩世忠说："今有鄂州岳相公底二小官人前来,欲与亲母相会。"王庶颇感惊讶,说："怎生底？"韩世忠就把刘巧娘的事简单介绍一下。王庶颇为感慨,就与韩世忠一同会见岳雲和岳雷兄弟。岳雲和岳雷首先向韩世忠谢恩,两人会见众官员,显得谦恭有礼,而如今成为枢密行府属官的李若虚当然与他们早就相识。王庶很快离开楚州,岳雲和岳雷则暂住馆舍,他们不便径去军营,以免与押队顾凛发生尴尬的会面,而由韩世忠安排,准备就在馆舍会见亲母刘巧娘。

原来岳飞接到韩世忠的书信后,就先找李娃商量。李娃自从与岳飞结婚以来,一直就有与刘巧娘重新相会的思想准备,她也当然要按照古代儒家的妇德行事。李娃说："奴家曾教祥祥去韩府寻访亲母,却无下落。如今他与发发底亲母既有音问,此是喜事,莫须请她到鄂州相见。"岳飞宽阔的眉宇紧皱,说："使不得,她既在当年不念夫妻之情,抛弃阿姑与亲子,如何再教她来鄂州!"

李娃说："然而奴家住平定军时,亦知你们夫妇和睦,刘氏别无过失。

常言道,一夜夫妻百日恩。"岳飞经她一说,也不免回忆起青年夫妇当时的恩爱,他长吁一声。李娃又说:"如今娟儿亦将临盆,岂得不教孙儿底亲婆婆一见。"李娃虽然百般劝解,岳飞最后还是用斩钉截铁的语气说:"恩断义绝,覆水难收!祥祥与发发不可不去楚州。念往时夫妻之情,我当支与刘氏五百贯文,以助她底不足。"

李娃完全了解丈夫的脾气,到此地步,就不须再说。她按照岳飞的主意,找岳雲、岳雷和巩岫娟三人商议,她说:"如今娟儿行将诞育,此是岳家生育长孙,关系甚重。"岳雲说:"既是妈妈有音问,儿子不得不早去相聚。"巩岫娟也对李娃表态说:"祥祥自须目即便去,此是做儿子底孝道。"李娃说:"既是恁地,祥祥与发发且放心前去楚州,娟儿有我照料,必是无虞。"在宋时的医疗条件下,妇女生产当然是一件有风险的事,但李娃还是必须对岳雲作出这种保证。

岳雲和岳雷兄弟稍做准备,辞别岳飞和李娃,就在当天启程。李娃和高芸香带着他们的子女,巩岫娟则挺着怀胎的大腹,一直把岳雲兄弟送出大门。岳雲望着巩岫娟的模样,心里也不免恋恋不舍,彼此互相叮咛一番。岳雲和岳雷带两名亲兵,共准备了四匹马。眼看四人上马,沿街奔驰而去,巩岫娟还是难以克制自己,落下了两行玉箸。李娃连忙掏出手帕,为儿媳拭泪,她与高芸香亲自扶巩岫娟回屋,高芸香说:"奴家知得娟儿自幼便是最识道理。"李娃说:"娟儿临盆之前,尤须快活。奴家自今夜始,便与娟儿同睡。"李娃和高芸香此后就更加倍地关怀这个二十岁的少妇。

韩世忠特别命令侍妾陈氏带两名女使,把刘巧娘送到岳雲和岳雷居住的馆舍里。两人一旦见到亲娘,就长跪在地,叩头不止,说:"不孝子今日方见得妈妈!"刘巧娘把两个儿子扶起,三人抱头恸哭。岳雲当然还清楚记得母亲的音容笑貌,而岳雷当时年龄太小,对自己的亲母简直就没有任何记忆。

刘巧娘哭了多时,才说:"祥祥,发发,你们难道不恨奴家,奴家恁地不知耻,在危难时节抛却你们。"岳雷哭着说:"做儿子底,唯恨不得尽孝于妈妈,岂有恨妈妈之理!"岳雲说:"十二年间,儿子岂得不思念!六年前,李妈妈曾教儿子去韩府寻访,见得韩魏公底曾孙,却是不得妈妈底音问。"刘巧娘听儿子提到韩家,更是加倍伤心,却又无法当着两个儿子的面,骂韩宣胄寡情薄义。母子三人在馆舍里相聚了七天,刘巧娘算是初次享受到儿子的孝顺。但按照岳飞的叮嘱,岳雲和岳雷再也不能停留,必须返回鄂州。

韩世忠为了表示对岳飞的友好,特别命茅佛心设宴,招待刘巧娘母子三人。周佛迷等几个侍妾,还有韩世忠的儿子们,都出席作陪。茅佛心见到岳雲兄弟如此彬彬有礼,不免产生几分好奇心,她问岳雲:"二小官人今居何官?"岳雲回答:"自家们有辱圣恩,我官为武德郎、阁门宣赞舍人、宣抚司书写机宜文字,弟弟年幼,蒙恩荫,补官为忠训郎、阁门祗候。"

茅佛心说:"闻得你勇武非凡,岳家军中唤你'赢官人'。"岳雲顿时面色羞红,说:"此是军中胡乱称呼,下官岂得当此。然而阿爹教训素严,教下官上战阵,须是身先士卒。"茅佛心说:"韩相公有旨,明日请岳武德到教场中,与军中壮士比武。"岳雲说:"既是韩相公有钧旨,下官不敢不从命。然而下官武艺不精,未免献丑。"刘巧娘其实舍不得让儿子参加比武,但既然事情来得突然,她已无法拦阻。

翌日,韩世忠亲临楚州城里的教场。他暗中下令,凡是能比武胜岳雲的,赏黄金二百两,相当于六千贯铜钱,这当然是一笔很大的财富,重赏之下,必有勇夫。但是,韩家军的军一级统制和统领都不愿参加比武,以免在部属面前丢脸。从将一级的正将、副将、准备将到队一级的拥队、押队,为了这笔财富,很多人都跃跃欲试。

韩家军把教场围了个密不通风,只是在中心留出了大片空地。四月初夏,天气已经相当炎热,身穿薄丝纱袍的韩世忠登上土坛,面南居中而坐,他的身后有军兵张伞。在土坛前面安放了四面大鼓,站立着身穿绯衣的四名鼓手。岳雲和岳雷兄弟骑马到教场。岳雷和两名亲兵下马后,就在人群中围观,他的身边很快挤进了一个妇人,她正是刘巧娘。她怀着不安而又企盼儿子获得荣耀的心情,也前来围观,这是人群中的唯一女性。

岳雲下马登坛,他全身甲胄,用左手持一对四十宋斤铁锥枪,他先把双枪放在坛上,然后向韩世忠长揖,说:"下官参拜韩相公。"韩世忠说:"久闻你勇冠三军,今日有便,正宜一睹你底身手,且把双枪与我一观。"

岳雲当即拿起坛上的双枪,然后恭敬地用双手捧着,弯腰呈送韩世忠。韩世忠只用左手接来,掂一下分量,笑着说:"若无天生神力,岂得使此双枪,你且上马,舞弄一回。"岳雲说:"下官遵命。"

岳雲执双枪下坛后上马,在鼓声中向教场中心纵马而行,把双枪抡动如飞。围观的军人们爆发出一阵阵喝彩声。韩世忠望着岳雲的雄姿,就联想起十二年前在柏林镇初会岳飞的情景,也不由得赞叹说:"端的是将门有虎子,岳五后继有人!"

岳雲舞枪完毕,再次下马登坛,拜见韩世忠。韩世忠说:"自家底麾下有愿与岳武德比试武技,不知岳武德可情愿否?"岳雲说:"下官昨日已奉韩相公底钧旨。然而比武若用真刀真枪,不免伤人,下官乞用木刀木枪比武。"当时军中是有一些木质刀枪,专供训练比武使用。韩世忠说:"此说甚是。"当即命令军士扛来一大把木枪,岳雲挑选了其中的两枝,木枪的枪头上都有一个木制的圆球。

岳雲又一次下坛上马,驰马到教场中心,于是韩家军的武士们就在一阵阵鼓声中,先后驰马进入,与岳雲比武。比武者的意图各不相同,有人希望及早上场,以便首先夺取二百两黄金,也有人认为岳雲武艺高强,不如等他精疲力竭之时,方可取得胜利。然而接连上场二十骑,都先后被岳雲用枪杆打于马下,或用枪头刺于马下。韩世忠见到这种情形,心里不免暗自叹息:"若是呼延通在世,或能取胜。"第二十一个比武者正是亲校耿著,他抡木刀纵马出场,向岳雲接连猛砍,岳雲只是招架,并不还手,双方格斗了一阵,岳雲就拨马败下阵来。但韩世忠和另一些人毕竟看得明白,岳雲显然是有意让步,其实是为韩家军保留体面。

比武结束,岳雲又登坛拜见韩世忠,韩世忠瞧着岳雲满头是汗的脸,就起身摸了一下他身上的甲胄。原来在炎阳的长久曝晒下,岳雲身上的甲胄发烫,里面的麻衣自然湿透。韩世忠问道:"岳家军中平时亦是如此教阅?"岳雲说:"岳相公有言,做将士底,须是冬练奇寒,夏习酷暑。"

韩世忠嘴上不说什么,但心里对岳雲更加喜欢和器重,他当然把二百两黄金赏给耿著,却又另外赠送二百两黄金给岳雲,岳雲再三辞谢,说:"蒙韩相公大恩大德,下官方得远来,与生母相会,又有劳韩相公照顾自家底生母,已是感激不尽,岂敢祗受。"韩世忠笑着说:"岳武德须知,我既已相赠,便不容不受。"最后,岳雲和岳雷还是再三向韩世忠谢恩,又将二百两黄金给了刘巧娘。

岳雲和岳雷终于启程,为了让兄弟俩与刘巧娘多一些相聚时间,韩世忠有意只派一个女使,伴随刘巧娘相送。饱尝人间酸、苦、辣的刘巧娘,唯有在最近一段短暂的时刻,方才真正体验到儿子们孝顺的欢乐,却又给自己带来更深沉的悔恨和痛苦。她恋恋不舍地把儿子们送出楚州南门。岳雲、岳雷和两名亲兵都牵马步行,眼泪汪汪的刘巧娘送了一程又一程,最后,岳雲和岳雷长跪在母亲面前,说:"妈妈出城已近十里,不得再送。"刘巧娘把两个儿子拉起来,又禁不住与他们抱头大哭。两名亲兵和一名女使见到此情此景,也都不免感泣。

刘巧娘最后说:"祥祥与发发为奴家传语李夫人,奴家委是感荷她底大恩大德,唯当来世做牛做马,方得报答。不知此回离别后,你们何时再来相聚?"岳雲说:"既是妈妈在楚州,自家们若无事时,自当年年看觑妈妈。"刘巧娘把两个儿子扶上马,与他们痛心告别。岳雲和岳雷骑马缓步行进,不时回头,望一下生母。刘巧娘也呆呆地看着两个儿子的远去背影。到望不见时,她又不免恸哭一场,韩府的女使在一旁劝解,送她返回军营。

岳氏兄弟倍道兼程而返。十三岁的岳雷已经十分懂事,他知道哥哥心里还牵挂着行将生育的嫂嫂。两人刚进家门,岳安娘就首先迎上来,说:"五日前,嫂嫂已是生育得一个侄儿,母子平安。妈妈教大哥不拘礼数,先去看觑嫂嫂,二哥随奴拜见妈妈。"岳雲听说自己有了儿子,喜上心头,却还是坚持与岳雷一同先拜见李娃。

其实,李娃和高芸香也正在岳雲的卧室,为家里新添的孙子忙碌。岳雲和岳雷向李娃和高芸香恭敬行礼,又与躺在床上的产妇招呼。高芸香抱起了新生婴儿岳甫,说:"祥祥,你转瞬间已是做阿爹,今日方得见儿子一面。"时值五月,新生儿身上只包裹着薄丝纱的襁褓,他正在睡觉,此时小眼睛才睁开,望了父亲一眼,不哭也不笑,又闭眼睡觉。但岳雲已经发现,婴儿与母亲长得颇像,两颊也有一对可爱的笑靥。李娃、高芸香与岳雲稍稍说了几句话,就带岳雷等人到外屋叙话,详细盘问,而让岳雲独自在屋里陪伴巩岫娟。

岳雲坐在床沿,抱着熟睡的新生儿看了又看,似乎总是看不够。他如今算是初次品尝到当父亲的滋味。巩岫娟见到丈夫对自己投来深情而又带负疚感的目光,就有一种感情上的享受和温暖,她首先询问了丈夫亲生母的情况,然后用钟情的目光,略带安慰的语调说:"你可曾记得,妈妈生安娘,是在建炎三年冬屯兵茅山时,生三宝,又是在建炎四年冬大江之滨,其时兵荒马乱,天寒地冻,说不尽百般艰难。如今奴深居大宅,自有妈妈与高四姑精心看觑,女使伏侍,又有甚底委屈?"不知怎么,岳雲还是滚下了几滴泪珠,他放下岳甫,伸出双手,紧握住巩岫娟的双手。一对青年夫妇似乎只用双手,就足以互相倾诉全部感情。

[壹玖]
从庐州到鄂州

王庶离开楚州后,第二站本应到建康府会见张俊,但他有意先去庐州。他未到庐州之前,就先向张俊发令,要他调拨前军统制张宗颜率本部七千人,屯驻庐州,另发后军统制巨师古率本部三千人,屯驻太平州,而准备调发守庐州的刘锜所统八字军返回江南,屯驻镇江府。王庶的上述调度,当然是在事先征得宋高宗和其他宰执同意的。此外,新任行营中护军都统制王德也奉命北上庐州,参见王庶。

王庶一行抵达庐州后,就在右武大夫、开州团练使、淮西制置副使刘锜的陪同下,视察城防和军营。王庶在视察时,见到许多将士仍然面刺着"赤心报国,誓杀金贼"八字,不胜感慨,他对大家说:"你们便是十二年前威震太行底八字军,天下闻名,如今辗转来到东南,朝廷不当亏负你们,你们日后亦当有为国立功底时机,再振威名。"

本书第四卷已经交待,刘锜当年曾参加过富平之战。王庶与他早在川陕相识,枢密行府临时设在州衙,两人就在行府长谈一次,王庶有意介绍朝廷准备与金人议和的一些情况,以试探他的反映,刘锜委婉地说:"下官身为武将,唯当循分守节,不得轻易言国事。如今朝廷固可不得已,与虏人讲好,然而日后欲复中原,尚须用兵。八字军当年曾破番人,下官虽不才,愿统八字军为前驱,为国家立功。"王庶对刘锜的表态还是相当赞赏,说:"刘团练是将门之子,世受国恩,而八字军又是王彦旧部、中原劲旅,切望刘团练精加训练,日后如有为国效力底机会,便不得错过。"刘锜说:"下官谨受教。"

王德和张宗颜同时来到庐州，但王德只带了亲兵一百骑，而张宗颜是奉命率领全军前来换防。刘锜与张宗颜办理了移交事宜后，就率所部南下镇江府。王庶与张宗颜谈了一次，还比较满意。但他谈话的重点对象自然是相州观察使王德。

王德和王庶还是初次相识，但他也已打听到一些王庶的脾性和作风，两人在枢密行府谈话之初，王德就大发牢骚，说："若是张相公与吕尚书听自家底言语，罢免了郦琼，又岂得有淮西之祸？"王庶说："往事不可谏，来者犹可追。如今朝廷委任王观察做行营中护军底都统制，亦是身膺重寄，不知王观察欲怎生行事？"

王德其实也根本没有什么打算，就说："下官虽是都统制，唯是受朝廷与张相公驱策。若是要上战阵，下官并非大言，必是立得军功。"王庶用威严的目光逼着王德，厉声说："然而王观察在建炎四年救援楚州时，亦非勇往直前，义无反顾，却是不与岳太尉并力，虚报战绩，坐视赵立殉国。此又当何说？"

王德虽是粗悍，还是被王庶的三言两语，说得额头出汗，他想了一下，只能支支吾吾地说："此亦是在刘相公底节制下，奉命行事。若是我自做军中主将，便无此等事。"王庶真想问一句："如今若是张相公教你做此等事，你又当怎生底？"但话在嘴边，还是咽了下去。王庶知道，张俊为了把王德收归部下，是花费了大价钱，如今两人的关系正好。于是他转而向王德介绍了一些朝廷准备对金媾和的情况，试探说："王观察以为如何？"

王德说："下官是武将，唯是听命朝廷，朝廷要和便和，要战便战。如要厮杀，下官自当坚决向前。"王庶严肃地说："王观察身为武将，须是知国耻国难。张相公虽号'铁山'，然而日后若是用兵，行营中护军第一便是依仗王观察。王观察须是不负朝廷底厚望。"

王德脱口说："如今下官须是服张相公底节制。若是朝廷教下官独掌行营中护军，下官必是为朝廷立功。"王德此语颇出王庶的意外，王庶还没有料想到王德竟打算取代张俊，自统本军，他考虑了一下，就仍用严肃的口吻说："此言出王观察底口，入我底耳，此后不得再说。然而王观察须是爱养军卒，力戒贪财，日后自有为朝廷宣力底时机。"王德说："下官遵命！"王德仍然留在庐州，准备与王庶一行同去建康府。

王庶在庐州的公事已办得差不多,一天,他与李若虚在屋里私下谈心,说:"依韩、刘、王三将而论,韩相公虽是不知书,亦有过失,却是忠心。王观察虽是粗人勇夫,有贪心,其实亦有心机,却是远胜于张俊,国家用人之际,亦不得不用其所长。刘团练世代将门,知书识礼,料得日后亦能为国立功,然而诚如他自言,'循分守节',便难以担当大任。"李若虚已经明白王庶的想法,就取过笔来,在纸上写了一个"岳"字,王庶点头之后,又接着长吁一声。

李若虚也猜到王庶叹息的原因,正想说些什么,有吏胥禀报:"今有右通直郎、新任枢密行府钱粮官刘时求见王枢相。"王庶马上请刘时进屋,双方相见礼毕,坐定,刘时就介绍了一些途经建康府的见闻,他最后说:"张宣抚教下官传语王枢相,不知当言不当言?"

王庶笑着说:"张七有甚言语,直道来。"刘时明白,王庶不称呼张俊的官衔,而称呼排行,就含有轻蔑之意,一时间张口结舌,王庶望着刘时的模样,又重复一遍:"直道来。"刘时只能说:"张七宣抚教下官传语:'王枢相重用本军偏裨,似不宜匆遽,淮西兵变,可为前戒。不知王枢相身在朝廷之上,能有几日,须是以安居枢府为上。'"王庶又笑着说:"既是恁地,刘通直可为我传语张七,王庶不论坐枢府安与未安,坐得一日枢府,便须行一日职事。"

刘时告退后,王庶又不免长吁一声,他对李若虚说:"下官底心腹间事,不妨与李监丞直言。自建炎登极以来,十有二年,宰执大臣旋拜旋罢,不知易置了多少,而张七却是端坐掌军,官爵年积月累,长保富贵。他最是庸狡,为将则庸,为官则狡,极善观风迎合,自是稳当,一时动摇不得。如今朝廷主和,下官主战,便难以在枢府稳坐。可知张七所言,亦非虚语。然而做臣子底,须是忠于国事,不得以恃恩固宠为计。诸葛亮底《出师表》言道:'臣鞠躬尽瘁,死而后已,至于成败利钝,非臣之明所能逆睹也。'"

李若虚说:"依下官所见,虏人贪噬,唯是以议和为钓饵。王枢相若是不忘军事,整军经武,日后当有兵机。然而目即莫须有'坚忍'二字,小不忍则乱大谋。"王庶又感叹说:"李监丞所言极是,然而时或忍无可忍。下官身为大臣,亦不当以暗默保身,取诮天下。"

王庶一行很快启程南下,他们从宣化镇渡大江。王德先回去报告,于是张俊就亲自提前来到隔岸的靖安镇,在龙安津的江边迎候。张俊所率五千军士,旗幡招展,衣装鲜洁,排列在江岸。王庶站立船头,远望对岸,见到这种情景,就对众属官用略带讥笑的语调说:"张七便是张七,岂得与韩五为比,此所谓前倨后恭。"渡船靠岸,官居正一品少保的张俊就首先到船头迎候,王庶沿船头所铺的木板下船,张俊又抢上前去,先向王庶长揖,备极恭敬之礼。两人寒暄一番,张俊又亲热地执着王庶的手,与他并马入城,进入府衙,府衙又临时作为枢密行府。

张俊接着又在宣抚司举办盛宴。在觥筹交错之中,王庶还是决定用言语试探,他说:"张少保,下官教刘通直所传言语,张少保可曾理会得?"张俊笑容满面,说:"王枢相底意思,下官岂得不理会,此足见王枢相忠于官家底事。"

王庶又问:"如今朝廷欲与虏人议和,张少保以为如何?"张俊说:"下官身为大将,唯知遵依朝廷。"王庶说:"或以为虏人狡诈,和议不可恃。"张俊说:"下官所部行营中护军蒙官家圣恩,器甲完备,若是虏人背叛,自当统军过江,与诸军并力,一举剿灭。"他说到"一举剿灭"四字,特别大大提高了嗓门。

王庶望了望张俊,内心不免感叹:"张七如此狡猾,自家亦煞是无懈可击!"就说:"主上离建康府前底圣谕,张少保当是熟记在心头。"张俊马上用恭敬的语调应答:"圣上教下官自饬,常如做小官时,在建康府无与百姓争利,勿兴土木之功,下官时刻铭记,岂敢忘却。"王庶面对油滑的张俊,也只能发出无可奈何的苦笑。

尽管如此,王庶还是命令属官调查了张家军中一些弊政,进行处理。张俊恨得在背地里大骂王庶,但在表面上,还是虚与委蛇,不露声色。直到把王庶送上官船,目睹官船扬帆,溯流远去,张俊才长长地吐了一口气。

张俊回到宣抚司,就找来田师中个别谈话。王德虽是归属张俊,但张俊对王德也并非不存戒心。在张俊的盘算里,如果用兵行师,自己必须依靠王德,但处置军中杂务,自己又应当信用田师中,有时还须利用田师中钳制王德。经过长期考察,最善阿谀奉承的田师中,自然是张俊最宠信的部曲。他最懂张俊的心思,张俊也最愿意与他商量。

田师中按惯例恭敬地拜见"阿爹",张俊问道:"田十七,你以为王庶如何?"田师中自然听到过张俊背地里对王庶的詈骂,就说:"王庶那厮甚是可恨,阿爹如此厚待,他却要寻衅滋事。"

张俊笑着说:"田十七知其一,不知其二。"田师中说:"做部曲底,岂得如阿爹高明。"张俊说:"我所知底宰执大臣,以王庶最是难于周旋。只如张浚,他虽是傲慢自尊,张威恃势,只消得稍加礼敬,甘言美辞,尚得以通融。赵鼎曾在建炎四年与绍兴四年两回督兵,甚有怒意,然而如今唯是息事宁人。如今王庶那厮,便是软硬兼施,亦是无用,他处心积虑,专在削除自家底兵柄。他久坐枢府,岂但自家难以稳坐军中,你底富贵亦是难保。"

田师中说:"既是恁地,阿爹何不设计,教王庶那厮罢官。"张俊说:"自家亦是左思右想,却是无计可施。如今唯有得圣上欢心,礼敬赵、秦二相,他便奈何不得。年深月久,料得他亦难以久坐枢府。"他说到这里,又联想到韩世忠和岳飞,继续说:"人称东南四大将,如今刘三已是罢官赋闲。韩五曾是与我并肩伏侍王渊。唯有岳五,原是与你们同列,如今却是倚势卖弄,极是可恨。然而自去年以来,主上底宠眷已衰。官家欲与虏人讲好,岳五无所施展手脚,我唯有仰体圣意,便得居三大将之首。"田师中用手按额,高兴地说:"阿爹既有定议,孩儿便是无忧。"

王庶的官船在鄂州城东郊泊岸,在江岸上迎接的有岳飞、王贵、张宪、于鹏和孙革,还有一百名背嵬军,王庶登岸后,岳飞首先长揖,他还是按过去的惯例,称呼对方为"王丈",而王庶也叫他"鹏举"。双方官员也互相行礼寒暄,岳飞等人见到李若虚,当然分外亲热。从内心深处说,王庶对岳飞这种简单而亲切的迎接仪式,反而感到高兴。

王庶一行由城东武昌门入城,岳飞等五人与来客用过并不铺张的午餐,就特别请王庶等人来到宣抚司的节堂。这是岳飞安放武胜、定国军节度使两套旌节的所在。每套旌节有五类八件,包括龙、虎红缯门旗两面,白虎红缯旌一面,涂金铜螭头的节一杆,麾枪和豹尾各两枝,整齐地排列在木架上。王庶被岳飞引领到这个房间,望了望威严的旌节仪仗,却用疑惑不解的目光望着岳飞。

岳飞用双手恭敬地向王庶呈交一份咨目,说:"此是下官底咨目,备述用兵破虏,收复中原底规划,今日须是仰禀睿明。"王庶接过咨目,看了一遍,岳飞又用右手敲着武胜军的节杆,对王庶说:"下官在咨目中言道:'今岁若不举兵,当纳节请闲!'"说着,竟滴下了两滴英雄泪,接着又激动地说:"自国朝开国以来,一百八十年间,得二旌节底,又有几人?做武将底,何人不知旌节之荣光。此二旌节,非是我岳飞一人所得,乃是本军将士奋身血战所得。然而若是不举兵,下官与全军将士又有何面目,留此旌节,岂不愧对朝廷?愧对天下百姓?"

王庶凝眸望着岳飞,他满腹心事想对岳飞倾诉,而一时竟张口结舌,过了一会儿,才说:"鹏举底满腹痛愤,下官岂得不理会?然而下官底心腹事,料想鹏举亦是理会得。"他上前拉着岳飞的手,说:"待下官到书房,与鹏举长谈。"

王庶有意撇开众人,单独与岳飞在书房谈话。他把朝廷的情况,自己的设想,都向岳飞和盘托出,但只有一件事,无法向岳飞吐露真情,这就是他所知的皇帝对岳飞的猜忌。王庶说:"李监丞劝下官莫须有'坚忍'二字,小不忍则乱大谋。"岳飞愤慨地说:"然而如今已是忍无可忍。下官前年秋冬举兵北向,本欲于去年再次兴兵,一举破灭刘豫,收复东、西两京。不料岁月蹉跎,一年底大好光阴,竟是虚掷。忠义军统制梁太尉等聚兵太行山,本欲与大军会师,不料大军寸步不进,他们却遭虏人围攻。下官亦只得于近日命他们撤回鄂州,暂时休息。他们南归之后,北方遗民便痛遭荼毒,此是何人底罪愆?"

王庶听说梁兴等撤兵南归,也不免嗟叹,说:"梁统制等不得坚守太行,以待王师,极是可惜。"岳飞又再一次重复刚才的话:"窃望王丈归朝之后,奏明主上,关报宰相,若是今岁不举兵,下官便坚请纳节赋闲。"

王庶摇摇头,说:"主上既要与虏人议和,又并非不知虏人贪狡,亦知何人足以折冲御侮。古语言道,猛虎在山,藜藿不采。若是猛虎不在山,无有依仗,又如何与虏人议和?如今又岂得轻易罢免你底兵权?依下官所料,朝廷虽是力主媾和,日后却是不得不用兵,若是鹏举离军,又当有甚人统兵厮杀?"他另有不能说出口的一句话:"主上非不欲罢鹏举底兵柄,却是罢不得。"

岳飞听后，不免发出苦笑，说："依王丈所言，如今下官与全军将士唯是在鄂州虚耗百姓膏血，而无一事可做。"王庶说："所以下官奉送鹏举'坚忍'二字，唯是等待他日用兵之机。既是梁统制等到鄂州，下官岂得不与他们一见。"岳飞当即把忠义军统制梁兴、同统制董荣、副统制赵云和统领李进、牛显、张峪六将召来，王庶对他们亲切慰劳，详细询问北方的情况。

双方正谈话时，有金字牌发来宋高宗给王庶的御笔。王庶马上行遥拜跪领礼，然后开封，取出手诏。原来宋高宗因金使行将到临安，命令王庶急速返回。王庶到此只能简单地结束谈话，对岳飞与众将劝慰一番，就在当天返回官船。

因为听说王庶突然返回行在，岳家军未参加迎接的许多将领都自动前来相送。岳飞与众将、幕僚把王庶一行送到武昌门外的江岸，彼此都感到相会的时间过于短促，内心有无限惆怅。王庶望着滔滔的江水，感慨地说："大江之水滚滚东下，得以遂水性，然而自家们在官场，却是不得遂人性。鹏举与众官人珍重！"岳飞等人也说："王枢相与众官人珍重！"时近黄昏，官船起碇扬帆，岳飞直到望不见远处的模糊帆影，才长叹一声，与众官员回城。他宽阔的眉宇紧锁，一言不发，心里只是反复咀嚼着王庶的谈话。

王庶上了官船，却是终夜在船舱里静坐，他痴呆呆地望着蜡烛，反复思考，面对着金使前来和谈的形势，自己应当采取什么对策。他最后一拍桌子，说："如今宰执之中，自家不力持异议，又有甚人力持异议，岂得教天下人嗤笑，宰执竟皆是鼠辈！"他说完，就开始起草奏疏。

[贰零]
金 使 南 下

王伦和高公绘奉使北上,在祁州元帅府见到了完颜挞懒。完颜挞懒坐在一把铺豹皮的交椅上,让两名宋使向自己长揖后站立,然后又吩咐合扎亲兵:"且将韩世忠、岳飞、吴玠诸人底蜡弹旗、榜付与江南使者。"王伦和高公绘看了一下,全是三位大将招徕中原百姓的旗、榜。完颜挞懒说:"康王一面遣使议和,一面又暗遣细作,招诱大金百姓,反背郎主。此便是你们欺诈,如此又怎生和议,我唯有再次进兵。"

王伦想了一下,说:"和好靖民,乃是主上底圣意。边臣或以为久而无功,便违背圣意,做此等事,以求尺寸底功劳。主上决不知有此等事。如是上国确许与江南讲和,朝廷自当戒谕,又有谁敢不遵朝旨。"

完颜挞懒其实也不过是虚声恫吓,他说:"既是恁地,我且与你们同去御寨,拜见金国郎主。"完颜挞懒正想利用未来的避暑时节,去御寨一次。他吩咐完颜兀术继续在祁州统兵,自己就与宋使们出发,前往遥远的东北。

金熙宗接受宇文虚中的提议,把今年的年号改为天眷元年,又将国都会宁府定名上京,而将原来沿用辽朝的上京改名北京,并且在上京继续营建宫殿。总之,金熙宗和宇文虚中的意图就是要依中原皇朝的规范,改造女真旧制。

王伦虽然多次出使,穿梭往返,却还是初次出榆关,领略东北原野的寒荒。他们到达上京,才发现这个正在建设中的国都,根本没有中原皇都的规模,至多只及中原的一座大县城。王伦已经打听到宇文虚中在金朝的地位，提出会见的要求，却被金方所拒绝。

完颜挞懒抵达上京后，就参加乾元殿的朝拜仪式。他出班说："江南命王伦与高公绘出使议和，自家已带他们前来上京。郎主可将前刘齐之地许与赵氏康王，归还重昏侯与康王生母韦氏，暂时讲和，待日后徐谋举兵。"金熙宗对完颜挞懒的提议完全没有思想准备，他只能望着自己的"仲父"。完颜斡本也感觉突如其来，并且对完颜挞懒的自作主张产生本能的反感，就问道："兀术底意思如何？"完颜挞懒说："兀术是右副元帅，须是听我底号令。"

完颜斡本说："此事莫须召兀术前来计议。"完颜讹鲁观说："兀术统兵在祁州，所系甚重。议和一事，今日便可在此商议。"完颜蒲鲁虎说："如今南有康王，北有鞑靼，皆是边患。我与谷神曾率军征讨鞑靼，虽然颇有杀获，却未见平定。天会十三年，讹里朵、挞懒、兀术用兵于江上，亦是不利。不如将刘齐之地暂归康王。待数年之后，诱南房军尽聚河南平原之地，大金便得以马军一举扫灭，可乘胜渡江，进据江南。如是胜不得，亦可与康王讲和，划河为界，永敦盟好。"

完颜斡本说："然而将重昏侯与韦氏归于康王，此又是甚说？"完颜挞懒说："教他们南归，亦是示大金和好底意思。赵氏底重昏侯与亡辽底海滨王不同，我当时在汴京，备知天佑赵氏，灭宋不祥，不如教他归去，与康王争位。日后便依蒲鲁虎所议，且看天意行事。"完颜讹鲁观说："挞懒所说甚当，可依此议。康王已是依允每岁贡银二十五两、绢二十五万匹，然而须是如刘豫，教他做臣皇帝，由大金册封。此便是不战而臣服江南，以见大金底恩德，日后或可依刘齐底旧例废立。"

完颜斡本其实对与宋的和战没有定见，他也觉得既然无法打胜，继续作战，终非了局。但是，他又十分警惕完颜挞懒和完颜蒲鲁虎，心里总是疑神疑鬼，担心他们搞什么阴谋。他想了一下，说："如今元帅府主张对宋军事，不如教兀术与挞懒同共措置。"完颜讹鲁观说："何须教兀术决议，难道今日自家们在乾元殿，便不得决议？"

完颜斡本说："兀术屡上战场，最知赵氏康王底情伪。"完颜蒲鲁虎颇为反感，说："难道挞懒反不如兀术？"他的话反而使完颜斡本更加坚持原议："兀术不到御寨，此事便不得决议。"完颜挞懒说："我已引康王底使节到御寨,岂可不决。"

完颜斡本说:"且教他们在此住数月,速召兀术到御寨议事,方是稳当。"完颜讹鲁观对自己庶兄屡次强调召完颜兀术,也产生反感,他说:"朝廷之中,有蒲鲁虎与你我,元帅府又有挞懒,难道便做不得主?"完颜蒲鲁虎更是暴躁地大吼:"今日自家们便得主张,不须叫兀术。"

完颜蒲鲁虎与完颜斡本争持不下,就在乾元殿里大吵起来,完颜蒲鲁虎拔出佩刀,竟举刀向完颜斡本进逼。金熙宗初次见到这种场面,一时竟惊呆了,说不出话,还是担任殿前都点检的契丹人萧仲恭大声喊道:"此是乾元殿,大臣议事,蒲鲁虎不得无礼!"完颜乌野就以皇族长老的身份出面调解,说:"蒲鲁虎且将刀入鞘,然后说话。"与此同时,完颜讹鲁观也上前拦住完颜蒲鲁虎,夺下佩刀,把刀重新插入鞘中。

完颜乌野说:"依我底意思,不如且命一人出使,体访康王底情伪。若是康王确有诚意,不如许和,以免刀兵不休。"到此地步,众人再无异议。完颜斡本问:"教甚人出使?"完颜乌野说:"可叫兀林答撒卢母,他曾多次出使赵宋。"

朝会结束后,金熙宗特别重赏了萧仲恭。他和自己的"仲父"商量一下,又不免找宇文虚中议事。宇文虚中其实在朝会时也已见到完颜蒲鲁虎杀气腾腾的神态,他预料到金熙宗与完颜斡本必然要找自己商议。

宇文虚中的心态是十分复杂的。他一人在书房踱步徘徊,低声自言自语说:"自家与刘豫迥异,他唯恐故国不灭,自家底妻儿尚在故国,只身飘零北方,旅情乡思,无一日暂止,唯恨身不如一只鸿雁,得以往返南北,无有拘碍。虽是郎主赏赐几个女子,岂得断绝异乡哀思。若是宋金得以和好,此是两国之幸,天下百姓之幸,然而我既是南人降臣,又岂敢随意劝谕。虏人甚是粗俗,不知礼义,然而郎主却是宛如汉家少年天子。他与自家礼意厚重,又岂得不知恩图报?可惜他是女真郎主,若是大宋官家,君臣知遇,便是千载难逢。虏人自残,势不可免,自家岂是愿介入其中,而不得自拔。然而自家底身家性命既是与郎主、斡本唇齿相依,又岂得不为他们出谋划策。"

宇文虚中得到召命,就连忙进宫,还是金熙宗、完颜斡本与他三人密议。金熙宗愤怒地说:"今日蒲鲁虎等极是猖獗,若非萧仲恭呵止,他直欲加害于仲父。"完颜斡本说："蒲鲁虎原是欲自做谙班孛堇，然后做郎主。自小郎主登位以来，他常是心怀怨恨，我每加提防。此回挞懒倡议与康王讲和，必是有阴谋。宇文国师须是为小郎主设计。"

宇文虚中感到为难，他既渴望与宋和议，却又不得不与主张和议的人为敌。他说："中原朝廷之上，群臣原是不得佩刀上殿入宫。郎主可下旨，令群臣自今以后，依中原礼节，宫殿增设护卫，蒲鲁虎便不得在殿上行凶，郎主足以安稳。"金熙宗高兴得拍手说："宇文国师煞是朕底谋主！"但他见到宇文虚中投来的谏劝目光，又马上领悟到自己的举动有失君主威仪，而停止拍手。

完颜斡本说："然而蒲鲁虎与挞懒不除，小郎主便不得安居。我教讹鲁观到御寨，本意教他助小郎主，不意他却与蒲鲁虎亲密，而与自家们兄弟疏远。如今在元帅府，兀术居挞懒之下，在御寨，又是蒲鲁虎、讹鲁观二人与自家一人为敌。"宇文虚中说："依臣计议，莫须召谷神重回御寨，与国相并力。他人难以与蒲鲁虎相抗，唯有谷神足以与他相抗。他知粘罕被蒲鲁虎所杀，亦必是怀恨在心，伺机报复。"

金熙宗说："然而谷神亦必是有异心。"宇文虚中说："此便是以毒攻毒，两害相权取其轻。"完颜斡本又问："若是召谷神到御寨，又在甚处顿放？"宇文虚中说："且教他依旧做尚书左丞相、兼侍中，教讹鲁观做领三省事。此事不得心急，且留待数月后，以免打草惊蛇。"

金熙宗和完颜斡本完全接受了宇文虚中的建议，几天之后，就下旨禁止亲王以下佩刀入宫。几个月后，又重召完颜谷神到上京，官复原职，而将完颜讹鲁观升为领三省事。完颜蒲鲁虎等人也全然没有发觉政治对手的深机。

金熙宗并不接见宋使王伦一行，只是依完颜乌野的提议，派兀林答撒卢母与王伦等人共同南行。兀林答撒卢母在宋徽宗与金结盟时，就屡次出使宋朝，当开封外城被攻破后，也曾作为副使，诱骗过宋钦宗。他原属熟女真的贱民，由完颜粘罕收归部下，一手提拔，并且将孙子完颜乙辛的乳母送他为妻。完颜粘罕的儿子真珠大王完颜设野马和宝山大王完颜斜保早死在父亲被缢杀前，由于完颜乙辛等孙子年幼，金廷既然打算遮掩缢杀完颜粘罕的事,所以还是让其孙子辈享受贵族的待遇。兀林答撒卢母当然明白事情的真相,心中愤愤不平,但此人也相当有城府,表面上不露声色,甚至避免与完颜谷神拉关系。他的内心深处,是寄希望于完颜乙辛等长大成人,为祖父报仇。

兀林答撒卢母由汉人另外为他取了一个汉名,叫赞谟,可以说得一口汉话。王伦对金朝的一些内情也略有所闻,却只能适度地打听消息,特别是找宇文虚中碰壁之后。他对兀林答撒卢母的底细也略知一二,希望与对方结好,一路上处处礼让,表示亲近。兀林答撒卢母尽管满腹怨恨,但对待宋使,却绝不透露心曲,反而保持倨傲的姿态。王伦几次试探之后,就只能放弃幻想。他们抵达泗州,王伦和高公绘就用急递上奏宋廷。王伦让高公绘陪伴兀林答撒卢母暂住,自己骑快马驰回行朝。

进入夏季以来,临安的行朝愈来愈不能平静。除了赵鼎、秦桧和刘大中三名宰执和少数廷臣之外,多数廷臣对与金屈辱求和都持强烈反对态度,他们利用轮对的机会,纷纷向皇帝进言谏劝。宋高宗与他们进行政策辩论时,往往被他们驳得理屈词穷,只能凭藉君主的专制淫威,对他们发脾气,把他们轰下殿去。

转眼已到五月下旬,宋高宗怒气冲冲地临时召见三名宰执。原来在刚才进行轮对时,一批臣僚抬出了儒家经典《礼记·曲礼》中"父母之雠不与共戴天,兄弟之雠不反兵"的话,给他造成了很大的舆论压力。赵鼎、秦桧和刘大中上殿,见到宋高宗满面红涨,露出少见的恼羞成怒的表情,在暑热的天气中不断流汗,两名小宦官使劲地为皇帝扇风驱热,就已明白了大概。

三名宰执行礼后,宋高宗只是气呼呼地说了"少礼"二字,就不说话。赵鼎想了一下,就用温和的口吻说:"臣常在都堂听众臣言语,他们以为,陛下与虏人有不共戴天之仇,岂得言和。屈体请和,虽非美事,然而陛下圣孝,只是为太上皇、皇后底梓宫与母兄回归。群臣言语愤懑,亦是出于爱君,陛下不必怪罪,须是教他们体悉陛下底孝思,必能相谅。臣以为如得梓宫与太后、渊圣、天眷今日归来,明日与虏人渝盟,便是胜算。"赵鼎的一番话,无非是为皇帝找一个下台阶的藉口

秦桧望见宋高宗的怒容和愁颜稍开,心里不免暗自好笑:"赵鼎此语

岂得契合主上底意思,难道梓宫等归不得,主上便不愿和?"自从他当右相以来,就天天盘算着如何才能赶赵鼎下台,尽管在表面上依然对赵鼎保持某种程度的卑屈姿态。他想了一下,决定让皇帝进一步认识到自己与赵鼎的差异,就说:"陛下不惮屈己,与虏人讲和,是人君底圣孝;群臣见官家卑屈,愤愤不平,亦是臣子底忠心。然而成事只在陛下圣断,亦由不得群臣底纷纭。臣愚以为,唯有陛下乾纲独运,孝思通天,和议底事便断在必成。"处在秦桧目前的地位,他不敢公然谴责群臣,只能一方面跟随赵鼎一唱一和,另一方面却又强调皇帝乾纲独运,要皇帝相信自己对和谈的坚定。宋高宗嘴上没说什么,却对他投以一瞥赞许的目光。赵鼎没有听出秦桧言语的深机,而秦桧却对皇帝的眼色十分敏感。

　　刘大中正想开口,而张去为入殿,向宋高宗进呈王伦和高公绘的急奏。宋高宗见到此奏,顿时笑逐颜开,说:"撒卢母孛堇原是太上皇与虏人海上之盟底故人,如今虏主命他出使,便是示许和底意思。"说完,就命令宦官把奏文递给三个大臣。他不等众人议论,就说:"既是虏使到此,须是命接伴使、副,命他们与虏使速来行在,然后众卿与撒卢母共议大事。卿等可奏举接伴使、副。"

　　秦桧有意抢在赵鼎之前发言:"臣愚以为吏部员外郎范同思虑敏捷,颇有应变口辩之才,又能深体陛下底圣意,不诡随群臣异论,足当此任。"宋高宗望着赵鼎和刘大中,说:"卿等以为如何?"赵鼎和刘大中没有异议,只是刘大中又举荐刘光世的弟弟刘光远作为武官接伴副使。宋高宗说:"方今和议是宗社第一大计,接伴使、副责任非轻,可即刻召二人上殿,朕须面授旨意,然后即日启程。"

　　秦桧退殿回府后不久,有仆夫禀报说:"今有吏部范员外求见相公。"秦桧听后,脸上露出一丝轻蔑的微笑,说:"择善是老夫底同窗,理当出迎。"

　　原来范同字择善,与秦桧同乡兼同窗,又是同榜进士。秦桧在年轻时,曾在建康府学读书,喜欢做一些偷鸡摸狗、寻花问柳的勾当,同学们往往瞧不起他,并且给他起一个绰号,叫秦长脚。范同倒是个学业最优者,又非常自负。一天,一个相面道士来到学校,他见到同屋八个学生,突然惊呼:"异事!异事!八坐贵人竟在同屋,且有两府多人。"当时称两府者,主要是指宰执大臣,是地位最高的官员。其他七人听说后,都为自己的锦绣前程感到高兴,纷纷向这个道士赠送铜钱,只有年纪最小的范同感觉不快,他用手指着比自己大七岁的秦桧,用轻蔑的语气对道士说:"这厮长脚汉也会做两府?"这个道士说:"秀才,海水不可斗量。"

没有料想到,二十八年后,秦桧再相,官居正一品,而范同还只是正七品的员外郎。范同决定伏低做小,主动拜谒秦桧。秦桧有意让王癸癸一同会见,与对方叙同窗之谊。秦桧对范同以表字相称,而范同则称秦桧"相公"。在酒席宴饮时,秦桧突然用揶揄的口吻说:"择善,你可忆得,自家们同在建康府学,有一相面道士底言语,如今官居两府,尚只有老夫一人。"范同乘机离席下跪,说:"下官愚昧无知,当年有目无珠,冒犯秦相公,乞秦相公做一床锦被遮盖。"秦桧连忙将他扶起,说:"择善,自家们是同窗,老夫岂得忘昔日情谊。"范同又说了许多献媚的言语,秦桧只是报以微笑,直到临别时,秦桧还亲自把范同送出府门,握着对方的手,说:"择善,自家们既有同窗之谊,老夫自当留心关照。"范同千恩万谢,与秦桧话别。

秦桧吸取当年的罢相教训,自从当枢密使后,一直不敢与朝官们结党,直到升任右相以后,才开始培植党羽,而范同是他看中的第一人。回屋以后,王癸癸开始发表评论说:"范同此人,直是官场底一只饿狗!"秦桧笑着说:"国夫人所见极是,唯有小人,便是能屈能伸,当年可趾高气扬,今日亦可卑躬屈节。此人煞是心高气傲,而又诡计多端,亦是不甘居人之下,老夫不得不用,亦不得不防。"

现在秦桧明白,范同上殿受旨以后,本应与刘光时立即启程,他偏要在临行之前,急于前来拜谒,必有缘故。秦桧把范同接到屋里,分宾主坐定,范同不等上茶,就离座向秦桧叩头,说:"下官委是万分感戴秦相公提携之恩。"其实,宋高宗并没有向范同说过,此次充接伴使是秦桧举荐,但范同已经猜到,举荐人必定是秦桧。秦桧笑着把范同扶起,说:"择善才高八斗,此回做接伴,干系甚重,又恰似锥之处囊,唯是深体主上底圣意,必可好自为之。"范同说:"下官自知愚鲁,此回来意,便是恭听秦相公面授机宜。"秦桧知道对方也是假意客套,就笑着说:"择善应变之才,绰有余裕,何须老夫面授机宜。择善唯须深体主上欲和不欲战底圣断,不惮屈己,卑辞厚礼,便是使事必成,日后迁擢有望。"范同又起立躬身作揖,说:"秦相公片言决迟疑,足供下官奉使之用。王命在身,不敢久留,就此告退。"秦桧面带微笑,把他送出府门。范同千恩万谢,然后上马而别。秦桧回到书房,只是冷笑。他低声自言自语:"此人口有蜜,腹有剑,然而又岂得教他跳出老夫底掌心。"

范同一行昼夜兼程,赶到泗州,先见到地方官和高公绘,高公绘代表众人向范同诉苦:"虏使在敌境,尚自和易,自到泗州,便傲慢自肆,恣意轻侮本朝官员,肆无忌惮。撒卢母言道,大国之卿当小国之君,教自家们逐日行臣礼,又百般须索供给,为他打造金酒器,自家们逐日伏侍,稍不合意,便加呵斥,委是苦不堪言。"范同笑着说:"自家们是臣子,须是深体圣上底英断,唯有一切隐忍,万不可怠慢虏使,破坏圣上底大计。"

范同和刘光远稍事休息,就命令随从吏胥到兀林答撒卢母暂住的馆舍通报,求见金使,吏胥回来报告说:"撒卢母孛堇拒见范、刘二官人。"范同笑了一下,说:"可持黄金五百两,再去。"吏胥又回来报告说:"撒卢母孛堇受了黄金,却是依然拒见。"范同笑着说:"撒卢母孛堇若是不见接伴使、副,难道便径自返回虏廷。"

他吩咐随从:"取主上所赐珍品来。"于是吏胥们取出了三套宋高宗特别准备的礼品。第一套是福建所产的二十匹木绵布。本书第一卷早已交待,宋代尚不用"棉"字,棉花称木绵,视为稀珍。第二套是建州北苑所产小龙凤贡茶二十饼,共计二斤,分别装在两个十分精致的竹笼里。第三套是两只珍珠结扎的马,光彩夺目。原来范同在上殿面对时,就预先请求宋高宗赐黄金五百两和以上三套备用礼品。

这次是范同和刘光远亲自押送礼品,来到馆舍,他们仍是命令吏胥先携礼品进入。不一会儿,金朝的随从出来,高声喊道:"撒卢母孛堇叫江南康王底接伴使、副入见。"范同和刘光远对金方不称己方的国号和皇帝,早有思想准备,他们只是随金朝的随从进入屋里,只见一名金朝官员,头戴三梁冠,双辫垂肩,身穿窄袖、盘领、左衽白纱袍,其上有鹘捕鹅的图案,腰系吐鹘金束带,在一把交椅上面南端坐,神情严肃。两旁的六名随从见宋使进屋,就齐声喝道:"小国之使,见大国之臣须行跪拜礼!"

范同早有思想准备,他马上向兀林答撒卢母跪下,刘光远稍有犹豫,也跟着正使下跪,范同和刘光远向金使叩头,说:"江南接伴使范同、副使刘光远拜见大金国撒卢母孛堇。"兀林答撒卢母脸上露出了一丝满意的微笑,吩咐说:"少礼!赐座!"于是两名金朝的随从就搬过两把交椅,分置兀林答撒卢母座位前的东和西,两名宋使才谦卑地就座。

翌日,兀林答撒卢母由两名宋使为前导,开始南下临安。一路之上,尽管范同卑躬屈节,千方百计讨好对方,尽可能地满足对方的各种无理要求和需索,而兀林答撒卢母却始终对宋人保持了一种傲慢和轻侮的势态。

[贰壹]
宰执廷争泪水妙用

六月盛暑,围绕着接待金使,宋高宗和三名宰执几乎停顿了其他国务,全力准备兀林答撒卢母的到来。范同按宋高宗的旨意,每天都发一份奏疏,另外又给宰执发一份内容相同的申省状。宋高宗和三名宰执也是每天都要首先讨论一次对金和谈事宜。秦桧还是明白自己尚处右相的地位,在大多数场合,让赵鼎充主角,自己当配角,不做僭越的事。但在另一方面,他又处处留心,暗自挑剔赵鼎有何失误,或是皇帝对赵鼎的不满意处,以便在适当时机,对赵鼎下手。

枢密副使王庶赶在金使之前回到了临安城。他刚回到所租的民房,还来不及饮茶定神,就有吏胥禀报:"今有胡编修求见王枢相。"王庶听说胡铨前来,兴奋地说:"邦衡必是有紧切事宜,我当速去迎接。"人以群分,物以类聚,王庶入朝以来,第一个与他成为深交的就是胡铨。两人在枢密院共事,虽然处于尊卑有别的官位,却互相以表字称呼。

王庶亲切地把胡铨迎入屋里,坐定,有吏胥递上湿手巾。胡铨一面用湿手巾拭汗,一面不等茶水,就迫不及待介绍在王庶离开期间的行朝近况,他激愤地说:"行在底舆论物情,皆以卑屈事仇为耻,群臣轮对,亦是反复剀切陈词。然而官家主和,不可动摇,兼之以三个宰执附会和议,如今虏使已到平江府,不日便至行在。朝廷命吏部魏侍郎充馆伴使,魏侍郎到都堂力持异议,拒不充使,右相秦桧言道:'你唯是以智料敌,我便是以诚待敌。'"他所说的魏侍郎,是指魏矼。听到这里,王庶也愤怒地拍案而起,说:"只如此说,又岂能用他做右相!"

胡铨说:"下官亦与众臣议论,赵相公与刘参政尚是首鼠两端,唯有秦桧,降虏之意坚定不移。左正言辛起季言道:'秦桧此人阴鸷,若是他得主上宠信,天下底端人正士必无容足之地。既是绍兴二年罢相时诏示天下,终不复用,如何可再相?'他为此上奏,弹劾秦桧,说他妻党诸多不法,岳父王仲山与其兄又曾降敌,秦桧皆是容私营救,置朝廷纪纲于不顾。不料主上竟将辛起季罢官外任,而秦桧依然傲居相位,奈何他不得。"他是依古代习俗,避免用辛次膺的名讳,而使用其表字起季。

王庶听后,只是长吁一声,并不答话,胡铨又说:"若是建炎时维扬之变,航海避敌,不得已而与仇虏求和,犹有可说。如今军声已振,国势粗安,正宜乘机进讨,而主上急于卑屈事仇,令人不解。或以为如今诸大将已成尾大不掉之势,主上急于解诸大将兵柄,故执意求和。"

王庶说:"主上决断,煞是令人不解。当今诸大将,主上第一便是猜忌岳鹏举,然而岳鹏举忠义,下官愿以全家性命保奏,他必无异志。大抵主上自身登大宝,便无日无时不思与仇虏讲和。建炎时重用黄潜善、汪伯彦,而排斥宗汝霖,贬责李伯纪,便见得主上之旨。建炎时,虏人以武力自恃,不愿言和,主上屡次遣使,百般哀恳无效,不得已而用兵。如今虏人武力不振,愿意媾和,便是正中下怀。下官亦是左思右想,委是无计可施,只得在沿途上奏,明知无以挽回主上底旨意,唯是明自家底心迹而已。"王庶说着,语气也愈来愈沉重。

两人在沉闷的心态下只是呷茶,沉闷的暑热天气,更加重了屋里沉闷的气氛。经过颇久的沉默后,胡铨终于开口:"子尚以为,日后时势当如何?"王庶叹息说:"下官以为,便是订立盟约,虏人日后亦必是败盟,他日尚有用兵兴复之机。下官自入枢府之后,便一意整军经武,欲为他日兴复之用。然而思忖多时,便是下官暂且暗默自保,不置可否,亦难以久居其位。赵相公尚能相容,秦桧决不能容。与其受天下底讥骂,说下官唯知卖谄于宰相,素餐尸禄,不如理直气壮,奋力一争。此心此志,邦衡亦不须与外人言。"

胡铨说:"然则他时又怎生行兴复大计?"王庶苦笑着说:"常言道,天命不可违,此乃天数。若是天佑大宋,岳鹏举他时尚得成恢复之功;若是天不佑大宋,便是保有东南,亦须世世与不共戴天之仇称臣纳贡,必至于陵夷败亡而后已。"说到最后,王庶不由得滴下了两串泪珠。胡铨也感奋地说:"事已至此,自家们唯有同心同德,不计成败利钝,而恪尽臣职!"

金使兀林答撒卢母在范同等人的陪伴下,沿途作威作福,终于抵达临安城。宋廷早已为他准备了豪华的馆舍。到此为止,范同总算是不负皇帝的重托,完成了接伴使的任务。由于魏矼不肯充馆伴使,宋廷最后还是任命王伦充馆伴使。在宋高宗君臣看来,王伦算是出使最多,最长于同金人打交道的一人。不料金使到达的第三天,王伦带着一脸尴尬和沮丧的神色,来到都堂。

赵鼎和刘大中正在都堂上对饮,专门等待着王伦的汇报。王伦行参见礼毕,就坐下感叹说:"下官与虏人交涉颇久,亦曾与撒卢母有数面之交,不意他骄倨如此。下官虽是唇焦舌敝,撒卢母仍是必欲教相公们去馆舍议事。"赵鼎说:"自家们身为大宋宰辅,岂有到馆舍议事之理,万万不得依他,开此先例。你可去传老拙底言语与撒卢母,若是必欲在馆舍,便无相见之机,教他三思,万事不得过甚。"

刘大中说:"下官以为,若是金使便因此北归,岂不有违主上底圣意?"赵鼎说:"老拙料得,撒卢母此回既是到此,万无不议事之理,他若是归去,又如何拜见得虏主?与虏人议和,或有可依底事节,或有不可依底事理,岂得事事依允于他!"

王伦又只能带着赵鼎的旨意,再去金使馆舍。兀林答撒卢母的本意,不过是在宋人面前尽可能地摆大国架子,如今了解到宋方的底牌,也就在王伦的反复劝说下,慢慢地收起原先的要求,同意到政事堂会商。

金使按约定的日期前来都堂。这是盛夏一个异常闷热难熬的日子,骄阳似火,兀林答撒卢母骑一匹黑马,由王伦骑马为前导,两旁是两行宋军担任护卫,又有一名吏胥为兀林答撒卢母撑伞遮阳,大摇大摆地来到都堂。宋朝四名宰执早已在那里等候。王庶内心是一万个不情愿,但迫于圣旨,也只能气呼呼地坐着,他只是听着赵鼎、秦桧和刘大中三人随便谈话,自己一语不发。另有四名吏胥执扇,为四名宰执不断扇风。

当吏胥进入禀报后,秦桧起身说:"既是金使依约前来,自家们莫须出迎。"赵鼎说:"撒卢母孛堇又非大金高官,不须出迎。"刘大中听了秦桧的话,本已站立起来,现在又依赵鼎的话,重新坐下。秦桧却说:"你们不去出迎,下官自须深体圣意。"就径自出门迎接。秦桧出门时,兀林答撒卢母正好下马,秦桧一直随从完颜挞懒,与他并不相识,由王伦居中介绍后,秦桧抢先向对方长揖,说:"久闻撒卢母孛堇大名,今日幸会。"兀林答撒卢母并不还礼,只是客气地说:"下官亦是久闻秦相公底贤名。"

秦桧引领兀林答撒卢母进入堂中,赵鼎和刘大中则是在门口相见,唯有王庶坐在堂内的交椅上不动,也不朝对方看一眼。兀林答撒卢母并不与宋朝宰执们行礼,他见到堂上摆列八字形的六把交椅,只有王庶先坐在东面的最后一座,就打算抢占东面的第一把交椅。赵鼎还是比兀林答撒卢母更快,先占了头座。秦桧就让对方坐西面的第一把交椅,自己和王伦依次在西面就座。秦桧今天故作姿态,不追随赵鼎亦步亦趋,是因为宋高宗今天特命宦官张去为假扮吏胥,在现场观察,以便让张去为事后据实禀报,讨得皇帝的欢心。六名吏胥接着上前,为占座位的六人扇风。

兀林答撒卢母没有抢坐到头把交椅,满心不悦,他只是摆出骄横的神态,等对方开口。宋方当然还是赵鼎首先开口,他略带微笑,用温和的语调说:"大宋与大金曾有海上底欢盟,如今天意颇厌兵祸连结,教两国言归于好,此是天下苍生之福。此回撒卢母孛堇奉使前来,老夫唯愿与孛堇推诚相见,共商永结盟好底大计。"

兀林答撒卢母说:"大金皇帝推仁爱之恩,俞允江南存留自家底祭祀。然而江南君臣亦须知恩,知以小事大底礼节,然后方得共商和议底事节。"秦桧连忙应答说:"敝国君臣委是知大金皇帝底恩意,愿尽以小事大之礼,故圣上特命自家们议和。"

赵鼎望了秦桧一眼,稍示不满,就接着说:"大宋皇帝愿遵守靖康誓书,与大金划河为界,许岁币银、绢五十万匹、两,便见得诚心议和。然大金亦须以诚待诚,方得成此盟约。"兀林答撒卢母说:"以小事大,便须称臣纳贡,岂得以岁币相称,须是称岁贡,然后方得计议归还康王眷属底事。"

赵鼎忍不住问道:"然而河南底地界如何?"兀林答撒卢母厉声说:"地不可求,须是康王称臣纳贡之后,大金皇帝册封他为宋帝,然后河南之地或可恩赐与康王。"王庶到此实在忍无可忍,他正想发作,却被坐在身旁的刘大中及时按住,用眼色制止。

赵鼎心平气和地说:"自家们底皇帝坐江山,是继承祖宗基业,受万姓拥戴。如今即位已有十二年,四次郊见昊天上帝,君臣上下名分已定,不烦大金行封册礼数。"他并没有对称臣的事公开拒绝,是因为宋高宗与他们商议时,已经强调自己"不惮称臣"。赵鼎只是想避免屈辱的封册典礼而已。

秦桧说:"圣上决计议和,坚定不移。议和底诸项事节,自可从容计议。"他的言语当然是旨在改变赵鼎的主张,为封册典礼留下讨论余地。接着,秦桧又主动与兀林答撒卢母攀谈,说一些无关紧要的话,以求缓和谈判气氛。

兀林答撒卢母与秦桧随便说了几句,就有意显出不耐烦的神情,他起身大声说:"上国皇帝本无遣使底圣意,只为江南王伦等百般恳告,方命自家前来。若是江南遵依大金所定诸项事节,自可和议成就,定君臣之分。若是江南不愿遵依,又何须议和,徒费唇舌。"说完,就挺胸凸肚,大步走出堂外。唯有秦桧和王伦紧随他走出堂外。

王庶愤愤不平,对赵鼎说:"赵相公,今日岂非自取其辱!"处事沉稳的赵鼎也不免面露惭色,无话可说,刘大中却在旁圆场,说:"自家们亦唯是秉承圣意,仰体孝思。"

张去为向宰执们告退回宫,他早就通过王继先的暗线,与秦桧勾结。他奏报宋高宗,其实已不需要添油加醋。宋高宗听后,不免说一句:"唯有秦桧最是深体朕旨。"张去为当然在此后又把这句"玉音",通过王继先传达给了秦桧。

宋高宗马上召集四名宰执,另加王伦面对。他用略带不满的神情和口吻说:"此回众卿与虏使在都堂议事,未能决定,不惬朕旨。朕须躬自召见虏使,以决和议。"赵鼎说:"虏使入见,恐语及太上皇、皇后梓宫底事。切望陛下少抑圣情,不须哀恸。"宋高宗问:"卿是甚底意思?"赵鼎说:"虏使此回不为吊祭而来,陛下亦不须屈己过甚。"

王庶到此实在忍不住了,他满怀义愤地说:"闻得撒卢母在政和、宣和与靖康时,屡到东京。二圣北狩,此贼罪不可恕。如今遣使前来,便是千刀万剐,亦不足快陛下无穷底冤痛。然而大臣们温颜承顺,陛下又欲加以礼意,臣委是百思不得其解。难道陛下抱负与先帝永诀之痛,便欲与不共戴天之仇称臣纳贡,而不思报复?"这一番言语,说得宋高宗一时张口结舌,面露尴尬之色。

王庶又激动地说:"依臣愚所见,愿为陛下陈上、中、下三策。上策可拘囚虏使,发大兵征讨,鼓哀兵必胜之气,诸大将以为,战可必胜。中策则愿陛下念此仇不共戴天,不与虏使相见,一切命大臣随事应酬,然后举兵。下策则姑示怯弱,待他出界,便以精兵随后,攻其不备。"王庶这一番义正辞严的责词和建议,一时使众人哑口无言。

不料秦桧突然高声说:"国家大计,自有天子圣断,王庶不得无人臣之礼!"王庶正准备以言语回敬,宋高宗又以最严厉的声调说:"王卿不须哓舌,宗社大计,难道不容朕躬自处分!"王庶迫于古代的君臣名分,只能缄口不言了。宋高宗又以同样的口吻对王伦说:"卿可回馆舍,与虏使议定入见之礼!"王伦说:"臣恭领圣旨!"宋高宗再以同样的口吻对众人说:"今日议事已毕,众卿可退殿!"于是赵鼎和刘大中也只能灰溜溜地下殿。宋高宗只是对下殿的秦桧投以赞赏的一瞥。

两天之后,兀林答撒卢母由王伦引领,来到丽正门,然后下马升殿。宋高宗坐在御榻上,后面有宦官打扇,两旁是赵鼎、秦桧、刘大中和武将杨沂中,由于王庶的坚决要求,这次不参加召见。经过王伦和兀林答撒卢母的协商,还是沿用上次李永寿和王翊登殿的礼仪。兀林答撒卢母向宋高宗先行女真跪礼,宋高宗接着起立,互相寒暄几句。

当正式进入讨论时,谁也没有料想到,宋高宗竟是未曾开言泪先流,他一面举袖拭泪,一面说:"撒卢母孛堇是太上皇海上之盟时底旧人,如今太上皇、皇后底梓宫荷上国照管,朕极是感恩,不知太后与渊圣皇帝身体安否?"说完,又是泪如涌泉。宋高宗的言语举止,完全出乎众人的预料,兀林答撒卢母也毫无精神准备,他只能用较温和的口气说:"大金皇帝深仁厚泽,赵氏旧少主等安然无恙。自家是二十年前底通使旧人,无以回报,唯望和议早成。"他在这种场合,也避免使用重昏侯等侮辱性的称呼,而改用"赵氏旧少主"。

宋高宗仍然用哭调说:"朕无日不思念太后、渊圣皇帝与众兄弟姐妹,唯求他们速归。然而河南之地,是朕宗庙、陵寝底所在,切望上国留意。除此之外,朕愿遵依上国旨意。"他避免直接说封册、称臣、纳贡等项,却用"遵依"两字,包括了对方的其他要求。兀林答撒卢母不曾料到,对方竟如此爽快地应允自己提出的苛刻条款,但自己却还是无权依允宋高宗的要求,就说:"既是恁地,便请遣使,随自家北行,到大金上京,方得定议。"

宋高宗巧妙地用泪水表演虚伪的孝悌之道,遮盖屈辱苟安之志,使在场的赵鼎、秦桧和刘大中都深深地服膺其出色演技。赵鼎心里不免叹息:"官家竟俞允封册等事,受辱过甚!"秦桧心里暗自得意:"不料官家底眼泪竟有如此妙用,可望和议必成。"

兀林答撒卢母很快离开临安,而宋廷还是派遣王伦随他北上,继续与金朝谈判。

[贰贰]
三大将朝见

自从王庶离开鄂州以后,岳飞怀着沉重和抑郁的心情度过了夏季。但他也不忘王庶的劝说,只能一心一意地训练军队,以备他日的用兵。转眼又到凉快的秋天,一天夜里,岳飞突然做了一个可怖的噩梦,半夜惊醒后,流汗遍体,却不敢打扰睡梦中的李娃,只是反复品味着这场噩梦。他心里自言自语说:"难道我忠心为国,却是须入大理寺狱,得受尽酷刑底下场。"岳飞也已在官场多年,他对自己与皇帝在和战大计上的分歧,特别是近两年间皇帝对自己的猜忌,绝非懵无所知。但是做了这么一个怪梦,特别是古人重视梦境的迷信心理,不能不使他有诸多的联想:"自家再三表明心志,日后愿功成身退,难道官家无所动心。"他反复思考,只见窗纸已经发亮,终于在烦乱的思绪中理出一个头绪:"不如上奏引退,到庐山做一介耕夫,以遂今岁不用兵,便纳节请闲底明誓。若是他时用兵,或可王贵与张宪代统大军,成就恢复大功,或可自家再行统兵。"但想到这里,他又想起王庶的劝说:"切恐官家尚是不允自家退闲,煞是进退两难,身在官场不自由!然而辞职奏仍须进呈,亦可教官家知得,自家绝非是贪恋兵柄之人。"

岳飞想完以后,就与李娃同时起床,但不愿意把昨夜的噩梦告诉妻子,以免增加爱妻的精神负担。他只是照常用过早饭,就径自到书房,开始独自起草辞职奏。他举起毛笔,想到自己身为十万大军的统帅,竟不能履践背刺"尽忠报国"的誓言,不免在纸上落下了几滴英雄泪。

于鹏进入书房,岳飞不让他唱喏,就亲切地拉他坐下。于鹏问:"岳相公做甚事?"岳飞说:"下官既有不举兵,便纳节请闲底誓言,须是上辞职奏。"于鹏说:"今有左正言辛起季因反对和议,弹奏右相不成,罢官外任荆湖南路提点刑狱,途经鄂州,岳相公莫须一见。"岳飞听说来客姓辛,马上联想起昨夜梦中有"辛中丞奉旨推勘"的话,就说:"既是辛提刑反对和议,下官岂得不予礼遇。"

辛次膺在于鹏的陪伴下,来到宣抚司,岳飞亲自在大门迎接,然后把来客请到书房,却是与他单独谈话。这是两人的初次见面,辛次膺对岳飞有几分好感,就开始详述朝廷的情况,特别介绍了秦桧的各种劣迹,他还是重复早已说过的话:"若是此人得君王宠信,端人正士必无容足之地。"

岳飞早就听到过人们对秦桧的议论,通过这次介绍,又进一步认识到秦桧的危险性。不知怎么,他又自然而然把秦桧与昨夜的梦境联系起来,心想:"赵相公虽是只求苟安,尚有容人之量。唯有秦桧,疑是虏人底细作,阴鸷狠毒,自家他日若果是入狱,必是遭他底毒手。"他想了一下,就起身走到书房中一个十分精致的书橱边,把其中珍藏的数百纸宋高宗御札取出,放置在书桌上,请辛次膺观览。

辛次膺见到那么多皇帝的手笔,不禁赞叹说:"此足见主上眷遇之渥,委寄之重!"岳飞感叹说:"下官每念主上底隆恩,唯是思报效于疆场,为国家复仇雪耻,然后身归田里,做一个歌咏太平底散民。然而如今却是欲效力而不可得,故下官决意上奏,辞免兵柄。"他接着又详述了昨夜奇怪的噩梦,最后说:"下官梦见狱吏言道:'辛中丞奉旨推勘。'便惕然惊寤。莫非他日秦桧陷害,须是辛提刑力辨冤屈,方得明自家底心迹?"

辛次膺自然也多少知道皇帝如今对岳飞的猜忌,就说:"岳相公身为大将,保身之道亦不可不知。便如唐朝底郭子仪,晚节虽是韬光养晦,然而紧要时,尚是单骑见回纥,力挽唐朝国运。岳相公须知,国朝宽仁为本,太祖官家早有誓约,不杀大臣。岳相公官居太尉、宣抚使,实与二府平列,便是秦桧日后陷害,官家亦当恪守太祖官家底誓约,必是无事。"岳飞不由感慨说:"常言道,死生有命,富贵在天。人生终有一死,若是得长驱燕北,裹尸马革,又有何憾。下官所忧,唯是不死于仇虏,而死于朝廷,便成千古遗恨!"辛次膺也颇受震动和感动,说:"下官久闻岳相公底贤名,今日方知岳相公底大节孤忠!若是日后有难,下官自当效力。"

辛次膺很快离开鄂州,前往荆湖南路赴任。岳飞三次上辞职奏,宋高宗不予理睬,到八月初八,岳飞接到了枢密院递发札子,说奉圣旨,命令韩世忠、张俊、岳飞三大将量带亲兵,前赴行在奏事。岳飞只能从鄂州启程,他一面行进,一面上奏,再三恳请致仕,屏迹山林,但朝廷的回札,只是说皇帝不允,不得再有陈请,令岳飞疾速赶路。岳飞延挨到九月上旬,终于来到临安。韩世忠和张俊已经早到了两天。

岳飞此行,只带了于鹏和孙革两名幕僚。自从薛弼和李若虚离军后,岳飞曾辟奏于鹏任参谋官,孙革任参议官,但宋高宗不予允准,只是命朝廷回札说,待日后由朝廷另命。岳飞一行刚到馆舍,首先前来拜访的当然是李若虚,第二个则是胡铨,他们详细介绍了朝廷的近况,胡铨又特别介绍了王庶在宰执中的孤立处境。岳飞只是紧锁宽阔的眉宇,仔细倾听,而不发一言。

于鹏问道:"此回朝廷教三个统大军底相公到此,不知有甚事宜?"李若虚无言以对,胡铨说:"王枢相自感孤立,曾建议朝廷与诸大将当互通声气。然而官家与赵相公召岳相公等前来,亦不知有甚机宜?"

正说话间,有宦官黄彦节前来,对岳飞传宣抚问,并且传达圣旨,宋高宗定于两天后,召三大将面对。黄彦节恪守宫廷规矩,对岳飞从来不议朝政,但今天却显出异样的表情,口欲言而嗫嚅,岳飞忍不住说:"黄阁长有甚事,直道来。"黄彦节才勉强说了一句:"岳相公久负忠名,当此议论纷纭之际,切望岳相公以直道事主。"岳飞向他颔首致意,却又无可奈何地长吁一声,就不再说话。

按照惯例,赵鼎等四名宰执还是在政事堂设夜宴,招待三大将。堂上摆了七张食桌,赵鼎的座位居中面南,东面依次是秦桧、韩世忠和张俊,西面依次是刘大中、王庶和岳飞。王庶本来与岳飞最亲热,但两人今天都表情严肃,沉默寡言。张俊对岳飞显得冷淡,而对王庶却是有意亲近。秦桧对三大将则是礼貌性的酬酢,不冷不热。席间多半是赵鼎和韩世忠的随便寒暄。

韩世忠一盏酒下肚,就习惯性地吐了吐舌头,问道:"赵相公,此回召自家们前来,朝廷有甚计议?"赵鼎用平和的音调说:"你们是国之干城,圣上甚是倚重。如今欲决和议大计,亦须与你们熟议。"韩世忠说:"虏人是仇敌,岂得与他们和议。"赵鼎说:"然而自家们是臣子,须是体念君父底孝道。不与虏人和议,太上皇、皇后底梓宫,皇太后、渊圣与众天眷又如何南归?"

韩世忠说:"然而虏人底和议条件,教主上称臣纳贡,自家们做臣子底,亦不得教君父恁地屈辱。"赵鼎说:"此是主上圣断,做臣子底自当仰体圣意。"他说完,就把目光转向张俊和岳飞,张俊说:"圣上孝心,深谋远虑,下官唯当遵依圣旨。"岳飞却不说话。

秦桧问:"岳太尉另有甚说?"他的问话当然带有挑衅性的,其实是明知故问,岳飞到此也不得不说:"下官是武将,少读诗书,少识道理。然而下官闻得李相公退闲长乐,心存魏阙,赋诗言道:'回头睇中原,郡国半沙漠。犬羊污宫殿,蛇豕穴城郭。畴能挽天河,一洗氛祲恶。'又闻得李相公上奏言道,朝廷不能自治自强,唯是偷安朝夕,无久远之计,此便是群臣误官家。与其事不共戴天之雠,仰愧宗庙,俯失士民之心,不如翻然改图。众相公自视甚高,不在人下,不知尚有李相公之心之志否?不知众廷臣底忠言,尚得感动众相公一、二否?"岳飞的音调愈来愈高,郁结了过久的悲愤,不可抑勒地迸发出来,他的双目也闪着泪光。

王庶也忍不住激愤地说:"赵相公从来自视甚高,曾以中兴名相自勉。如今却是只图偏安一隅,出此下策,岂不上负君父,下愧万民!"沉稳的赵鼎也面带愠色,说:"老拙在位一日,便一日不做张德远不量己力底事!"

韩世忠说:"如今大宋底军力已非靖康、建炎时可比,若是举兵决战,岂得负于仇敌。"王庶说:"便是建炎时,粘罕虽是气焰甚盛,兵势甚炽,宗留守亦敢以东京留守司军独挫强虏。如今虏军败于缩头湖,败于和尚原、败于仙人关,败于襄汉,败于淮南,赵相公又何须长仇虏底威风,灭王师底锐志。"

赵鼎一时无言以对。依秦桧的奸猾,在此种场合,他决不同别人展开辩论。刘大中却不能不出面为赵鼎说话:"你们亦须体恤赵相公谋国底苦心!"岳飞听王庶提到宗泽,不由激起更加冲动的感情,他说:"下官当年便在宗留守麾下,备见他底大忠、大义、大智、大勇。他本不知兵,却是在国难当头时,以七旬高龄,毅然力挽狂澜,大挫强敌。如今国势与军威已振,难道赵相公便不愿效学宗留守,身膺光复旧物底重任?"

刘大中说:"岳太尉曾在江南西路与赵相公共事,赵相公又曾保奏岳太尉统军复襄汉,他人不知赵相公底忠荩,难道岳太尉不知?如今国论汹汹,赵相公须仰体圣上无穷底孝思,又不欲沮海内忠臣义士底敌忾,求济国事,岂不甚难?"岳飞痛心地说:"当年赵相公亦煞是有锐志,然而如今却是唯求安靖不生事。难道安靖便得洗刷奇耻深痛?大宋受辱已甚,岂得教官家再受称臣之辱?两河遗民剃头辫发已是十二年,难道教他们世世子孙沦于胡尘,赵相公便是甘心?"他说完,竟落下几滴清泪。

沉闷的宴会散席后,秦桧有意找着张俊说:"张太尉何以不发高论?"张俊微笑说:"和战本是官家与宰执大臣决断,下官身为武将,何须议论。"秦桧也报以微笑,说:"难得张太尉深知祖宗家法,深识朝廷事体。"从此以后,秦桧对东南的三大将就有了更加明确的轩轾。

岳飞回到馆舍,心里更加郁闷,只是向于鹏和孙革简单地说了宴会的情况。孙革建议说:"自家们到此亦无事,不如明日去游西湖,稍抒心胸。"岳飞只是用眼神表示同意。

次日清晨,岳飞等三人正准备动身出城,不料韩世忠竟主动前来,他友善地握住岳飞的手,说:"岳五,自家们不如今日同游西湖。"岳飞说:"下官亦是此意。"于是大家骑马出清波门,韩世忠已经预备了一艘画舫,众人到湖边下马,正要登船,不料李若虚随后追来,他的身后,又追随着一顶竹轿,四名轿夫累得满头大汗,气喘吁吁。坐在轿中的,正是五十六岁的易安居士李清照。

原来李清照在婺州住了一段时日,又迁居到临安。然而宋高宗今年把行在自建康后撤临安后,却给她带来了新的麻烦。医官王继先还是念念不忘她家残存的收藏。如今王继先的地位已非建炎时可比,他只是派遣干仆,找到李清照家,仅放下五十两黄金,宣布限期三天,就要全部强买。

李清照走投无路,听说岳飞到行朝,就想起了当年与李娃的一段情谊,决定亲自找岳飞求援。她首先通过弟弟李迒,找着李若虚,由李若虚陪她去馆舍,听说岳飞去西湖,就追赶到湖滨。李若虚和李迒下马后,不顾气喘,首先向岳飞说明来意。岳飞早就听说王继先的权势和劣迹,却从未打过任何交道。对于突如其来的事,他一时想不好应如何处置,只是说:"且请易安居士下轿,与自家们上船计议。"

于是李清照下轿,她头戴盖头,向韩、岳两个大帅行礼道"万福",岳飞恭敬还礼。于鹏和李清照当然是旧相识,也主动问候。韩世忠把众人招呼上船。这是一个清朗的秋日,湖光山色,别有一番妩媚情趣。画舫在碧波中滑行,但因李清照的突然出现,使众人无法欣赏船外的景色。

李清照上船后,卸脱盖头,众人方见这位老妇,稀疏的头发勉强梳理,已是白多黑少,眼神中则蕴含着深沉的苦痛。她以十分感伤的语调,向众人叙述自己被王继先侵逼的经历。岳飞听说赵家字画、书籍、古器等的散失,不免发出惋惜的叹息。韩世忠却全然不能领会斯文扫地的苦衷,他平日专门轻薄儒生文士,但今天对待一个前来求援的名妇人,还是颇为同情。韩世忠突然插断李清照的话,说:"易安居士不须忧,亦不须还他黄金。自家可保王继先那厮自后不得骚扰。"岳飞问道:"韩相公有甚妙策?"韩世忠笑而不答,只是说:"不须问。"李清照起身,再次向韩、岳两人行礼致谢,岳飞连忙起身还礼,说:"王继先那厮是城狐社鼠之辈,投鼠忌器。自家们统兵,唯恐自家们去后,王继先依然仗势欺人。如今既有韩相公做主,易安居士便得安心。"岳飞确实认为这件事相当棘手,自己想不出什么妙计。

有了韩世忠的保证,李清照的心境略为轻松一些,她转变话题,语重心长地说:"如今是国难时节,天下士民属望于韩、岳二相公,雪国耻,抒家恨,唯是仰仗于用武。然而官家既是主和,宰执大臣又从而附议,中兴大业,便是渺茫。唯愿二相公今日做中流砥柱,他时又得一扫烟尘。"韩世忠吐了吐舌头,说:"此回官家召自家们到行朝,便须力争用兵,不得与仇虏和议。"李清照把目光转向岳飞,只见对方却是眉宇紧锁,沉默不言。

李清照多少听说岳飞的脾性,就不再追问,她继续说:"方今左相赵相公虽是自视甚高,然而做来做去,亦只是东晋王导底规模。右相秦十是老身底亲戚,此人奸诈无比,又专与王八司命之流结连。败坏国事,第一便是秦十,二相公须深察其奸,用心防范。"韩世忠和岳飞不料李清照把问题说得如此透彻,不由倍加敬重,岳飞赞叹说:"易安居士直是国士底见识,下官自当铭记。"

画舫泊岸,韩世忠当即派人去请王继先,准备与李清照当面调解。李清照却不愿与王继先会面,起身告退。岳飞也不愿与王继先纠缠,与李清照一同登岸。唯有孙革却愿意留在船上,看个究竟。韩世忠笑着说:"孙干办自可留于后舱,且着自家区处。"他在画舫里等候了约一个时辰,王继先还是应邀而来。

王继先得势以后,与人交往有一条原则,就是不与朝官们往来,哪怕是有登门拍马屁或请托者,也往往拒之门外,只是接受他们的厚礼和贿赂,多多益善,然后为他们适当出力。他宁愿与宦官、教坊乐工之类亲狎,视若平交。即使与秦桧本人,也从不正式往来,只是由义姐王癸癸经常拜访而已。今天接到韩世忠的主动邀请,王继先颇感莫名其妙,但韩世忠身为大帅,王继先当然愿意拜访。

王继先登上画舫,韩世忠在舱门口把他接到舱里。王继先只见舱里已经安排了美酒和佳肴,韩世忠与他同时入座。王继先平时喜欢与宦官、伶人等无拘无束地说些市井谑浪和猥琐言谈,今天遇到了韩世忠,毕竟不敢放肆,况且两人本来也没多少话说。韩世忠只是吩咐亲兵给王继先一盏又一盏地注酒。

王继先接连饮了五盏,韩世忠又吩咐说:"取黄金来!"于是亲兵们又用一只木盘端上了一百两黄金。乖觉的王继先急忙起身说:"下官并无劳效,岂敢受韩相公底厚礼!"韩世忠说:"王防御且请受金,自家有要事相求。"如果换做是普通的朝官,王继先肯定是伸手拿来,面无愧耻之色,但今天韩世忠的异常举动,却使他踌躇不安,他恭敬地说:"韩相公是大帅,位高势尊,下官自当效力,不敢受礼。"

韩世忠笑着说:"今日须是你先受礼,自家方得请托。"王继先推托了几次,就只能收下,说:"既蒙韩相公厚恩,下官自当效力,岂敢怠慢。"韩世忠到此才有分寸地说了李清照的事,说:"易安居士唯是一孤苦底老妇,切望王防御周全。"王继先郑重地起立,说:"既是韩相公底钧旨,下官敢不遵依。"韩世忠说:"教易安居士安居,自家日后另当重酬。"两人又说了些闲话,王继先就起身告辞。

韩世忠叫出后舱的孙革,问道:"孙干办,自家底区处如何?"孙革说:"此便是韩相公胜于岳相公之处。"韩世忠哈哈大笑,说:"岳五耿直,须知世事得圆通处且圆通。"

孙革返回馆舍，李清照和她的弟弟李迒，还有李若虚仍在那里，显然，他们是在等待孙革的消息。孙革把事情的始末细述一遍，岳飞不免感慨说："今日底事，下官委是不如韩相公。既是恁地，易安居士亦足以安居。"

李清照当然不是古代不问世事的闺阁妇女。她对东南三大将的品行、才能等打听得十分清楚，今天通过对王继先一事的处置，固然对韩世忠深为感激，却也对韩世忠所谓"圆通"两字，颇感耐人寻味。她告辞前，用恳切的语调说："岳相公忠荩，若是遭逢唐太宗、周世宗，何愁无英雄用武之地。然而如今朝廷执意忍耻求和，岂不辜负岳相公底雄心壮志。岳相公耿直有余，圆通不足，便是难容于世。"李清照本想继续说："岳相公尚须明保身之策。"但话对嘴边，还是咽了下去。岳飞只是用理解的目光望着对方，然后长吁一声。李清照又说："老身与李夫人多年未见，甚是思念，切望日后有便，李夫人得以到临安一聚，以慰渴想。"岳飞说："拙荆亦是思念易安居士，但愿日后有相聚之便。"李清照和李迒离开馆舍。岳飞仔细回味李清照的话，嗟叹不已。

终于到了三大将拜谒宋高宗的时机。韩世忠、张俊和岳飞上殿叩头，高喊"恭祝圣躬万福"之后，宋高宗命令三人起立。他按事先的设计，装出颦眉蹙额的模样，说："和战大计，系国事甚重。朕只为渊圣与母后远居千里，未获孝养，食不甘味，卧不安席，故决计与虏人讲和。众卿是国之干城，朕所亲擢，须是体朕至怀。"显然，皇帝的玉音不是要三大将讨论是否要和，而只是要求他们公开表态，无条件地支持自己的决策。

张俊马上说："臣整军训武，原是为与韩、岳二相公同上战场，讨荡金寇。既是陛下与朝廷已是决策，臣唯有仰体圣训，助成讲和大计，在所不辞。"他首先是标榜自己不怕打仗，然后又来个顺水推舟。

宋高宗对张俊投以称赞的目光，又把眼光转向了韩世忠。韩世忠感到尴尬，他想了一下，说："唯是陛下过于委屈，臣心委是不甘。"宋高宗说："朕早已宣谕，只为梓宫、母后、渊圣与天眷还归，朕何惮屈己。"韩世忠张口结舌，虽然有满腹理由，却是碍于君臣的名分，无法当面直说。

宋高宗见到韩世忠的模样，就说："朕亦知卿只欲尽忠，然而身为武臣,和战大计亦须遵依朝命。"他又把目光转向岳飞,说:"朕知岳卿是孝子,今日尤须体念朕底孝思。"由于辛次膺劝岳飞要懂得保身之道,李清照又劝说他须注意圆通,岳飞的内心也不能没有踌躇和矛盾,但到了这种场合,他的满腔忠愤还是不可抑勒地迸发出来。岳飞用恳切的、低沉的语调说:"臣愚浅陋,少知寡识,然而亦闻得天子底圣孝不得与臣民共论。臣愚以为,金虏不可信,和好不可恃,相臣谋国不善,切恐贻后世讥议。唯有长驱燕山,方是立国底正理,宗社底长策,天子底圣孝。"

宋高宗真想对岳飞发怒,但还是克制了自己,报以长时间的难堪沉默。最后,宋高宗说:"卿等是大将,须知君臣之分,不得有违朝廷底决策。卿等可即日启程归军,严饬边备,不得生事,便是忠于朕。"三人齐声应答:"臣遵旨!"然后下殿。

宋高宗用怒目望着岳飞的背影,等三大将退殿后,就开始大发脾气,说:"岳飞身为武将,全然不知祖宗之法,不知名分,跋扈太甚,竟敢讥议相臣,讥议朕躬,是可忍,孰不可忍!"其实岳飞的议论,在廷臣们面对时不知重复了多少次,并无新意,由于赵宋皇朝有猜忌武将的根深蒂固的遗传因子,却使宋高宗格外觉得不可容忍。但是,处于当前的形势,他又不得不继续对岳飞虚与委蛇,而不能罢免。当然,皇帝的这段玉音又很快传到了秦桧的耳朵里。

[贰叁]
秦 桧 独 相

韩世忠、张俊和岳飞三大将离开临安后,宋高宗命张去为去政事堂,向宰执们发一份御笔。时逢赵鼎值班,他接到御笔后,立即下令请全体宰执赴政事堂,向他们出示。原来宋高宗要将另一养子赵璩封吴国公,命令宰执讨论,准备与建国公赵瑗同样的典礼。

赵鼎向另外三人出示御笔后,王庶首先表态,说:"主上已是封得建国公,以昭示天下。如今另封吴国公,便是并后匹嫡,乃古人所戒。"赵鼎说:"老拙亦是此意。然而老夫三年前主持资善堂典礼,不如请秦相公于面对时奉还御笔。"秦桧说:"赵相公是首相,下官岂得专擅。不如请赵相公亲自奉还,下官自当同共敷奏。"刘大中说:"依下官底意思,此回须是秦相公奉还,方是得宜。"秦桧这次却是一改对赵鼎唯命是从的故态,坚决推辞。赵鼎无可奈何,最后说:"既是恁地,自家们可各具一个札子,待来日进呈,然后面奏。"

秦桧上轿回府,一路上以他特别的习惯,嚼齿动腮,冥思默想。归家后,急忙找到王癸癸,要她去王继先那里打听宫中围绕着立吴国公的动静。王癸癸回来说:"宫里上下,皆已知得官家要立吴国公,却是一切如旧。"秦桧说:"不然,张婕妤与吴才人明争暗斗,亦是尽人皆知。此回官家立吴国公,必是一喜一忧。张婕妤此人工于心计,既是官家决定,她尤不敢稍露声色,然而料得她暗中必是以泪洗面。"

王癸癸不解地问道:"官家既已立了建国公,又何以欲再立吴国公?"秦桧说:"官家虽是无子,犹是千方百计,以求生子。他立吴国公,一以明示天下,尚未决策立皇储,二以教张婕妤与吴才人并起并坐,不分轩轾。"

王癸癸又问道:"老汉,你此回当怎生行事?"秦桧面露一丝奸笑,说:"此回当与赵鼎异议,我不求取悦于吴才人,唯是须教官家称心如意。"他所以那么说,是因为在朝廷经营了近两年,已经暗自物色到若干党羽,并且也已打听到,宋高宗开始对赵鼎产生几分讨厌,主要是因为赵鼎处置对金和议的具体事务,不能使皇帝完全满意。他准备因势利导,乘机将赵鼎赶下台。秦桧为此苦苦思索了一天一夜。

次日,四名宰执在政事堂碰头,赵鼎和刘大中、王庶都出示了本人缮写的奏札,唯有秦桧说:"下官昨日微有不适,不曾写得札子。"赵鼎说:"宰执一体,莫须四人共进一个札子。"秦桧又不便当面表示反对,说:"此事请赵相公决断。"于是赵鼎就亲自动笔,把三份奏札合并成一份。

当时臣僚的签名习惯是由低官到高官。王庶看了一遍,就第一个动笔写上"左通议大夫、枢密副使臣王庶",接着刘大中又写上"左正奉大夫、参知政事臣刘大中"。秦桧真不想签名,但又想不出任何正当理由,临时拒签,只能写上"左宣奉大夫、守尚书右仆射、同中书门下平章事、兼枢密使臣秦桧"。最后则是赵鼎签上"左金紫光禄大夫、守尚书左仆射、同中书门下平章事、兼枢密使臣赵鼎札子"。

这份札子进呈不久,宋高宗就召见四名宰执。四人上殿行臣礼后,宋高宗首先说:"卿等所上札子,朕已亲览,备知卿等忠心。然而事有权宜,两个皆是小孩儿,尚未成人,且与放行。待他们成人之后,朕另有处分。"赵鼎说:"陛下封宗子瑗为建国公,建国只是小国;如今欲封宗子璩为吴国公,吴国却是大国。建国公至今在资善堂用功勤读,并无失德底事,如何可教年幼底凌驾于上?臣愚以为,若是必欲封国公,且与封一个小国,以正名分。"原来宋代的国公,按照国名,有大、小两等。刘大中补充说:"如今建国公名虽未正,天下皆知陛下已有皇储。"

宋高宗经两人一说,也觉得封吴国公的御笔不当,但是,一种皇帝的尊严,使他不愿收回成命,而宁愿将错就错。赵鼎、刘大中和王庶三人就与宋高宗反复论辩,特别是王庶,态度尤其坚决,强调"并后匹嫡,古人所戒",连封一个小国的国公也不同意。秦桧却是在殿里呆立,一语不发。

宋高宗觉察到秦桧的异常表现,就说:"此事且缓三、五月,另作商量。众卿且退下,秦卿可暂留殿中,朕另有计议。"赵鼎对皇帝单独留下秦桧,当然并不高兴,但也只得与刘大中、王庶共同退殿。

秦桧的心里当然按捺不住喜悦,认为这是一个排挤赵鼎的良机,不容错过。但是,鉴于过去罢相的经验,他认为自己说话也必须谨慎。宋高宗说:"卿今日不言不语,莫非另有计议。"秦桧就把宰执上奏札的经过简单说了一通,说:"臣仰遵圣旨,却又不得不诡随赵鼎,此是臣之过。赵鼎参与设资善堂,以为后宫不得诞育龙子凤孙,故必欲立皇储。然而臣愚以为,陛下春秋鼎盛,后宫必有诞育,宜待亲子出生,立皇子方是名正言顺。"

宋高宗听后,大为高兴,心想:"只此一事,便见得秦桧胜于赵鼎。"但他表面上不露声色,又说:"卿以为和议之事,成败如何?"秦桧说:"既是陛下圣意坚决,断在必行,此是宗社之福。臣在虏地四年,备见情实,深知可和不可战之理,唯有南北和好,天下方得太平。然而如今赵鼎处分和议大计,臣料得事必难成;若得臣处分,事必可成。"

宋高宗问:"卿言是甚意思?"秦桧说:"如今廷臣大多持异论,赵鼎却是首鼠两端,不能坚持正论,力辟邪说,又不识大体,与虏人议和时,求索黄河改道前数州之地,不时横生枝节,便是难以成事。"

宋高宗听得入耳,又说:"既是恁地,朕便以和议大计,全权付卿。"他虽然只是片言只语,却使秦桧喜出望外。秦桧在面对前简直无法设想,自己朝思暮想的渴求,竟实现在即。但是,秦桧有了过去罢相的经验,还是不敢鲁莽行事,他考虑片刻,就字斟句酌地说:"讲和大计,臣僚众说纷纭,各持两端,畏首畏尾,便不足以断大事。若是陛下决意讲和,乞陛下英断,须是独与臣计议,不许群臣干预,方得成事。不然,臣亦是徒劳无功。"

宋高宗说:"朕已宣旨,议和底事,朕独委卿。"秦桧说:"凡事须三思而后行,臣唯恐此事不便,恭请陛下精加思虑三日,然后召臣。"

秦桧退殿出丽正门,然后上轿回府。一路上,他紧张地嚼齿动腮,焦急地考虑决定自己政治命运的一搏。他左思右想,感到必须找党羽商议。但是,依他的诡道,如果找几个人来,共同讨论,又是显然不妥的,而只能是逐一单独商量。

秦桧回府后,第一件事自然是找王癸癸说明情况,说:"此是下官排挤赵鼎底良机,不容错过,数年积虑,在此一举。然而尚须国夫人亲自出门,若无国夫人,下官又怎生成就相业?"说完,就向妻子躬身长揖。王癸癸懂得,秦桧的意思,无非是通过自己去利用王继先、张去为这条宫廷内线,她只是含笑抓了一下丈夫的髯子,说:"若是你独做宰相,当怎生感恩?"秦桧再一次长揖,低声下气地说:"国夫人恩深似海,下官唯有来世当牛做马,方得相报。"秦桧当然知道妻子的脾性,自己愈是对她卑躬屈节,她就愈能为自己出力。王癸癸抿嘴一笑,就立即携带厚礼,出门上轿。

秦桧恭敬地把妻子送出府门,就命令仆从召来范同,并且依旧例出门迎接,请来客到书房密议。秦桧当然不能向范同径直吐露自己的全部想法,只是在稍作寒暄后,含蓄地说:"今日主上召宰执面对,然后便教下官独留,微示于赵相公不满之意。"依范同的机敏和乖觉,已经全部领会了对方的意图,他笑着说:"此事不难,赵鼎不是易进难退底人。下官知得,侍御史萧振与刘大中有旧嫌,而刘大中与赵鼎结党。不如示意,教他弹劾二人,赵鼎必是上奏辞免,秦相公底大事便可定叠。"秦桧说:"既是恁地,便有劳择善。"范同说:"下官愿受秦相公驱策。"但他又用眼神示意:"事成之后,怎生酬劳?"秦桧马上用眼神回答:"下官必当力荐。"虽然是互相用眼睛说哑语,进行政治交易,两人都心领神会地笑了起来。

秦桧当天一气接待了五名党羽,都是含蓄地作了示意和布置。当秦桧第二次单独面对的前一天,萧振就以不孝的罪名,对刘大中上劲奏,但他没有完全听从范同,直接弹劾赵鼎,只是对外扬言说:"自家只是论奏刘参政,如赵丞相便不必论,教他自作去就。"秦桧第二次面对时,君臣双方其实无非是重复以前的话,但秦桧只是请求皇帝再考虑三天。三天后,秦桧又一次面对,宋高宗决定让秦桧独相的事,就完全内定下来。

志满意得的秦桧回府后,就马上下令设置丰盛酒肴,与王癸癸畅快对饮。王癸癸与秦桧结婚二十四年,还没有见到丈夫如此高兴过。但是,秦桧却是得意而不忘形,在妻子面前,依然处处保持卑屈的态度。二十多年养成的家庭尊卑秩序,已是永远不能稍有改变了。王癸癸高兴,亲自给秦桧斟酒,这当然是莫大的恩赏。秦桧谦卑地一次又一次接过酒盏,嘴里还得千恩万谢。

酒过三盏，秦桧屏退仆从，与妻子单独谈心。王癸癸笑着说："老汉，官家既是委以全权，你何以要三次面对，方得确定？"秦桧说："国夫人岂不知得，自古以来，便是君王圣明，臣罪当诛。圣心难测，他今日教你做相，明日又嫌恶于你，诿过于你。官家即位十二年，拜罢了多少宰执大臣。下官须面对三次，以明圣断坚定不移。然而要稳坐都堂，仍是不易。"

王癸癸问道："老汉当怎生措置，方得稳坐都堂？"秦桧说："此事须是随机应变，难以一概而论。吕颐浩与朱胜非年迈力衰，虽是得君心，却难以再相。"他提到当年的政敌吕颐浩，不由咬牙切齿地说："吕颐浩那厮，当年排挤下官，自以为得计，不料下官今日竟得独相，他年他月，必报此仇！"

王癸癸再问："老汉以为，如今教你做不稳底，又是甚人？"秦桧说："张浚自经历淮西兵变，已失君心，下官不须忧。赵鼎目即罢相虽成定局，须是防他卷土重来。"他饮了一盏酒，沉思片时，又说："下官此回再相，须是教主上不再罢相，故国夫人尤须厚结王继先、张去为等人，切不可因下官独相，而稍有怠慢。"王癸癸说："老身理会得，明日便当携厚礼，再去拜访。"

再说刘大中接到萧振弹奏的副本，就依照惯例上奏辞职。宋高宗很快予以批准。刘大中是赵鼎最亲近的副手，皇帝罢免刘大中，自然是意味着赵鼎的相位已经岌岌可危。赵鼎并未上辞职奏，而朝廷里突然谣言四起，一会儿说赵鼎已经在刘大中罢官的当天，向皇帝上奏辞免，一会儿说赵鼎已经把家搬上船，准备随时离开行在。

萧振的话和各种谣言都很快传到赵鼎的耳朵里，赵鼎终于明白，原来正是自己再相时坚决挽留的秦桧在对自己下手，心里愈想愈气。赵鼎的心胸其实并不宽广，但却喜欢处处显示自己的雍容大度。三年前，他事实上是被张浚赶下台，心境虽不平衡，尚能自我宽解，现在却是深感伤心，特别是恨自己去年再相时有目无珠，竟看中了奸险的秦桧，简直是自掘坟墓。

一天夜里，赵鼎在家自斟自饮，独喝闷酒。有仆从进入报告，说是王庶前来拜访。赵鼎对王庶也是怀着一种难以言喻的复杂感情，他有些讨嫌王庶的刚直，却又不得不承认王庶是个光明磊落的君子。他亲自把王庶接到厅堂。

王庶见到桌面上的酒菜和杯盘,已经完全明白赵鼎的心境,两人坐定,赵鼎说:"老拙在此独酌无聊,恭请王枢相与老拙共酌。"王庶说:"下官并无酒兴,此来唯欲与赵相公计议大事。"

赵鼎到此也不想掩饰自己的感情,他叹息说:"老拙罢相之时,已是屈指可数,又有甚大事可以计议?"王庶说:"往事不可谏,来者犹可追。依圣人所教,士人自当用行舍藏。赵相公难道不欲闭门静思,以备他日复出。"赵鼎到此已经多少明白了对方的来意,就说:"王枢相有甚计议,直道来,老拙当洗耳恭听。"

王庶说:"下官不合上意,罢官便是指日可待,而虽然尚欲为宗社宣力,却无复出之理。赵相公与下官不同,圣眷未衰。下官料得,他日虏人必是败盟,秦桧便难以再居相位,赵相公当有复相之机。"赵鼎感叹说:"凡事可一尚可再,可再而不可三。"说自己已经再相,就没有第三次拜相的可能,但内心却暗自惊叹王庶的料事和远见。

王庶说:"赵相公与张相公虽是暌违,却又是同共援引得一个奸人,可发一叹!"赵鼎不作回答,但他的眼神却已显示了无比后悔的心态。王庶继续说:"赵相公初起时,未尝无锐气,然而岁月消磨,便失恢复之志。他时若得第三回拜相,切望励雪耻之志,重用岳鹏举,则是事必有成。他时史书上,尚得书赵相公成中兴之业底美名。此是下官深所望于赵相公。然而赵相公若是循再相底旧态,则大宋必无中兴之望。"赵鼎对王庶的话不作表态,王庶也认为,自己的肺腑之言,已经和盘托出,就略事寒暄,起身告辞。

赵鼎在送走王庶以后,就一人独自在书房里哭了一场,然后连夜写了一份辞职奏。他最后拍案而起,说:"秦桧小人,既是居心险恶,一意败坏国事,他时必有恶报!"

在宋高宗正式宣布赵鼎罢相的当天,又单独召见秦桧,两人一同讨论重新安排执政等人选。秦桧首先说:"台谏官是天子底耳目,责任重大,须是维持直道与公论。臣见得中书舍人、兼直学士院勾龙如渊议论劲直,独立特行,力主国是,不为浮议所动摇。不如教他做御史中丞,以一台之长,足以张大朝中底正气。"

勾龙如渊本姓勾,正好与宋高宗的御名构同音,依古代的惯例,必须避御讳,于是就改姓勾龙。他当然是秦桧物色的党羽,在最近曾向秦桧建议说:"秦相公为天下大计,以身任事,然而邪说横起。何不择人做台谏官,将朝中持邪说底尽行贬逐,相公底大事便畅行无阻。"秦桧此人,怒可以形于色,而喜却不容易形于色,但当他听完勾龙如渊的建议后,就情不自禁地咧嘴笑出声来。所以今天作为第一件人事安排提出来。

宋高宗说:"做台谏官底,第一便是须知朝廷今日底事机。勾龙如渊甚惬朕意,可教他做中丞。卿以为,可教甚人做执政?"秦桧说:"孙近曾于绍兴四年出使金国,颇知彦人情实,又赞成讲和。李光甚有政声。莫须召他们入朝。"孙近和李光此时都在外地做官,孙近任绍兴知府,李光前已交待,他接替李纲,任洪州知州。

宋高宗说:"孙近可速召入朝,待朕考察,然后任用。唯是李光,赵鼎与刘大中陛辞时,皆曾举荐。朕不知李光是否赞成和议,若召他,岂非便成二人底私恩。待稍缓时日,然后委任。"秦桧说:"此便是赵鼎、刘大中二人底诡计。二人在位时,何以不荐李光?他们意谓陛下采公论,必用李光,便以此市私恩。如今浮议甚盛,李光颇有人望,若用为执政,足以弹压浮议。"秦桧在北宋末年曾与李光有些交往,他独相伊始,自觉地位不稳,也颇为担心多数朝臣的舆论,故希望借重李光的名望。宋高宗说:"既是恁地,可教李光入朝,待朕召见后,另行处分。"

秦桧退殿后,听说罢相的赵鼎已经前往城东南的候潮门,准备出门上船,原来赵鼎的新任就是绍兴知府。于是秦桧吩咐不回府,立即准备酒筵,自己马上乘轿,赶到候潮门外。轿夫们一路急速奔走,秦桧坐在里面,不时发出轻微的、得意的奸笑。他回想罢相后的痛苦日子,在张浚和赵鼎面前伏低做小、唯唯诺诺的生活,不免自言自语:"困龙岂是池中之物,如张浚、赵鼎之流,岂是我底敌手!"

秦桧一行赶到浙江边。赵鼎本来早已开航,只因送行的官员还是不少,赵鼎反复应酬,所以迟迟没有动身。秦桧出轿,由砚童前去通报。赵鼎仍在岸边的津亭,砚童进入唱喏,说:"男女启禀赵相公,秦相公特来为赵相公饯行。"赵鼎修养虽好,到此还是按捺不住心头的怒火,他用冷嘲的口吻说:"如今秦相公正值得意时节,何须送一个罢官外任底老朽。然而既到江边,又岂得不一见。"

秦桧进入津亭,向赵鼎躬身一揖,面带微笑,说:"赵相公,自家与赵相公同僚,如今离别在即,曷胜思念之情。今略具酒食,欲为赵相公饯行。"赵鼎望着对方皮笑肉不笑的模样,只是冷淡地一揖,而不说话。秦桧吩咐人从:"且在津亭排办酒食。"赵鼎也吩咐人从:"起碇行船!"他一面说,一面就大步走出津亭。

秦桧望着赵鼎的后背说:"赵相公,自家是好意,何不稍留片时。"赵鼎头也不回,只是边走边说:"自家们底议论不协,秦相公口有蜜,腹有剑,何须再留。"径自登船。秦桧气得咬牙切齿,厉声说:"撤筵!"

[贰肆]
张 胆 论 事

　　李光得到朝廷的召命后,就从洪州赶往临安。他虽然是地方大员,但朝廷上激烈的和战争议,廷臣们的群起抗争,他绝不是毫无所闻。李光接到朝廷的命令后,就反复思考和琢磨:"如今赵鼎与刘大中已是罢政,朝廷召我,莫非是教我执政?然而和与战底争议纷纭,我又当怎生相处?"

　　临行前,主持家政的管蕙卿自然忙于收拾行装。一天,她抽空来到书房,只听得丈夫正在唉声叹气,就上前问道:"尚书,此是甚底缘由?"李光就把手里的两张纸递给了妻子,原来是两位官员沈长卿和吕广问的贺启,按当时的习惯,都是用骈体文写的。管蕙卿接来一看,只见沈长卿的启中写道:

　　　缙绅竞守和亲,甘出娄敬之下策;夷狄难以信结,孰虞吐蕃之劫盟。与其竭四海以奉豺狼之欢,何至屈万乘而下穹庐之拜。

吕广问的启中写道:

　　　四方属意,固异于前后碌碌无闻之人;百辟承风,尤在于朝夕赫赫有为之际。

　　管蕙卿明白,这两份贺启都是旨在规勉丈夫到朝廷后,要主持正义,反对屈辱求和,就说:"沈、吕二官人底意思甚好,尚书到行在,须是气节第一,切莫坏了名声。"李光叹息说:"自家岂不知与虏人讲好,绝非国家底长策。然而官家底圣断坚决,又怎生违背?如何周旋于圣旨与群议之间,培植四海忠义之气,以待他时之用,煞是难上加难。"管蕙卿说:"奴家只是妇人之见,然而若是两者不可兼得,尚书尤须以气节为重。"李光感叹说:"淑人所言,我自当深思。"

李光在十月下旬抵达临安,宋高宗先命他出任吏部尚书。秦桧特别在都堂为新近到行在的孙近和李光设宴。孙近到行朝后,也先任命为翰林学士承旨,这是翰林学士的最高一级。在筵席上,秦桧举盏说:"圣上特授全权,命我主持与大金和议,此是国家祸福存亡所系。我自受命以来,不敢遑宁,唯惧有负官家底重托。如今有孙承旨、李尚书到朝,天下瞩望,尤须你们仰契圣心,图事揆策,助成大事。"

孙近用谦卑的音调说:"下官既蒙秦相公恩意,自当勉力协助,上以安宗庙,下以保黎庶,助成天子宁亲底大孝。"他说完,就特别起身,为秦桧斟酒。秦桧回报以满意的微笑。

秦桧把目光移向李光,只见李光却是面带忧思的神色,就说:"李尚书,如今是宴会,若有保国安民底良策,自可敷奏圣上。目即得欢娱处且欢娱。"他亲手给李光斟酒一盏,微笑着说:"李尚书且满饮此参政酒!"李光只能起立,说:"下官甚是感荷秦相公。"就举盏一饮而尽。秦桧感到自己的心力没有白费,又向李光发出满意的笑声。

李光回府后,独自在书房徘徊,他一会儿在书案上再看一遍沈长卿和吕广问的贺启,短吁长叹,一会儿又起立,急速地踱步。李光在官场已经三十三年,平素常以清白自许,对于秦桧那种露骨的、封官许愿式的拉拢,他当然感到是一种人格侮辱,但是,平心而论,参知政事的高位,对他也不是全无诱惑力。

李光自言自语:"忆得自家在靖康时做右司谏,亦曾克尽臣职,与耿南仲之流异论,宁受贬责,而不稍屈服。难道如今便须在秦桧底笼络之下,觍颜入政事堂!"但他又接着反问自己:"然而我不入政事堂,又与国事何补?难道秦桧便不得另叫他人做参知政事?"他陷入深深的矛盾和痛苦之中,不能自拔。

房门被轻轻地推开了,进屋的正是管蕙卿,她完全明白丈夫的心事,说:"尚书,时辰颇晚,不如且去安卧,容日后从长计议。"李光说:"我委是难以入梦,须待我静思片时。"管蕙卿再想说什么,有仆从进入禀报:"今有枢密院王枢相与胡编修夜访。"李光连忙出迎。

李光与王庶直到最近入朝后方才认识,但双方只是在官场略作寒暄,没有交情,而与胡铨更是初次见面。李光把两位来客迎到厅堂,分宾主坐定。李光当然知道王庶反对和议的激烈态度。由于新任御史中丞勾龙如渊的弹劾,王庶已经上奏辞职,罢官只是时间问题。李光对他们的来意有所猜测,所以略为酬酢几句,就等着他们发言。

王庶望了望胡铨,示意由他先说。胡铨就说:"闻得虏人以张通古为诏谕江南使,行将入境,朝廷又命范同为接伴使。不称通问,而称诏谕,不称国号,而称江南,又欲教官家跪拜虏使,称臣,接受虏主诏书。如此奇耻大辱,不知李尚书以为当忍不当忍?"胡铨的音调变得愈来愈激愤。

李光略作思索,应答说:"人非草木,礼义廉耻,国之四维,四维不张,国乃灭亡。下官自入朝以来,非不知群臣激昂愤懑之情,亦万万不欲沮丧忠臣义士之气。然而做臣子底,又岂得不体念官家孝思罔极。此便是下官进退维谷底情实。"李光的回答,无疑也是希望对自己入朝以来的立身行事,作些辩解。

王庶说:"依下官所料,李尚书刚直,非是孙近一流阿谀诡随之辈。故愿前来夜访,共商国是。下官行将罢职,所恨政府之中,便成秦桧一手遮天蔽日。李尚书若得入政府,与秦桧相抗,此便是天下之人瞩望于李尚书。"

李光到此就完全明白了对方的意图,他说:"切恐下官才微力薄,不足以副天下底厚望。"胡铨说:"然而李尚书不主张正论,力挽狂澜,又有谁人可做此事?自家们深知,李尚书胸有大志,绝非是仅为稻粱之谋。"

李光感叹说:"难得二官人如此相知相谅。实不相瞒,下官正为入朝后底行事苦恼,今日得二公底言语,实有拨云见日之感。"话不在多,到此地步,双方已经建立了足够深的信任和理解。王庶说:"既是李尚书已明自家们底心意,自家们就此告辞。"

李光把两人送出府,王庶和胡铨深情地紧握李光的手,简单地说:"李尚书好自为之!"李光也回答说:"下官自当尽心竭力!"

李光回到卧室,管蕙卿还在灯下等候丈夫,使她惊异的,是李光似乎完全换了一种心态,愁颜为之一扫,显得精神焕发。李光不等妻子发问,就把刚才的谈话叙述一遍。管蕙卿当然深知丈夫的心态。李光自然希望入政府,但他又渴望成就一番事功,而不甘心由秦桧援引,做秦桧的走狗,而取诮于天下。王庶和胡铨表现出一种对李光的谅解和希冀,就是对他最有力的鼓励和支持。管蕙卿听后,感叹说:"大宋养士二百年,如今廷臣尚多志节之士,便见得孔孟圣教涵育之功。尚书忍辱负重底苦心,如能见谅于世人……"李光接着插话说:"老夫便是无憾!"

    十一月,宋高宗先发表孙近出任参知政事。随着金使张通古的入境,朝野鼎沸,抗议的声势一浪高于一浪。在朝的廷臣们,在野的李纲、张浚,在军的韩世忠等人,都纷纷上奏上书,认为向仇敌称臣纳贡,亘古未有。临安城里出了不少榜帖,说"秦相公是细作",流言四起,说是有的军人准备杀掉秦桧,为国除害。秦桧到此才真正懂得,对金媾和的事,绝不是如自己独相前想像得那么轻而易举。他深感自己陷入了危机,只能到处用拉拢收买、封官许愿等手段,企图缓和各方面的抗争,但毫无成效。

    张通古由范同陪伴来到临安,进入有重兵守卫的馆舍。秦桧到此深怕金使出事,所以只能特别命令杨沂中部署军队。范同如释重负般地到秦桧私宅交差。原来宋高宗这次在他出使前,就特别下御批:"途中稍生事,当议编置!"范同知道,这次金使带着极富侮辱性的诏书,已经激起群愤,所以一路上小心陪伴,生怕出事,还须对张通古极尽卑屈的能事,他每天都要代表宋高宗,对张通古供奉的诏书跪拜,先行臣礼。

    秦桧得知范同前来,还是一如既往,亲自出门迎接。两人进入厅堂坐定,范同一面呷茶,一面就向秦桧详细诉说这次奉使的困难,秦桧明白,对方无非是要邀功请赏,就说:"圣上已知择善使事底艰难,非比寻常,日后自有重赏。然而目即虏使欲教天子跪受诏书,众人底浮议甚盛,如何方得济事?"

    范同清楚懂得,现在秦桧也同样受到很大的政治压力,就说:"自古成大事不谋于众,圣天子乾纲独运,便是有济。"秦桧说:"昨日群臣面对,或以为天下非主上一人之天下,乃是祖宗之天下,群臣、万姓、三军之天下。主上亦是无以对答。如今主上到馆舍受诏书,亦是难以为情,唯是教我另谋他计。择善足智多谋,须是为老夫出谋划策,老夫自当感恩不尽。"

    范同从"感恩不尽"四字进一步体会到对方的窘境,他想了一下,说:

"张通古虽有傲气,尚非是不通商量底人。可教王伦与他反复计议。万不得已,便是秦相公去馆舍,代官家受国书。"范同明知与张通古谈判是件非常棘手的事,所以他只是出点子,而把谈判的事推给王伦,自己决不愿意插手。秦桧心想:"此人煞是诡计多端!"嘴上却说:"择善便是计高一筹!待老夫明日口奏。"

范同虽然出了秦桧代替宋高宗跪受金朝诏书的主意,王伦与张通古几次谈判,却毫无进展。张通古坚持说:"大国之卿当小国之君,大金天子以河南与陕西地赐江南,康王已约定奉表称臣。若欲贬损使者,使者便不敢传诏,唯有索马北归。"丝毫不肯让步。僵持局面的继续,使秦桧魂梦不安,他完全明白,这次谈判成功与否,对皇帝说来,至多只是一个重大失败,并不影响帝位,而对自己说来,却是一个能否继续任相的头等大事。他无论如何也不甘心自己辛苦经营的相业,竟在两月之间垮台。

秦桧绝不是个勤政的宰相,他把一切具体政务,都让吏胥们办理,自己全力应付目前的政治危机。但是,他和孙近在都堂值班,近来却成了一件苦差,廷臣们纷至沓来,向他们提出各种诘责。孙近自有他的应付之方,对一切责问不作答辩,只是不断地重复一句话:"圣上与秦相公主张宗社大计,下官新入政府,唯是奉命行事。"有人激愤地责难说:"天子即将跪受杀害太上皇仇虏底诏书,你身为参政,岂得不置可否?"孙近说:"圣上已下诏旨,命台谏、侍从详思所宜。下官身为参政,唯当秉承圣旨。"

秦桧却经常用一句话自我戒励:"当此危难底时机,唯有示以镇静、闲雅、从容。"所以他总是歪理说三分,与众人反复狡辩。有人说:"秦相公做此等事,便是将天下怨愤之气,集于一身。"秦桧大言不惭地说:"我欲济国事,在靖康时死且不恤,宁避怨谤!"一个秘书省正字范如圭接口说:"若非自暴自弃,顽钝无耻,丧心病狂,又有甚人敢做此事,说此语,秦相公必且遗臭万世!"秦桧虽然经常在表面上摆出满不在乎的架势,这次也被他说得艴然变色,窘迫得无言以对。

一天夜晚,范同来到相府,秦桧在灯光下见到范同也面露慌张的神色,就问道:"择善,有甚底事?"范同从袖里取出一份胡铨的上奏,说:"此是胡铨底上奏,已是在临安多散副本,闻得又有好作不靖者私下梓刻散布。"秦桧急忙接过来阅读,范同只见秦桧还未读完,竟在十一月仲冬的寒夜,满头满脸流汗。秦桧沉默多时,突然大声怒吼:"胡铨说老夫是官家底罪人,天下底罪人,欲斩老夫底首级以谢天下,然后兴问罪之师,与虏人决战。便是将他碎尸万段,亦是难平老夫底心头恨!"他说完,竟把牙齿咬得格格作响。范同不作回答。

秦桧过了一会儿,又低声问范同:"择善以为,当怎生措置?"范同毕竟较为冷静,但他有些话又不便直说:"愚意以为,秦相公静思一夜,必是有措置良策。胡铨底本意,只为煽动众人滋事,若是莫睬他,只消半年,必是冷却,然后将他贬责,方是稳当。"

秦桧送走范同后一夜未睡,他反复嚼齿动腮,冥思苦想,才体会到范同的话只是说了一半,另一半却无法说出口,在目前的形势下,已不容自己不提出辞职,而自己的去留,又全在于宋高宗的态度。王癸癸睡眠颇好,秦桧只能蹑手蹑脚起床,披上绵衣,独自来到书房,咬牙切齿地写一份简短的待罪表。秦桧是非常迷信的,自己独相两月,竟须上待罪表,真是莫大的晦气和不祥。但是,如果金使张通古坚持要皇帝向金熙宗的诏书下拜,自己也只能做皇帝降金政策的牺牲品。转念及此,秦桧又自言自语说:"目即王伦与张通古商量,全不济事,莫须老夫亲自去馆舍,晓谕以利害。"

翌日朝会后,宋高宗立即召见秦桧和孙近。秦桧和孙近注意到皇帝眼球也布满红丝,说明他昨夜至少睡得很少,而脸上又显露出怒不可遏的神态。事实上,宋高宗也被胡铨的上奏激怒了,他最不能容忍的,是胡铨如下一段言语:"陛下尚不觉悟,竭民膏血而不恤,忘国大雠而不报,含垢忍耻,举天下而臣之甘心焉。"宋高宗做了十二年皇帝,对帝王南面之术已经相当精通,但今天却不能克制自己,简直是气急败坏,他厉声说:"二卿上表待罪,朕已亲览。如今事急,你们离朝,去则无害,虏人岂来求你们,唯是与朕交涉。"

秦桧和孙近只能再次下跪,秦桧带着哭声说:"胡铨等人飞短流长,臣等未得及时制止,委是难辞罪咎,如今唯有待罪,求陛下处分。"孙近依样画葫芦,说:"臣初入政府,陛下躬行圣德,而士大夫狃于浮议,臣未能教他们仰体圣断,便是罪在不赦。"

宋高宗并没有按体貌大臣的礼法叫他们起立,而继续厉声说:"近日士大夫违背圣教,制造浮言虚论,只是不恤国家大计。士风浇薄,罪在朕躬,然而卿亦与有罪。"秦桧和孙近只能再次叩头,说:"陛下圣明,士风浇薄,唯是臣等难辞其咎,实任其责。"

宋高宗到此才叹息一声,说:"朕本无做皇帝之心,如今竟是横议丛生,据朕本心,唯欲孝养亲母,岂有他心。卿等且起立,有甚挽回士风底计议,可悉心与朕开陈。"秦桧起立后,首先关注的还是皇帝对自己辞职的事没有表态,就说:"臣等原以为金使入境,故各进愚计,以为唯有接纳底礼仪适中,便可以经久。不料遭致横议,胡铨又上章诋斥,只因臣识浅望轻,不足以理会圣意。伏望睿断,早赐诛责,以孚众听。"

宋高宗说:"胡铨狂悖,卿等不须辞免。朕教卿等前来议事,唯是怎生弹压异论。"秦桧忐忑不安的心到此算是安定下来,他马上照搬昨夜范同的献计:"臣以为,胡铨狂士,此事且莫睬他,只消半年,必是冷却,然后再议贬责,方是稳当。操之稍急,适足以成胡铨竖子底虚名。"秦桧恨不能立即把胡铨剁成肉酱,但迫于强大的反投降的政治和舆论压力,还是建议采纳范同的主意。当然,他也决不肯说,这是范同的献计。

宋高宗不满地说:"依卿底计议,不将胡铨重行贬责,又怎生弹压?"宋高宗深恨胡铨,也恨不得把他斩首示众,但是,他想到宋太祖不杀言事官的誓约,想到自己在十二年前处斩的陈东和欧阳澈,就打消了处死的念头,而他还是想把胡铨流放到炎荒之极的海南岛,作为不能再重的贬谪。他也没有把自己的打算说出口,而想听一下秦桧和孙近的意见。

秦桧说:"胡铨上章言及臣等,若重加窜责,适足以成其虚名,而臣等尤是难以成事。然而陛下必欲弹压横议,须是下一戒谕诏,告诫群臣。"宋高宗说:"卿可为朕草诏。"于是秦桧就当场为宋高宗草诏,宋高宗亲笔稍作修改,又问道:"今将胡铨送昭州编管,永不收叙,如何?"秦桧说:"昭州在岭南,责罚太峻。"孙近说:"不如教他做监广州盐仓,以示圣恩宽广。"宋高宗说:"便依卿议,然而须将胡铨即日逐出临安,以免滋事。"秦桧和孙近萎靡的神情为之一振,两人齐声说:"臣等领旨!"

戒谕诏和胡铨处分令的发表,当然引起朝野更大的震动。但是,在专制时代,臣僚们对皇帝施展淫威,也只能无可奈何,独夫之志完全可以逆万众之心而行。胡铨以激烈的言论上奏抗争之时,也早有了不计祸福的精神准备。他得到了贬逐令后,就把家临时搬到西湖边的显严院中,院里有一著名的佛塔就是雷峰塔。胡铨所以暂住僧寺,是因为他的一个侍妾即将诞育,胡铨希望等婴儿出生后,再启程南下。

一时之间,显严院门庭若市,许多朝士都前来看望和慰问。在胡铨搬迁的当天,就有吏部侍郎晏敦復等六人赶到了僧寺,晏敦復是北宋名臣和词人晏殊的曾孙。胡铨正与他们叙话,突然来了一批临安府派遣的吏胥,他们首先唱喏,问道:"不知甚个官人便是胡编修?"胡铨说:"自家便是。"那群吏胥立即给胡铨套上了十五宋斤的木枷,说:"男女辈奉张大尹底命令,前来教胡编修即刻南行。此是奉命行事,身不由己,罪过!罪过!"

晏敦復到此也怒不可遏,喝道:"我便是吏部侍郎,你们不得无礼!"那群吏胥连忙下跪叩头:"男女们不敢,唯是张大尹有令,岂敢不遵依。"晏敦復说:"胡编修是官人,只为上奏力主正论。你们不得胡做,且将枷锁卸脱,我自去见张大尹!"那群吏胥当然只能给胡铨解脱枷锁,原地待命。

晏敦復向胡铨长揖,说:"胡编修且安心,我自去临安府。"胡铨也说了一句:"下官唯是艰难愧深情。"晏敦復策马来到府衙,会见张澄,说:"胡编修论奏宰相,天下共知他劲直,忠心为国。祖宗时,以言事被谪,难道开封尹便如此胡做。"张澄取出秦桧下达的圣旨,说:"下官岂敢,然而不得不奉圣旨。"晏敦復说:"稍缓数日,待胡编修侍妾生育之后,以礼发遣,有甚不可?"张澄说:"既是晏侍郎说情,下官当追还吏胥,暂缓数日,然而胡编修待诞育后,须及早离去。不然,下官亦难以与秦相公覆命。"晏敦復长吁一声,又离开府衙,带着张澄所派的另一名吏胥,直奔显严院。

寺院里会聚的官员已达十多人,大家都在安慰胡铨。晏敦復进入,介绍了刚才的情况,一名官员感叹说:"当时秦桧复相,曾见晏侍郎言道,奸人做相,国家之祸。自家们以为言语过峻。今日方知晏侍郎有先见之明。"晏敦復说:"赵元镇做宰相,虽是不善,不至于恁地凶狠。切恐天下贤士大夫便以胡编修与王枢相为始,而祸难未已。国朝崇尚宽仁为治,然而在元祐、绍圣、崇宁时,党争纷纭,贬谪士大夫愈演愈烈,足可为戒。秦桧此人睚眦必报,如今得君王宠信,又有勾龙如渊等人为羽翼,为他弹击异议正论,必欲将朝中贤士扫除净尽,而后甘心。目即秦桧尚且羽翼未丰,气势未盛,他日必是何所不用其极。"

胡铨说:"然而如今事势又与崇宁盛时全异,强敌压境,仅余半壁江山。下官飘零一身,成败利钝,何足挂齿。惟是国势陵夷,又不知何时方得中兴?"说完,竟落下几滴感愤的眼泪。晏敦復悲愤地说:"此莫非是天意,莫非是大宋底气数?"于是在场的人莫不黯然涕泪。

胡铨在寺院住了三天,一个儿子诞生后,临安府又及时派遣吏胥,准备押送他一家人南下。最后一个到寺院送行者正是王庶。原来在胡铨的贬逐令发表前,王庶也已正式罢官。他继续受到御史中丞勾龙如渊的劾奏,说他"在枢府使尽奸计,乃敢妄言,以和议不合,卖直而去"。宋高宗立即下令,削除了王庶资政殿学士的荣誉职名。胡铨见到王庶只是头戴仙桃巾,身穿粗麻布绵袍,完全是野士打扮。王庶不断地咳嗽,显然感冒未愈。

两人坐下,小和尚上前献茶。王庶说:"邦衡,下官偶有小恙,今日方得前来送别。如今实是贬谪人送贬谪人。邦衡前去广州,料得下官不日亦须贬谪。方今秦桧最是嫉恨自家们。邦衡切不可忧伤过度,须是努力加餐饭,颐神养志,以待日后回朝。"胡铨说:"下官早已将生死置之度外,此回南行,自当铭记子尚之嘱,强保躯体。秦桧恨不能今日便将自家们杀害,自家们尤须保重,以为他日社稷之用。"

王庶说:"然而近日亦有好事,闻得主上已拜命李泰发为参知政事。"胡铨说:"不料小朝廷之中,如今唯有李泰发一人尚可牵制秦桧。亦不知李泰发得久居政府,取而代之否?"王庶说:"李泰发亦是尽人事,听天命,听君命。"两人正在议论国家前途,有一名吏胥进入,向胡铨唱喏,送上一份监登闻鼓院陈刚中的送行启。王庶和胡铨只见其中写道:

谁能屈大丈夫之志,宁忍为小朝廷之谋。屈膝请和,知庙堂御侮之无策;张胆论事,喜枢庭经远之有人。身为南海之行,名若泰山之重。

王庶激动地说:"此启伸张一代正论,邦衡当之无愧。国家底祸难与仇耻,亘古未有;朝野救国心切,群起抗争,不计安危祸福,亘古未有;然而主上信用奸人,无志于恢复,亦是亘古未有!"胡铨沉痛地说:"何以君子常是不敌小人?今日竟是重蹈十二年前底覆辙。当时李相公、宗留守不敌黄潜善、汪伯彦,而陈东与欧阳二义士杀身成仁,尤是惨烈!"

临安府的吏胥上前催促,说:"男女敬请胡编修登程!"胡铨不再拖延,与王庶走出显严院。他们怅望着冬日的西湖景色,寒日淡泊,草木凋谢,朔风萧瑟,更增加了惆怅和愤懑。两人不再说话,只是互相握手,久久地凝视对方。王庶松开手,正准备上马,又被胡铨喊住:"子尚如今奉宫祠,欲往甚处存身?"王庶扭头回答:"下官本欲寄居临安,观察政情变故,料得秦桧必不能容。又欲前去鄂州,以便稍备岳鹏举顾问,然而此亦必是受秦桧猜忌。如今欲去江州寄居,稍近鄂州,以备他时风云变幻。"胡铨说:"唯愿天道好还,大宋宗社否极泰来,自家们数年后得有相会之机。"

胡铨和王庶就此分别,不料这竟是他们的最后一面。王庶罢官后,不断地遭受秦桧党羽的劾奏。最后,宋高宗下令将他贬官节度副使,发落荆湖南路道州安置,就在四年后死于道州。第一批受宋高宗和秦桧迫害的抗战派,也不止王庶和胡铨两人。秦桧得知陈刚中写送行启,极其恼恨,设法将他贬官江南西路虔州安远县。陈刚中不久饮恨而终,他没有子嗣,妻子伤心之余,就削发当尼姑。宜兴士人吴师古因为刊印胡铨此奏,被流放袁州编管,规定永远不得参加科举,他也死于流放地。另有士人李柔中上书,历数秦桧十大罪状,企图营救胡铨,结果却被关押在大理寺狱,惨死狱中。

[贰伍]
跪拜成礼

　　放逐胡铨以后,秦桧的精神负担减轻了不少,但他也清楚懂得,自己的危机远没有过去,只要与金使就跪拜诏书问题达不成协议,自己随时有罢相的可能。他按范同的主意,决定前去馆舍,亲自拜见张通古,寻求妥协方案。

　　张通古是易县人,原是辽朝末年的进士,如今官至右司侍郎,又是完颜斡本的亲信。金熙宗和完颜斡本决定派他前来,就是为了排斥完颜挞懒、完颜蒲鲁虎一派,不让他们插手对宋外交。秦桧进入馆舍后,抢先向张通古长揖,然后与张通古分宾主坐下。双方屏退随从,然后密谈。

　　秦桧从袖里取出胡铨上奏的副本,递给张通古,说:"张侍郎远道来敝国,奉诏书赐还河南之地,敝国君臣甚是感荷,亦非不愿曲尽以小事大之礼,然而处事亦甚是艰难。上回撒卢母宇董前来,敝国尚不须以重兵守护。如今非有重兵,便不得保张侍郎底安全。"

　　张通古把胡铨的文字从头到末,仔细看了一遍,不由惊叹说:"原来江南亦有雄才!"秦桧听对方称胡铨为"雄才",心里也不免有几分别扭。他说:"胡铨本是狂士,如今官家已有处分,将他贬谪岭南。然而廷臣、武将们都是不服,官家亦委是难以至使馆拜受大金国主底诏书。切望张侍郎见谅,须知两国和好,是长久之福。"

　　张通古说:"我奉郎主诏命而来,亦只为与江南和好。若是康王不能尽称臣礼数,河南土地又如何赐予江南,难道康王不欲教母兄南归?"秦桧说:"上国不归还梓宫与母后,官家便当与群臣怎生说谕?"他用这句话暗示,宋高宗其实不在乎宋钦宗等人是否南还。

张通古笑着说:"原来康王唯欲以孝道标榜,而不欲尽悌道。"秦桧本来只想稍作暗示,经张通古说穿,就不得不连忙辩解说:"官家亦是日夜思念渊圣皇帝,故此回以归还母兄为和议事目。"

张通古笑着说:"若是此回大金与江南和议不成,便当怎生底?"秦桧说:"若是和议不成,下官只得挂冠而去。然而另做宰相底,切恐便不欲讲和。两国不得已而再用刀兵,亦不知鹿死谁手?张侍郎须知,如今江南底军力,亦非靖康时可比。"

张通古说:"然而此事当如何理会?"秦桧用略带哀求的语调说:"唯求张侍郎开恩,教下官代官家受国书,方得有济。"张通古笑着说:"康王已是依允奉表称臣,若是别无缘由,不愿亲自到使馆,又怎生成以小事大之礼?"

秦桧真想哀求说:"下官原是伏侍挞懒郎君,挞懒郎君教自家南归,只为成就南北媾和,切望张侍郎成全下官。"但他又想到:"金国亦有派系,张通古来历不明,若是他与挞懒有仇隙,适足以坏事。"于是他又设法找其他理由,劝说张通古,张通古最后说:"自家备知康王与你决意求和,亦愿成就和议,然而若无缘由,便教康王不拜受诏书,自家亦是难于归上京回奏郎主。"张通古到此已交待了自己让步的极限,秦桧也不好再说什么,只能告辞回府。

秦桧连夜找来范同等人商议,不料范同等人也想不出什么可以让宋高宗免于跪拜的借口。眼看行将到岁末,急不可耐的宋高宗开始向宰执大臣发怒:"朕只为母兄回归,不惜一己之屈,依允称臣纳贡。张通古逼人太甚。朕是万乘之主,已是亲行郊礼,跪拜昊天上帝,若要再拜虏主诏书,教朕有甚面目见臣民?只此一事节,却是全然不通商量。卿等无所作为,又有何面目坐政事堂?"

秦桧和孙近、李光站立殿中。听到皇帝最后一句,秦桧和孙近不寒而栗,不由变了脸色。李光是在宋高宗一次召见,审察了他对和议的态度,然后任命为参知政事。当时李光不得不说些赞成和议的言语,然而他的内心却非常不自在。李光听到皇帝发怒,心里反而感到欣慰,他倒希望和谈因此告吹。

秦桧只能面带愁容,战战兢兢地说:"臣待罪都堂,亦曾设法与虏使委曲计议,却是难以有圆通底计策。如今臣身荷罪戾,唯求陛下明正典刑。"

秦桧的言语和表情,使宋高宗更加生气,他厉声说:"士大夫但为身谋。如是在建炎明州航海时,朕便是百拜,亦不复过问。"他转念自己是一国之主,如今却在臣僚的舆论干涉下,身不由己,而只能处在一种进退两难的境遇中。他无论如何不愿和谈因此告吹,却又无法觍颜去使馆,向金熙宗的诏书跪拜。

李光乘机说:"此事莫须召三大将来,与他们计议,方是稳当。"宋高宗不作回答,沉默了一会儿,又对秦桧说:"朕放逐胡铨,原是为成就秦卿底相业,故委以全权。如今限卿三日,须是与虏使通商量,以求两全。"秦桧只得说:"臣领旨!"

三人退殿后,秦桧哭丧着脸,对孙近和李光说:"自家们须是同舟共济,切望二公想方设法。"孙近只是说:"秦相公,重赏之下,必有勇夫。"李光说:"主上已是下诏,教臣僚们出谋献策,然而至今未有人献圆通之策。"秦桧神色沮丧,与两人道别。

秦桧万般无奈,想再去馆舍,求见张通古。他坐轿走了一半路,又觉得不妥,于是吩咐抬轿赶回都堂。他在都堂召集了范同、勾龙如渊等一批党羽,说:"老夫已得圣旨,限期三日,须与张通古定议,教宰执代官家受虏人国书。你们皆是圣上亲擢,自当与朝廷同休戚,若有两全之策,或是去使馆晓谕虏使,可悉心开陈。"大家互相望着,谁都感到束手无策。秦桧把眼光盯住范同,范同明白秦桧的意思,因为自己曾充接伴使,与金人有所交往,说:"下官愿去使馆说谕。"

当夜,范同又独自来到秦桧府里,带来的却不是好消息,他说:"下官百计劝谕,张通古言道,唯是须有一藉口,官家不去使馆,方得名正言顺。他亦得以北上,回奏虏主。"秦桧长叹一声,说:"不料藉口之难,煞是难于逐胡铨!"

秦桧接连两天,愁眉苦脸,甚至不思茶饭,却只能在都堂值班,等待别人献计。有吏胥进入报告说:"今有楼给事求见。"秦桧听后,急忙出迎。给事中楼炤在六年前秦桧初相时,已经被指为秦党。他面带得意之色,进入堂中。秦桧迫不及待地问道:"楼给事智谋出众,必有妙策?"楼炤说:"下官思忖数日,方忆得《尚书》有说:'高宗谅阴,三年不言。'"秦桧一时简直高兴得忘乎所以,他拍手说:"楼给事一言破群疑,大功非细!"

秦桧立即召来孙近、李光、勾龙如渊、王伦等人,请楼炤再作说明,楼炤又重复引用《尚书》的话,解释说:"拜受大金诏书,乃是吉礼。如今圣上为太上皇谅阴,便难行此礼。"秦桧对王伦说:"王端明便当以此意晓谕张通古,共定受大金诏书礼仪。"

众人听说楼炤的提议,都感到高兴,唯有李光内心有难以言喻的不快。勾龙如渊说:"如今事节既有眉目,请秦相公与二参政速去奏禀圣上。"李光却忍不住说:"去使馆受国书,固不须惮,然而此事便请秦相公与孙参政施行。下官难以行此礼数。"秦桧到此才察觉到李光另有政见,但在此种场合,他不想说什么。勾龙如渊却说:"李参政耻于下拜,事固如此,然而与人主之屈相较,切恐李参政尚是不得不行此礼数,以求保国安民。"李光不再说话。

在王伦与张通古协商妥当后,秦桧与孙近、李光立即面对,说明情况。宋高宗愁颜为之一扫,喜形于色,说:"楼炤建此议,日后当有功赏,然而卿等皆与有功。待与大金媾和成就,休兵息民,朕当与众卿共享安乐之福。日后皇太后归来,可于大内另建宫室。然而渊圣所居宫殿,可令临安府另行计度修建,以成朕孝悌之志。"秦桧马上说:"陛下孝悌绝人,前古帝王所不能及。"

李光听到秦桧进谀词,心里更加别扭,就说:"臣愚自蒙陛下进擢,无一日不感戴圣恩。然而臣年老,近日偶有小恙,此回拜受虏人诏书,难以屈膝。切望陛下施天地之仁,教臣免于此行。"宋高宗正在兴高采烈的时候,他没有注意李光的微妙感情,就说:"卿虽有小疾,然而亦须为朕一去,庶不负朕底厚望。"李光到此只得说:"臣领旨!"

十二月二十七日,秦桧、孙近和李光三人身穿标准的朝服,头戴七梁冠,秦桧另加貂蝉笼巾,身穿朱罗面绵服,脚穿白袜和黑履,腰系涂金银装玉佩和银装玉佩。从都堂坐上三顶大轿,由王伦乘轿在前导引,来到金人所住使馆。张通古身穿金朝的朝服,代表金朝皇帝,在一间厅堂里面南而坐。金朝的朝服其实与宋朝没有多大差别,张通古只是按他的官品,头戴五梁冠,身穿绯罗面绵服等,唯一与宋人不同之处,就是双辫垂肩。他作为汉儿,耳朵上又不戴金银环。

秦桧等人进入厅堂后,就执笏向张通古下跪,叩头九次,山呼"万岁"。秦桧说:"下国君王在谅阴中,难以行吉礼,今特命宰臣秦桧等前来,恭迎大金国皇帝诏书。"张通古说:"念江南康王赵构难行吉礼,今特依允秦桧等代康王行跪拜礼,迎请大金国皇帝诏书。秦桧等少礼。"秦桧说:"臣秦桧等代君王谢恩。"他与孙近、李光三人到此方才起立。李光满面羞惭,眼睛望着张通古,不由喷出怒火,他的内心只是反复念着四个字:"奇耻大辱!"

按照双方的协议,张通古手捧一个放置诏书的精美木匣,带头走出厅堂,秦桧与孙近、李光、王伦随后。他们来到使馆门外,宋方早就停放了一辆玉辂。玉辂本是皇帝举行郊礼用的最高规格的马车,前有六匹青骢马,分列两行,都套上金面,插上雕羽等装饰,三根车辕上都饰有银龙头。车上有各种繁富的装饰,用油漆刻镂的青龙、白虎、龟文等图案,作为玉辂的重要标志,就是有大量玉饰。张通古亲自把诏书匣放置在玉辂上一个铺衬黄色细麻布绵褥的平盘上。

于是玉辂前行,张通古骑马随后,而秦桧等四人骑马又在张通古之后。按照张通古的要求,宋朝文武百官必须身穿朝服,作为扈从。官员们纷纷抵制,除了秦桧的少数党羽外,只能临时命令三省和枢密院的吏胥假扮官员,列队扈从。另有一批乐人随着队伍,沿途奏乐。这支队伍来到了丽正门前,按照规制,大家必须在门前下马,步行入殿。张通古却不肯下马,而随着玉辂驰入丽正门。一名皇城司的亲事官上前,手挽马勒,企图制止张通古纵马直驰。张通古手举藤鞭,猛抽此人的手,亲事官却忍痛紧抓马勒,不肯放手。尽管如此,张通古还是骑马来到殿前,方才下马。他从玉辂上取过诏书匣,大步进入殿内。

为了这次仪式,殿里临时张挂和布满了紫幕,殿里设置东、西两个座位,宋高宗坐东朝西,让张通古坐西朝东。张通古登殿后,还是沿用过去的礼仪,先向宋高宗行女真跪礼,宋高宗起立,互相寒暄几句。张通古站着说:"康王恭听宣读大金皇帝诏书。"宋高宗也站着说:"臣构恭听大金皇帝圣谕。"然后张通古取出木匣里的诏书,开始宣读。

金熙宗的诏书里充满了居高临下,甚至侮辱宋高宗本人和父兄的词句,但算是没有提出新的苛刻条款,只是依允他称臣纳贡,宣布赐还河南、陕西土地,归还梓宫和宋钦宗、韦氏等赵氏血属。宋高宗对金朝诏书中的侮辱,早有精神准备,尽管他内心也不可能完全无动于衷,还是保持了平静的表情。他最关注和担心的,是对方有没有提出新的、自己无法接受的苛刻条款,直到听完,才长长地,而又是轻轻地吐了口气,他站着郑重地说:"臣构恭依大金皇帝圣旨,愿永为藩臣,遵守誓约,唯是恭请大金皇帝早日归还梓宫与母兄,此是臣构不胜至愿,自当感荷大金皇帝天地之恩。"

张通古说:"自家恭奉大金国皇帝圣谕,前来出使,亦是愿永敦君臣之国底盟好。"张去为从张通古手里接过诏书,递给宋高宗,宋高宗恭敬地用双手接来,放置御案上。双方坐下,开始客气地寒暄,宋高宗吩咐张去为:"取朕底礼品单来。"张去为把那张礼单放置在张通古案上,张通古接来一看,只见其上所开列礼品的丰厚,完全出乎自己意料之外,包括黄金一千两、白银五千两、木绵布一百匹、虔州细麻布一百匹、御用龙凤团茶,还有若干珍宝等。张通古笑逐颜开,说:"自家蒙江南康王厚赐,不胜感谢。"宋高宗说:"大金国使者不远万里而来,鞍马劳顿,只为两国讲好,朕岂吝厚赠。唯愿使者北归,致敝国君臣感戴上国皇帝底厚德深恩,世服藩辅,谨守臣规。另有黄金千两,烦劳上国转纳朕底母兄。"

张通古完成使命后北归,他装载着丰厚的礼品,心满意足。宋高宗任命韩肖胄以签书枢密院事的身份,为大金奉表报谢使,与张通古一起北行,又任命王伦以同签书枢密院事的身份为交割地界等使,前往旧京开封,与金人办理收回河南、陕西之地的手续。

张通古一行在临安欢度除夕之后,于绍兴九年(1139年)初与韩肖胄乘船,沿运河北上。宋高宗的礼品果然起了作用,张通古一路上收敛了"上国之卿"的架子,与韩肖胄有说有笑,彼此的交往气氛显得轻松自然。他们抵达镇江府渡江,来到扬州。

韩肖胄刚在馆舍中安顿下来,就有随从报告:"淮东胡运副有紧切事求见韩枢相。"韩肖胄还来不及作出反应,淮南东路转运副使胡纺已经进入。他显得神色紧张,向韩肖胄施礼后说:"乞韩枢相屏退左右,下官有紧切事告报。"韩肖胄马上命令左右随从退下。原来韩世忠得知宋金双方和谈成功,十分恼怒,他决定派兵假扮北方的红巾军,埋伏在洪泽镇,准备袭杀张通古,使双方和谈告吹。不料有一部将向胡纺泄漏秘密。胡纺曾献媚于韩世忠,而受提拔。但这次他还是决定向朝廷告密,以求进一步升迁。

韩肖胄听完对方的诉说,不由抽一口冷气。他七年前出使金朝,亲身领受了国耻的滋味,特别是得知皇帝的母妻妾所蒙受的羞辱,却不敢归来奏禀宋高宗。不料宋高宗却在很多朝臣均表示激烈反对的形势下,看中了韩肖胄的沉默,于是韩肖胄不得不领受了"勉为朕行"的圣旨。韩肖胄心中不免感叹说:"若是自家不奉使,便是唯愿韩世忠成功,如今却是须与张通古同共避祸。"

韩肖胄当即找到张通古,向他通报了消息。张通古做了几个月大国之卿,充分享受了颐指气使的快乐,但当得知此讯,却立刻双腿发软,竟跪倒在韩肖胄的脚下,连声说:"韩相公救我!韩相公救我!"他对韩肖胄还是初次使用"相公"的尊称。韩肖胄望着对方卑屈的模样,真想再讥刺或吓唬几句,但转念自己还须去对方的国境,就打消了这种念头,说:"张侍郎且请急速收拾行囊,事已至此,自家们唯有速去淮西,求张相公派兵保全。"

韩肖胄马上给宋高宗上急奏,又给张俊发了一份咨目,然后与张通古一行出扬州城西通泗门,向淮西进发。张通古沿途不敢住宿,只是要求韩肖胄昼夜兼程。他们竟一气逃奔一百余宋里,韩肖胄疲乏难忍,就向张通古建议说:"此处已是真州地界,距淮西和州不远,鞍马劳顿,不如且歇息片时。"张通古一面喘息,一面说:"莫须到得和州,然后歇泊。"

两人正说话时,西方来了一支军队,张通古见到远处一片绯红色的旗帜和军装,不由惊惶地说:"来者莫非是韩世忠底大兵,前来截杀,如今全仗韩相公相救。若得保全性命,便是结草衔环底大恩!"韩肖胄只能派随从前去询问,不一会儿,随从与十余骑驰马前来,不等随从开口,来将在马上说:"下官是淮西宣抚司统制田师中,今奉张相公底将令,统军四千,越界前来,护送韩枢相与大金国使。张相公亲率大兵随后便至。"

田师中的到来,使韩肖胄和张通古都喜出望外。韩肖胄笑着对张通古说:"如今既有田太尉统兵保全,自家们莫须且在此稍事歇息。"张通古其实也同样十分疲劳,说:"会得。"两人下马,田师中向他们进献干粮。

  当这支队伍将要走出真州地界时,张俊果然率领大军,亲自迎接。韩肖胄向张俊介绍了张通古,两人都在马上说了些感谢的话。张俊在马上得意地说:"既是大金国张侍郎与韩枢相到得自家军中,便是韩五亲来,亦不须畏惧。我统大兵护你们出境,决无疏虞。"张通古又重复说:"下官此回出使成功,不料又横生枝节。幸得张相公劳趾远涉,旌旆亲临,委是不胜感激。"张俊说:"我蒙官家底圣恩,须是忠于官家。官家教两国和议,共享太平之福,自家做臣子底,便须遵禀。"韩肖胄明白,张俊这句话是说给他听的,用意是让他将来回奏宋高宗。

  张俊亲自护送韩肖胄和张通古一行,沿途大事铺张,盛情招待。但韩肖胄明白,张俊所用的钱财都是取自各地的官库,悭吝的张俊决不会破费一文私囊。张俊统兵来到淮水南岸,他一直等韩肖胄与张通古等渡过淮水,方才收兵回建康府。

[贰陆]
可忧而不可贺

屯兵鄂州的岳飞,当然非常关心临安城中一场短兵相接的政争,关心王庶、胡铨等人的命运,然而邮递到鄂州的朝报,却是接连给他带来坏消息。绍兴九年元宵节未过,岳飞又先后收到宋廷两份重要文件,一是因和议成功,宣布大赦令,二是宣布将岳飞由正二品的太尉,升至从一品的开府仪同三司。

岳飞得知升官的"喜讯",心境却更加沉重,他召幕僚和王贵、张宪等将到宣抚司厅堂,激愤地说:"诏书言道:'军声既张,国势益振,致邻邦之讲好。'难道十四年艰难血战,千万将士捐身锋镝之下,唯是为'讲好'二字。"

于鹏说:"秦桧明知和议不得人心,便尤须以大赦遮掩耻辱,以滥赏文饰太平,亦教岳相公沾溉'讲好'之惠,与他分谤。"孙革说:"与杀君父之仇敌卑屈求和,亘古未有,取讥诮于天下后世。唯其非无自知之明,便须教天下官民与他同共赞颂'太平'。常言道,自欺欺人,第一须是自欺,然后方得欺人。"

岳飞用沉痛的语调说:"下官此回升官,煞是莫大之耻,我岂得与奸相共享苟安东南半壁江山之福。"王贵说:"然而既是官家底恩典,自家们做臣子底,切恐推辞不得。"张节夫说:"岳相公便是立功升擢,尚须上奏辞免。今日又岂得不辞?下官不才,愿为岳相公起草奏表。"岳飞说:"便恭请张干办落笔。"张节夫才思敏捷,不一会儿,就先把谢讲和赦的表一挥而就,其中说:

窃以娄敬献言于汉帝,魏绛发策于晋公,皆盟墨未干,顾口血犹在,俄驱南牧之马,旋兴北伐之师。盖夷虏不情,而犬羊无信,莫守金石之约,难充豁壑之求。图苟安而解倒垂,犹之可也;欲长虑而尊中国,岂其然乎!

　　臣幸遇明时,获观盛事。身居将闲,功无补于涓埃;口诵诏书,面有惭于军旅。尚作聪明而过虑,徒怀犹豫以致疑;与无事而请和者谋,恐卑辞而益币者进。愿定谋于全胜,期收地于两河。唾手燕雲,终欲复雠而报国;誓心天地,当令稽首以称藩!

众人看后,不由叫绝。于鹏说:"非张干办,不足以写此雄文;非此雄文,不足表岳相公与众将士之志。煞是千古绝唱!"张宪说:"如今与虏人划河为界,而以为得计。张干办伸张收地两河、唾手燕雲、复仇报国底壮心,必是鼓舞天下底人心士气!"孙革说:"此文一腔忠愤,有不可抑勒之势,气势雄浑,掷地铿锵,当忠义爱国正气横遭摧残之际,有此雄文,亦足以壮天下志士之气。"

岳飞说:"若是他年他月,王师到得燕山,自当将此文勒铭。"张节夫说:"如到此时,下官当另撰铭文,一抒岳相公与天下臣民抑郁忠愤之气。"他的灵感又很快转到了岳飞辞免开府仪同三司的奏札上,大家见到张节夫简直是不假思索,立时草就,其上写道:

　　臣待罪二府,理有当言,不敢缄默。夫虏情奸诈,臣于面对,已尝奏陈。切惟今日之事,可危而不可安,可忧而不可贺。可以训兵饬士,谨备不虞;而不可以行赏论功,取笑夷狄。事关国政,不容不陈,初非立异于众人,实欲尽忠于王室。欲望速行追寝,示四夷以不可测之意。万一臣冒昧而受,将来虏寇叛盟,则似伤朝廷之体。

孙革看后感叹说:"此便是语重而心长,不知可得感动主上否?"岳飞只是简单说了一句:"感荷张干办,此表此奏足以明自家底心志。"

岳飞把张节夫的表和奏拿至书房,尽量抑制自己的心烦意乱,用正楷誊写。等到誊写完毕,又不免发出长吁短叹。此时李娃正好手捧一盏香茶,进入书房。她怀着明显的身孕,却还是尽量体贴丈夫。李娃知道丈夫的脾气和最近的心境,她把茶盏连同盏托放在书案上,困难地微弯腰身,下意识地阅读张节夫的草稿,不由赞叹说:"张干办底文笔,天下少见!"

李娃扭头望着岳飞的愁容,就劝慰说:"奴家料得,主上底恩命,岂容反汗,然而鹏举上此表此奏,亦足以风动天下。"岳飞痛心地说:"社稷受耻已深,便是日后得湔洗此耻,犹有余耻。不料主上受辱之余,犹教臣子再受升官之辱,我岂不知难以辞免,然而又岂不令人痛心!难道我岳飞奋身效命十四年,唯是为分享讲和之辱,得一个从一品底高官,而后快意!"他一面说,一面激愤地站立起来。

李娃说:"鹏举须忆得王枢相底言语,忍辱负重,以待变故时用兵。"提到王庶,益发增强了岳飞的忧虑,他说:"若是王枢相得留于朝中,尚能与奸人秦桧相抗。观秦桧底意思,必欲剪除朝廷底忠臣义士而后快。若是他时虏人有意料中底变故,不知朝中又有甚人得以主张国是?王枢相离朝,极是可惜!"

两人正在说话,有亲兵进入,递上了一份李纲自福建寄来的书信,这还是去年十一月所发。岳飞看后,又递给了李娃,李娃边看边说,"李相公身在草野,尚是忧心社稷,他底意思,竟与王枢相全同。他底忠言,鹏举不可不听。李相公寄厚望于鹏举,鹏举为国家大计,亦唯有忍辱负重,砺兵训士,静以待变。"

再说宋高宗自从和议成功之后,心境颇佳。除夕新春期间,他放置了一切国务,在宫中尽情享乐。后宫照例还是张婕妤和吴才人陪伴着宴饮,一天夜里,在明荧的烛光下,微醉的宋高宗突然感到,张婕妤今年虽然还只有二十八岁,毕竟不如初次云雨时么漂亮,特别是缺乏当年的娇羞神态。他又满饮一盏酒,自言自语说:"如今与虏人讲好,大势已定,朕又有甚忧?唯是'汉皇重色思倾国,御宇多年求不得'。"

张婕妤听后,顿时变了脸色,但又很快恢复故态。宋高宗带着朦胧的醉意,当然没有觉察。然而张婕妤脸部表情的细微变化,还是逃不过吴才人的眼睛。吴才人因为皇帝准备将自己抚养的赵璩立为国公,内心颇为得意,她完全明白,皇帝刚才的话,是对张婕妤十分沉重的一击,心里格外高兴,她真想对站立服侍的众宦官说:"尔们须是千方百计,寻觅一个倾国倾城底佳人入后宫。"但话到嘴边,还是咽了下去,她虽然与张婕妤暗斗,却不愿意形迹太露。

宋高宗今夜还是找了一个新入宫的女子侍寝。张婕妤深夜独自回阁，不料十三岁的赵瑗还是在阁中等待养母。赵瑗年龄稍大，现在已不和张婕妤同居一室。由于考虑到他还是孩童，所以另外安排他与赵璩的晚饭，以免奉陪皇帝，睡得太晚。但赵瑗却不愿先睡，一定要等待养母回归。张婕妤见到赵瑗，就再也无法克制自己的感情，她吩咐宫女们退出阁中，就抱住赵瑗，低声抽泣。

赵瑗已经相当懂事，他完全清楚另立赵璩为国公，对自己意味着什么。但在养母的调教下，赵瑗也不得不学会了克制，或者说是虚伪。他表面上对宋高宗格外地恭敬，对吴才人和赵璩也格外地亲睦。尽管赵瑗并不了解养母今夜悲泣的具体原因，但他还是进行了最有效的劝慰："妈妈莫哭！妈妈莫哭！悲戚伤身，面带泪容，便难以见官家。"张婕妤连忙收住眼泪，一面抚摸着赵瑗，一面说："唯是五八郎最知妈妈底辛酸苦楚！"母子俩亲热了一会儿，张婕妤就亲自把赵瑗送到他的卧室。

张婕妤在床上独自度过了一个难眠之夜，她想得很多，却怎么也想不通，自己能够以柔克刚，战胜美貌的潘贤妃，却无法战胜貌不惊人的吴才人。她一直担心和害怕自己色衰而宠弛的命运，不料这种命运竟来得过早，昨夜皇帝的醉语，就是一个信号。她辗转反侧，一会儿低声自语："既是奴家命薄，便当听天由命。"一会儿又说："奴家岂能负于吴金奴！"但想来想去，只是想出一个主意。

次日天明后，张婕妤立即召来了张去为，说："张大官，你须是为官家寻访得一个绝色女子，奴家另有重赏。"张去为笑着说："回禀张娘子，昨夜吴娘子亦是面授小底如此言语。小底自当遵禀二娘子底意思，教众人用心寻访。"张婕妤听说吴才人又抢先一步，内心有说不出的难受，却又不能有任何流露。但宋高宗听说这两个地位最高的宫人都作出如此关照，还是颇为满意。

元宵过后，宋高宗召三名宰执面对。他首先说话："此回韩世忠竟敢图谋劫杀大金使者，幸得张俊宣力，方是无虞。岳飞亦是上奏表，力诋和议，又力求辞免新官，煞是深负朕恩。"他说完，就命令宦官把岳飞的一表一奏，递给秦桧等人。

秦桧看后说："臣愚以为，祖宗家法，便是崇文抑武，以文驭武，故立国一百七十余年,再无五代骄兵悍将之变,天下得以安全。自军兴以来,陛下稍假事权,粗人辈便不知名分,跋扈有萌。如今民间称呼诸军为岳家军、张家军、韩家军,而不知是天子之兵,诸军偏裨士卒亦是唯知有大将,不知有天子。臣愚深以为可忧,切恐长此以往,国将不国。目即既是南北通和,正是罢诸大将兵柄底事机。臣愚以为,尾大不掉之势,倒持干戈,授人以柄之患,已是积年,陛下须是当机立断,当断不断,反受其害。"

宋高宗没有表态,但三名宰执都从皇帝的眼神中看出,秦桧此说确是深深地打动了他的心。李光心想:"秦桧此人煞是奸恶阴毒!"他正在盘算如何发表足以说服皇帝的反对意见,秦桧又说:"依臣愚所料,韩世忠与岳飞不臣之心已明。陛下欲坚和议,便须罢大将底兵权。不然,二人重兵在握,意外底事叵不可测。"

宋高宗把目光移向孙近和李光。孙近连忙说:"臣以为秦相公所奏深中事理,陛下守祖宗之法,便是社稷长治久安之道。"

李光现在已不容缄默,但他也明白,如果自己出面为韩世忠和岳飞辩护,就只能适得其反,他字斟句酌地说:"臣愚以为,目即不是罢兵权底时机。金虏狼子野心叵测,若是乘机出兵,不知陛下又教甚人折冲御侮?和不可恃,便是备不可撤。"

秦桧到此已深为后悔不该援引李光,但他仍坚持原议,说:"陛下早曾有圣谕,可升擢偏裨,用以分大将底权势。臣愚以为,如今适当其时。"

宋高宗用决断的口吻说:"罢大将兵柄干系重大,姑且缓议。可命词臣草诏,不允岳飞辞免开府,以伸朕底恩典。秦卿可为朕草手诏,戒谕韩世忠,孙卿可为朕草手诏,褒嘉张俊。"于是三名宰执只能齐声说:"臣等领圣旨!"秦桧和孙近为皇帝起草手诏后,宋高宗略作修改,就命令宦官用金字牌递发。

宋高宗又改换一个话题说:"大金国既归还河南之地,西京底祖宗陵寝亦在其中,昨有范如圭上奏,建议须遣使告慰祖宗神灵。卿等以为须是命甚人出使?"秦桧听说,原来是骂自己将"遗臭万世"的人,出此建议,心里不由火冒三丈。他一时无法对答,又被李光抢先了,李光说:"臣以为,同判大宗正事士㒟在宗室中年高德劭,兵部侍郎张焘外和内刚,堪当此任。"宋高宗立即表示同意:"便依卿议,命士㒟为祗谒陵寝使,张焘为同祗谒陵寝使,教他们面对后,择日启程。"秦桧到此才想到举荐自己的党羽范同,却为时已晚,他望了李光一眼,内心充满了怒意。

李光又口奏说:"王伦若与虏人交割得河南之地,不知当怎生防守?"宋高宗说:"朕今日议和,只为销兵,教百姓安业。不可移东南底事力,虚内以事外。须是守祖宗之法,守内虚外。河南之地,得数千人马弹压,便已足用。"

李光说:"河南之地屡经兵燹,又在刘豫苛政之余,闻得户口减耗甚多,平时委是难以屯驻大军。河南之地距京西南路最近,正宜教岳飞命偏裨统数千人马驻守。"秦桧马上表示反对,说:"若是教岳飞勾抽兵马,必是邀功生事,破坏和议,万万不可。如今唯有勾抽张俊淮西宣抚司兵马,方是稳当。"宋高宗说:"朕当另命郭仲荀做京城副留守,于张俊处勾抽人马前去。"

宰执退殿后,秦桧不再理睬李光,却有意与孙近亲热交谈。李光也明白,经过这次交锋,他与秦桧的私交就算一刀两断了。李光坐轿回府后,就把今天面对的情况,对管蕙卿作了介绍。管蕙卿说:"参政今日处事甚当。若是依秦桧底奸计,罢韩、岳诸大将底兵柄,虏人败盟,国家必是危殆。"李光说:"故自家为此尤须抗论。然而秦桧已是恨之入骨。"

管蕙卿说:"然而不诡随秦桧,为天下大计,尽心竭力,方见得是真参政!"她说完,就取来一封书信,递给李光,说:"此是从九品迪功郎杨炜底修书,虽是以卑凌尊,言语冒犯,责词甚严,然而亦足见此人耿直,切望参政海涵。"

尽管管蕙卿有言在先,李光把书信看了一遍,还是不由浑身冒汗。他今年活了六十二岁,还是第一次遭受如此尖锐而严厉的责骂。使他最感伤心的,是如下的一段:

> 阁下平生之志,自许如何?今一旦昏于利禄,不知天下之人,已极口讪笑阁下平生之伪矣。某独不忍退而非诋阁下,辄以所闻告之左右。倘阁下不此之恤,将使后世书之史册曰:此卖谄宰相,以取执政者。阁下能堪之乎?岂可与卖国之奸谀,甘心低头,共槽枥而食耶?

李光不由下意识说了一句:"气杀老夫!"管蕙卿早有精神准备,她连忙说:"然而参政今日底所作所为,便足以教世人知得,此人尚不是卖谄宰相,以取执政。国朝自范文正公大倡名节以来,虽是历经劫难,天地之间底正气尚得维持而不衰。参政身为国家大臣,唯当培育之,切不可损伤之。况且杨迪功底书信中明言,秦桧'力专误国之谋,倾心黜虏',而孙近'龌龊谨畏',唯有参政可任孔子《春秋》大义底责难,亦是寄厚望于参政。"

李光经管蕙卿的劝说,到此也已完全清醒,他说:"杨迪功后生可畏,难得!难得!然而朝廷底事体,难以教他知情。"他想了一下,又说:"郡夫人可教人晓谕他,老夫事冗,难以回书,唯是深感于杨迪功底忠义,且待日后,自当拨冗面谈。"原来自从李光升任执政官后,管蕙卿的外命妇封号也升为缙云郡夫人。管蕙卿听丈夫如此说,也面露宽慰的微笑,说:"奴家理会得。"

李光突然激愤地说:"老夫自料,亦是个噙齿戴发底男儿,却是不得不代官家跪受虏主诏书。老夫每念及此回大辱,唯是痛愤自家苟活人世,无面目见士大夫。"他转而又用低沉的语调说:"然而朝廷之上,既是主上信任秦桧,老夫又是身为副相,欲与秦桧周旋,稍抑他底奸谋,亦极是艰难。幸得尚有王子尚、胡邦衡为知己。不然,老夫底心,便唯有郡夫人知得,却是难以剖白于天下。"管蕙卿深情地说:"奴家理会得。参政须知,路遥知马力,日久见人心。"

再说赵士㒟,他在本书第一、二、三卷中已有交待。自从建炎三年以来,他一直闲居外地。最近因为无人掌管赵氏宗室事务,宋高宗想起赵士㒟有拥戴自己称帝之功,就将他召来行朝。赵士㒟的虚衔是光山军节度使、开府仪同三司,就授予同判大宗正事的差遣。宋时用"判"字,是含有高官任较低差遣之意,"同"字意为副职,因为赵士㒟的虚衔还不够判大宗正事的资格。其实,在他之上并非另有人担任正职。

赵士㒟面对之后,就分别和张焘收拾收装,准备启程。二月的一天,有仆从通报:"今有福国长公主求见九九开府。"赵士㒟听说柔福帝姬来访,就亲自出迎。柔福帝姬当然有丈夫高世荣陪同。她全身缟素,这是为宋徽宗服孝,从宋廷得知宋徽宗死讯算起,二十七个月的守孝尚未满期。

赵士儇只是在宋徽宗在位时见过柔福帝姬,当时她不过十岁出头。自从南宋重新建国以来,两人从未会面。

赵士儇请柔福帝姬和高世荣入厅堂坐定,仆人献茶,柔福帝姬还是从伯母隆祐太后开始说起:"伯娘在世时,常是称许九九叔贤德,恨不能一见,今日方得如愿。"赵士儇也感伤地说:"隆祐娘娘仙逝积年,自家犹是思念。二十姐历尽劫难,方得南还,自家亦甚愿一会。"

柔福帝姬说:"奴家自恨是一女流,不得上战阵,手刃仇寇,便是捐身,亦是甘心。近日得知九九叔为祗谒陵寝使。奴得知此讯,便去行宫拜见九哥,欲追随九九叔同去西京,拜谒八陵,申诉血泪之痛,求祖宗在天神灵赫然震怒,歼灭仇敌,廓清宇宙。然而九哥以奴家女流,不允所请。"她愈说愈激动,双眼不由流下两条玉箸。高世荣到此也不能克制自己,陪着妻子落泪。

赵士儇被柔福帝姬的情绪所感染,但他只是唉声叹气,沉默了一阵,才说:"如今若是以收归河南之地为权宜,待渊圣回归,便挥师直取两河、燕云,犹有可说。"柔福帝姬忍不住说:"可惜九哥决无此志,他在南京登基时,便重用黄潜善、汪伯彦,立定与仇虏划黄河为界底规模。如今只愿在临安快活,便重用秦桧。奴家知得,秦桧那厮必是虏人底细作。"她又把自己在北方的见闻叙述一遍。

赵士儇惊讶地说:"秦桧在虏中既是如此行藏,二十姐何不奏禀官家?"柔福帝姬叹息说:"建炎四年,秦桧初到行朝,授礼部尚书,奴便奏禀官家,说秦桧南归,必是虏人纵归,要暗坏九哥底江山,建议将他送大理寺狱根勘,必得情伪。然而九哥言道,须是将计就计,与虏人通一线路。"赵士儇听后,只能顿足叹息。

高世荣补充说:"隆祐娘娘在世时,常是劝谕公主,教她唯当著衣啖饭,守祖宗家法,不得议论国政。然而公主复仇心切,去年与虏人讲好时,她屡次欲见官家。下官亦只得劝阻。"赵士儇听后,又只能感慨不已。

柔福帝姬说:"闻得九九叔此回北行,须是取道鄂州。"赵士儇说:"岳相公上奏,欲统兵护送自家们北行,躬奉陵寝洒扫之役,稍表臣子瞻恋陵寝之情,已蒙官家俞允。"高世荣说:"虏人虽是归还河南之地,料得必是包藏祸心。实不相瞒,自家们亦为九九叔忧心,既有岳相公统军前往,九九叔便得无虞。"

赵士儇说:"官家于面对时宣谕,方今大将跋扈,第一便是岳飞,教自家们就便到军中审察情伪。"柔福帝姬叹息说:"奴十三年前,自虏军逃归宗留守军中,曾与岳相公有一面之识。岳相公谋国之忠,治军之严,临阵之勇,人人称道,何以便成跋扈?猜忌贤将为跋扈,又信用奸人为宰相,不知世道何以如此颠倒黑白?"

赵士儇说:"祖宗法制严密,专意防武将意外之变,到太上皇时,只教宦官与文臣统兵,便是有谋勇底武将,亦只得屈沉下僚,屈居副职。如今时移世易,官家已不得不重用武将,却是且用且疑。闻得岳相公刚武,有直气,遇事少委曲,便易于遭谗言毁谤。"

高世荣感慨说:"若是武将唯知柔媚,而无刚武之气,又怎生统军行师?"柔福帝姬用略带着急的口吻说:"九九叔此行,须是尽力保全岳相公。保全他,便是保全大宋江山社稷,保全他日复仇报国底元气。"赵士儇说:"自家理会得。祖宗之法,宗室不得干政,此回祗谒八陵,偶有机缘,自当相机行事。"

感情沟通是十分微妙的事,有时极难,有时又极易。赵士儇和柔福帝姬、高世荣虽是初次相会,却是话得十分投机。到告别时,柔福帝姬又取出一纸文字,噙泪说:"奴去不得八陵,拜谒不得祖宗神灵,唯求九九叔将此文祭读于祖宗灵前,以稍抒一个赵氏小女子泣血底至意。"赵士儇把这篇文字看了一遍,也忍不住落泪。

[贰柒]
八 陵 之 痛

三月暮春,赵士㒟和张焘的官船在鄂州城东郊泊岸,岳飞率领武将和幕僚们出武昌门,在江岸迎接。赵士㒟和张焘登岸,与岳飞初次相见,岳飞特别向他们介绍了张宪、徐庆、牛皋、董先、梁兴、董荣、岳雲等将,原来岳飞这次临时从各军抽调和编组了四千精兵,张宪等将都是准备一起北行侦察的,而鄂州大军则由王贵负责留守。

赵士㒟和张焘虽与岳飞初次会面,却很快产生好感。他们随岳飞从武昌门入城,进入早已安排好的馆舍暂住,岳飞见两人安顿之后,就告辞说:"下官当暂归宣抚司,于干办在此陪伴九九开府与张侍郎。下官今夜便在宣抚司稍备薄酒,为二官人洗尘。"赵士㒟和张焘说了些寒暄的话,就让岳飞离开馆舍。

赵士㒟和张焘闲着无事,就向于鹏打听一些岳飞和岳家军的情况。在谈到岳飞的家庭时,于鹏如实介绍了刘巧娘和李娃以及她们子女的情况,赵士㒟感叹说:"此亦是干戈扰攘之世,方得有此等事。然而国夫人亦煞是贤德。"张焘说:"若是平世,岳鹏举又怎生脱颖而出,而与九九皇叔同居开府底官位?"于鹏说:"国夫人于昨夜又诞育一个小衙内。"赵士㒟对张焘说:"此岂非巧事,亦是自家们与此子有缘。"

当晚宣抚司举行酒宴,但赴宴的人不多,除了岳飞和鄂州知州外,只有王贵、张宪、徐庆、牛皋、董先、梁兴、董荣、于鹏、孙革和张节夫。十四个人共用三个长方形食桌。赵士㒟和张焘面南居中,岳飞和鄂州知州分别在食桌的东、西就座,其他十人分别坐东、西两个食桌。赵士㒟和张焘当然见过盛大的酒筵场面,按照此种标准,岳飞的宴会无论是排场,还是酒食,都显得寒酸。但赵士㒟和张焘已经得知岳飞平时自奉俭薄,所以从内心没有责怪之意。

岳飞亲自执酒壶,为两位远道而来的客人斟酒,自己则是以蜜水代酒。赵士㒟笑着说:"闻得岳相公新得贵子,可喜可贺,可否教众衙内出堂一面?"岳飞说:"孩儿年幼愚鲁,切恐不足以见贵客。"张焘说:"闻得岳相公与国夫人家教有方,自家们甚欲一见。"

不一会儿,岳雲抱着刚出生的幼弟岳霭,带着十四岁的岳雷、十岁的岳霖、五岁的岳震进入厅堂,拜见来客。赵士㒟和张焘在登岸时已经见到岳雲,现在见到另外三个孩子都彬彬有礼,十分高兴。赵士㒟特别起立,仔细地看了一下襁褓里的新生儿,岳霭熟睡,只是偶尔睁开眼睛,却没有哭闹。

等岳雲等五人退下,赵士㒟问岳飞:"除岳武德外,衙内们可曾授官?"岳飞说:"蒙主上天地之恩,次男虽是愚蠢无知,已补忠训郎、阁门祗候。然而至今唯是在家读书,寸功未立,煞是辜负圣恩。"张焘说:"闻得长衙内岳武德十二岁时,已是从军立功。"

张宪感到张焘话里有话,其实是责问岳雷何以不入军伍,就解释说:"依岳相公底意思,岳忠训亦当入行伍,然而国夫人以为,不可教兄弟二人皆入军营。"他的话虽然还是说得含糊,但赵士㒟和张焘因为打听了岳飞的家庭情况,已经明白,这是李娃特别关照前妻刘巧娘的两个儿子。

赵士㒟嫌张焘的话有些唐突,就说:"大将底衙内年幼便入军伍,与战士同共厮杀,亲冒锋刃之险,极是难得。然而国夫人处事亦尤是情理两得,岳忠训年幼,不可教入军伍。"岳飞到此就不能不作解释了:"拙荆以为,雲、雷二男俱是前妻刘氏之子,不可教同上战阵。然而下官亦是稍知义理,次男若是无功受禄,难逃天下底讥议。已与拙荆定议,次男到成丁之年,便当从军,报效国家。"按当时的规定,男子是二十岁成丁。

岳飞的话,使赵士㒟和张焘都深受感动,但两人都想到宋高宗临行前的吩咐,所以不作表态。此时岳飞的感情已无法抑勒,他转而用沉重的语调说:"此回与虏人讲和,受辱已甚,而下官却叨居开府底高官,煞是愧对将士、愧对天下!自家拥十万大兵,坐守鄂州,虚糜朝廷廪禄,空耗百姓膏血,尤是难逃天下底讥议!"

赵士㒟和张焘的内心更引起强烈的共鸣,但他们既有调查岳飞"跋扈"的使命,就不便公开说话,只能沉默不语。张宪说:"闻得王枢相与虏人四太子交割河南地界,然而依虏人底约定,虏人所命底河南官吏不得废罢,又将黄河船只尽行拘收北岸,陕西同州与虏人所占河中府以黄河为界,而其间底木桥亦不予拆毁,此皆是包藏祸心,以备卷土重来。所以岳相公欲与九九开府、张侍郎同去,以便沿途护送,侦伺敌情。"

赵士㒟今年已有五十六岁,张焘是政和八年进士,今年也已四十八岁。两人虽然在政界已经磨炼得相当稳重,但听了张宪的话,都无法保持缄默,张焘说:"诚如张太尉所言,虏人岂肯轻易言和,必是包藏祸心。"赵士㒟说:"依与虏人协议,两国以河为界,然而两河、燕雲是故地,天长日久,岂得视为异域,而弃之不顾。"

梁兴听赵士㒟提到自己的故乡,更是难以克制,他说:"虏人自入中原以来,强行剃头辫髪,掳掠男女为驱口,最失人心,故遗民不忘宋德。虏人又行高利借贷,百姓负债难偿,便以人口折还,强掳男女做奴婢。虏境底驱口奴婢逃亡甚众,如今挞懒郎君又下令派兵遣将,于各地追索逃亡。北方大扰,黎民走投无路,便宰杀耕牛,焚烧庐舍,群聚山谷,与虏军相抗。此正是兵机,然而朝廷约束,岳相公一不得驻军河南,二不得过河招纳忠义百姓。自家恨不能插翅飞归河东故里,与乡亲父老同共厮杀,如今却只得在鄂州闲住。"

大家你一言,我一语,却都加重了筵席的沉闷,使洗尘的欢快气氛一扫无余。宴会很快结束。岳飞虽然也打听到两位来客的一些情况,经过筵席上的考察,确认两人绝非秦桧的党羽,就请他们到自己书房,彼此在烛光下,作彻夜的长谈,双方真正沟通了感情。赵士㒟和张焘向岳飞详细介绍了朝廷的情况,但只有查访"跋扈"的特殊使命,却无法向岳飞透露。

直到窗纸发亮,岳飞说:"九九开府与张侍郎长途奔波,今宵又教你们未得休息,下官极感歉意。"赵士㒟说:"难得今宵畅谈,唯是相聚恨晚。"张焘说:"遵圣旨,自家们须在鄂州稍作停留,候朝廷指挥,然后与岳相公北上。下官愿在此期间,一睹宣抚司底军容。"岳飞说:"九九开府与张侍郎且请休息。日后阅视军旅,体访军情,悉听尊便。"

赵士㒟和张焘暂留鄂州，检阅军队，视察军营，参观操练，竟流连了二十多天。他们闲着无事，又在于鹏和水军统制杨钦、副统制黄佐的陪同下，乘坐大车船，在大江之中观看水军演习。参加此次演习的有大小战船四百艘，在四月骄阳之下，鼓声不绝，战船组队破浪往返，表演各种模拟实战的动作。

赵士㒟和张焘正看得出神，大车船上开始鸣锣。于是四百艘战船又立即排成整齐的两行长队，分别从左右两边驶过他们的座舰，每一艘战船航行到大车船旁，船上的战士就高呼"尽忠报国"。张焘到此不由得赞叹说："闻得鄂渚水军天下第一，煞是名不虚传！"赵士㒟也说："若是建炎时有此水军，官家又何至于航海避难！"黄佐说："若是虏人进犯，下官当不容有一人一马透漏过大江。"于鹏说："九九开府与张侍郎在鄂州视师多日，可知本宣抚司所统，水军是江上之盾，而此外十二军便是直取中原之矛，如今不患无可用之兵，唯是患无北上之令！"赵士㒟和张焘到此就无话可说。

于鹏、杨钦和黄佐又陪同赵士㒟、张焘到对江的汉阳军参观了水军营寨。他们在傍晚时分才驶向对岸，在鄂州城东郊停泊。赵士㒟和张焘不曾料到，岳飞竟在江边等候他们。岳飞与赵士㒟、张焘行礼毕，就取出一份文件，说："朝廷已降下省札，以为鄂州底将阃不可久虚，教下官免去祗谒陵寝，只须差将官一、二员，率一千军马、工匠，随二官人前往。"说完，就把公文递交给赵士㒟和张焘。

赵士㒟和张焘分别看了朝廷的省札，他们明白，朝廷所以突然改变原命，不让岳飞亲自统兵护送北上，当然是害怕岳飞惹是生非，破坏对金和议。但是，他们也确实担心，如果只让一名正将或副将，带一千军士和工匠随行，很可能难以应付不测之变。可是面对着朝廷的命令，他们又只能沉默不语。岳飞当时也不说什么，只是与他们骑马穿行武昌门，回自己的宣抚司。

岳飞、张宪和于鹏陪着两位客人，在书房坐下。初夏的天气，已经相当炎热，五人一面呷茶，一面用扇子扇风。岳飞望着两位客人的不安神色，开始说话："朝廷不教下官追随九九开府与张侍郎北上，委是难以忖度，下官身为武臣，又岂得不遵依朝命。然而二官人此行，系国体甚重，不得稍有疏虞。张太尉身为宣抚司同提举一行事务,身经百战,忠智有余。下官以为,自家们当相机稍改朝命,教张太尉统军四千,工匠四百,与于干办、忠义军六太尉、长男岳雲同共北上,下官方得安心。"

赵士㒟和张焘对岳家军的将校已经相当熟悉,他们明白,"忠义军六太尉"是指统制梁兴、同统制董荣、副统制赵雲和统领李进、牛显、张峪。张焘忍不住说:"实不相瞒,下官亦是忧心此行有意外之变,若得张太尉与忠义军六太尉、于干办、岳武德同去,煞好!"赵士㒟说:"难得岳相公如此尽心竭力,下官唯是感荷厚意。"

岳飞说:"此是国事,岂容下官不派遣精兵,护卫二官人。然而亦望二官人为此上奏,以明下官并无专擅底意思。"赵士㒟说:"自家们在鄂州迁延已久,既是朝廷教目即启程,下官亦不得延误国事。自家们当一面启程,一面上奏,备述张太尉统军同行之理。"

赵士㒟和张焘不再耽搁,在翌日启程。岳飞一直把他们送到对江,他再三嘱咐张宪等人小心护卫。赵士㒟和张焘都深受感动,但他们既然负有特殊使命,在表面上又不便跟岳飞过分亲近。岳飞凝望着北方的远天,说:"河南百姓苦虏人与刘豫底虐政已久,料得二官人此行,必是宣布天子德意,教百姓感服王化。然而狼子野心叵测,下官恨不能插翅随二官人前去,只是皇命难违。二官人前途珍重!"

赵士㒟到此再也无法克制自己,他上前紧握岳飞的手,说:"岳相公身系江山祸福兴废,尤须保重!"他特别加重了"保重"两字的语气,旨在让对方明白自己无法启齿的深意。岳飞没有应答什么,但赵士㒟和张焘从他的眼神中,也已看出对方的感动和激动。双方就此依依惜别。

这支队伍迤逦北行,沿途似乎还是相当轻松,但当出岳家军守卫的邓州界入汝州界后,赵士㒟和张焘立即感到全军有一种紧张的临战和备战气氛,马不卸鞍,人不解甲,尽管骄阳似火,晒得盔甲发烫,将士们挥汗不止,却仍然不敢稍有息懈。梁兴和岳雲经常率二百铁骑作为前锋,沿途侦察。每晚歇息,张宪都要部署三百人,或是自己亲自带领,或是其他将领带领,周遭巡逻。

赵士㒟和张焘深深体会到战祸和苛政的可怕。沿路所见,是大片荒芜的良田、破败的村庄,人烟稀少,而百姓们往往都是衣衫褴褛,甚至麦收刚过,还是有人面带饥色。目睹此情此景,赵士儴、张焘和岳家军将士都不免感叹。但是,当百姓得知是岳家军护送祗谒陵寝使北上,还是有不少人自发地壶浆迎劳,用手按额,有的甚至感泣。

有一次,赵士儴和张焘与迎候的村民随便交谈,谈到过去种种苦难,张焘说:"如今尔们复为王民,亦当欣悦。"有个老人说:"自家们沦陷于虏人,受尽百般苦楚,然而朝廷所遣官吏,又大抵是贪赃枉法,荼毒百姓。自家们虽是做得王民,依然不快活。"于是村民们又纷纷控诉起大宋的贪官污吏。赵士儴和张焘耐心听着,心里却有一种难以言喻的滋味。临别之际,张焘只能敷衍式地对村民劝慰一番,他虽然官位不低,却无法解决贪官的问题。

他与赵士儴上马赶路,两人久久沉默着,赵士儴突然吟哦起一句杜诗:"挥涕恋行在,道途犹恍惚。乾坤含疮痍,忧虞何时毕。"不料在他后面骑马随行的岳雲,也用悲愤激昂的语调接口吟道:"'幽蓟余蛇豕,乾坤尚虎狼','将帅蒙恩泽','何以报皇天'?"

赵士儴和张焘不由得吃一惊,他们特别控马缓行,与岳雲并排,张焘说:"不料岳武德亦是精熟杜诗,借诗咏怀言志。"岳雲说:"实不相瞒,下官自幼至长,蒙妈妈与高四姑教授诗歌。"他停顿一下,又解释说:"高四姑便是张四婶,乃是张太尉底恭人。她常言道,唯有在国难时节,方得理会杜诗忧国忧民底情怀。"赵士儴听了岳雲对李娃和高芸香的一番介绍,不由得赞叹说:"自家亦是闻得国夫人底贤名,原来张太尉底恭人亦是个知书识礼底奇女子,难得!难得!"张焘也说:"岳武德深受两个奇女子底教诲,文武兼资,前途无量!"岳雲谦恭地说:"过蒙谬奖,愧不敢当,然而下官亦敢不朝夕惕励!"

这支队伍终于来到了目的地永安县八陵。八陵的情况,本书第二卷已作介绍。如今永安县已升格为军。知军孟邦傑原是伪齐将,当伪齐被废后,他杀掉金朝委派的知军胥虔,投奔南宋。由于他是本地人,这次宋朝又委派他出任知军。孟邦傑得知朝廷的特使到来,就在八陵之南迎接。

双方相见后,赵士儴和张焘自然询问八陵的情况,孟邦傑说:"实不相瞒,下官亦是二日前方到得本军赴任。闻得九九开府与张侍郎前来,便立即出迎,尚未能看觑八陵。然而下官闻知,伪齐毁坏甚重。"孟邦傑原是伪齐将,他显然不愿多说。赵士㒟和张焘也多少得知八陵遭到破坏的讯息,但他们不忍心多问。两人与岳家军的将领们商量一下,决定由张宪、于鹏和岳云统兵四百,李进率领工匠四百人,随从进入陵区,梁兴、董荣等五将率三千六百人,则在陵区外围护卫。

赵士㒟一行在孟邦杰的陪同下,首先就近来到宋仁宗的昭陵前下马。昭陵设置在一个平冈上,只见地面建筑大致已毁坏殆尽,只剩下神墙东北和西北的两个角阙,还有神门内外的石羊、石马、石驼、石象之类。残垣断壁之中生长着杂草和灌木,由于多年的荒芜,又正当目前的盛夏时节,显得相当茂密。在宋朝臣子们的眼里,却更增加了故宫黍离的凄凉景象,特别是身为凤子龙孙的赵士㒟,他只是不断地抽泣,说不出话。

他们整齐地跪在似乎是至神至圣,却又饱含耻辱的皇陵前,行叩头礼,然后绕着昭陵视察。在陵墓的北方,他们见到了一个大洞,无疑是直通入地十宋丈深的所谓皇堂。离开洞穴约二十多步,则见到了所谓梓宫的残骸。赵士㒟情不自禁地伏在梓宫的残骸边恸哭起来,张焘、张宪等人也陪着落泪。最后,大家经过商量,还是由李进指挥工匠们,把梓宫的残骸搬进洞穴,然后草草地用土填塞。

赵士㒟一行走遍了其他七陵,所发现的情况都与昭陵相仿,唯有在宋哲宗泰陵的梓宫残骸边发现了几块骨头。因为泰陵是八陵中埋殡最晚的,相隔正好四十年,宋哲宗的骨殖还没有全部腐烂。赵士㒟只能脱下身上的薄纱衣,包裹着几块骨头,由李进安排工匠重新填埋在陵下。

赵士㒟一行在陵区徘徊了三天,只能稍稍做一些修葺工作。陵区的百姓也纷纷前来看望,他们感泣地说:"不图自家们今日得以复为王民。"听了他们的言语,张焘更感觉伤心,他对赵士㒟说:"河南底遗黎受尽虏人与刘豫之苦,念念不忘宋德,然而贪官污吏又怎生教他们沐浴皇恩?"

当临别之际,他们特别在宋太祖的昌陵前举行了一次简单的祭告仪式。烈日当空,张宪等率领全军四千军士,整齐地列队在陵前,绯红色的旗幡、军衣等组成一片红色,更增添着热不可耐的炎气,但他们都肃穆地站立着,连战马都凝立不动。陵前神门的残迹下,临时安放一张白木桌,一个粗陶罐里插着一把香,浮烟袅袅。赵士㒟和张焘特别换了一身正规的朝服,两人分别按官品戴七梁冠、貂蝉笼巾和六梁冠,身穿朱衣裳、白

袜、黑履等。他们率众人跪拜之后,就由赵士儴代念柔福帝姬的祭文:

维大宋绍兴九年二月,不肖不孝女赵嬛嬛谨以心香一瓣,血泪千行,哀诉于列祖列宗陵寝之前。宋政不纲,皇天降罚。胡骑凭陵,禹域丘墟;生灵无辜,草野流血。千村万落,沦为狐窟兔穴;汉衣唐冠,惨遭削髮左衽。凤孙縶掳,龙沙修阻。悲吟于沮洳之场,痛固无穷;恸哭于冰雪之原,生不如死。能雪此耻,犹有余耻;能抒此愤,犹有余愤。辗转南归,虽获锦衣玉食;安居深宅,尤念血属亲情。自愧身属女流,不得执干戈以歼敌;所恨讲好漠北,竟须持金帛而跪拜。觍颜忍辱,含垢苟安,称臣于杀父之贼,嬉戏于湖光之美。惟求祖宗在天之灵赫然震怒,大张挞伐,廓清宇宙,以成万民寤寐中兴之志,以伸百官江山一统之望。不肖不孝女稽颡泣血,敬告于列祖列宗之灵。

赵士儴年过五旬,其实已经多少看破红尘,对什么事都尽量保持平和的心态,他已把这篇祭文反复诵读了多少遍,但在公开地祭读时,还是忍不住带着愈来愈悲愤激昂的语调,而泪流满面。听读者之中,张焘当然是文化最高的一个,他听到祭文中"觍颜忍辱"等几句"指斥乘舆"的话,内心不免百感交集:"贤公主历尽劫难,故有此等言语。然而自家们身为臣子,又岂得发此等指斥言语!可惜她是女身,若是她做九重之主,大宋又何至于有今日底奇耻大辱!"

宋时的口语与书面语言已经相差颇大,如梁兴、董荣等军人其实无法全部听懂这篇祭文,能够全部听懂的只有张宪、于鹏和岳雲三人。他们同样感到,这篇祭文简直是倾诉自己的心声,然而自己身为大宋臣子,又岂能不听命和尽忠于这位"含垢苟安"的官家!

赵士儴和张焘的使命算是结束了,但他们还是念念不忘开封旧京,打算顺便取道前去,然后再回归临安交差。经过商量,李进率领四百名工匠,直接返回鄂州,而张宪等人则统军继续护送。这支队伍沿着汜水关的道路东行。张宪对这一带的地形当然十分熟悉,他沿路向赵士儴、张焘、岳雲等介绍当年的战斗情景,他感慨地说:"十二年前底往事,恰似指顾之间。"

队伍来到汜水关,临时休息。岳雲望着汜水东岸的开阔地,对张宪说:"此地北临黄河,虏人近在咫尺,下官莫须统二百骑,先到汜水东岸踏白,以保万全。"张宪说:"此说极是。"于是岳云手持双铁锥枪,率二百精骑直驰,涉过了汜水。

岳雲的二百骑涉汜水东行,穿行汜水县城,直奔荥阳县。在半路上,正北方向突然出现一批身穿黑衣黑甲的金朝骑兵,还有好几面绣白日的三角黑旗。岳云发现敌情,就命令众骑士说:"既是虏人胆敢破坏盟约,过河寻衅,自家们唯有努力厮杀,以报国恩。"他第一个勒转马头,率先向敌骑冲锋。

金朝骑兵有一千人,兵力上占着优势。双方接近后,首先就是互相射箭。岳雲的战骑竟中三箭倒地,宋方骑兵吃惊不小,急忙上前营救。不料岳雲从地上一跃而起,抡双枪接连刺杀三名敌人,他从死去的敌人中夺到一匹战马,又向敌骑驰击,所向披靡。岳雲所率的骑士们以寡击众,竟把敌人打个落花流水。

敌人往北方黄河岸边狂逃,岳雲率领骑兵紧追不舍。金军逃到近黄河岸边,不料张宪的军队已抢先一步。金军原先在河边停泊了五十艘渡船,张宪与梁兴、董荣、牛显、张峪挥兵夺取了其中的二十八艘,另外的二十二艘则逃往对岸。张宪率领全军,对走投无路的敌人实施歼灭战。蓄锐已久的岳家军从不同方向对敌人密集攒射,接着又分割包围,进行白刃战。战斗前后不足一个时辰,杀敌七百余人,其余的二百余人则当了俘虏。岳家军还夺取战马六百多匹。

原来在张宪得知敌情后,就命令于鹏和赵雲率五百人保护赵士𠑊和张焘,暂驻汜水县城。等战斗结束后,张宪才派人命令于鹏、赵雲护送赵士𠑊和张焘,重新启程。他们与张宪等人在路上会合后,赵士𠑊和张焘当然免不了表示感谢和慰劳之意,张宪说:"待自家们到得荥阳暂憩,请九九开府与张侍郎亲自根问敌俘。"赵士𠑊高兴地说:"会得。"

这支队伍进入荥阳县城,赵士𠑊和张焘在张宪等人的陪同下,开始在县衙里审讯战俘。张宪已经在战俘中找到了一名百夫长和三名五十夫长,原来他们还都是辽东汉儿。百夫长交待说:"自家们原是四太子下昭武大将军韩常属下,奉四太子密令,韩常教千夫长常朗率本部人马,渡河深入觇伺郑州、开封等地,不期与官军相遇,如今常朗已是身亡。"赵士𠑊问:"四太子有甚计议,直道来。"百夫长说:"男女端的不知四太子有甚计议。"赵士㒟和张焘再三盘问,发现几名俘虏确实不知金朝上层的内情,也只能作罢。

俘虏被押走以后,张焘问张宪:"俘虏们当怎生处置?"张宪说:"下官体访得所俘底并无女真虏人,皆是汉儿,不如放他们归去,而将此四个百夫长、五十夫长押往东京,奏禀朝廷。不知九九开府与张侍郎以为如何?"赵士㒟说:"便当如此。"张焘也表示同意。于是张宪就命令将二百几十名战俘教育一番,让他们乘船回黄河北岸。

张宪统军护送赵士㒟和张焘,终于来到了开封城。同签书枢密院事、交割地界等使王伦和东京留守孟庾、副留守郭仲荀出开远门,把他们迎入城里。郭仲荀与张宪当然是旧时相识。

赵士㒟、张焘、张宪等进入故都城郊,已见到满目疮痍的景象。昔日著名的金明池,只剩下一堆断栋颓壁,而琼林苑因为金人曾经驻兵,又出现了一座小土城。入城之后,又发现城里居民稀少,一些空地已经犁地为田。在过去干净的天街上,稀疏地留下了猪粪和羊屎,只见一个人赶着几只羊在沿街吃草。整个城市荒芜化、乡村化,似乎是一座被遗弃的城市。尽管在祇谒八陵时,赵士㒟等人已经受了过多的精神刺激,而一旦见到东京残破的景象,还是不免联想起当年的繁华,触景生情,短吁长叹。

客人们被迎入东京留守司,分宾主坐下叙谈。赵士㒟说:"此回若无张太尉统军护送,便当险遭不测。"他接着请张宪叙述沿途的战斗。孟庾等人其实已得知在氾水县交战的事,他和郭仲荀的脸上都露出惶恐的神色。郭仲荀说:"下官奉朝廷指挥,统张相公淮西宣抚司军一千到此,委是难以防拓。既是张太尉统精兵前来,不如且留东京屯驻,以备缓急。"张宪说:"下官奉岳相公将令,此行只为祇谒陵寝使底安全,以防不测。依岳相公底本意,自当在收复河南地界后统兵北上,沿河屯守。然而朝廷底指挥,教鄂州大军原地把截,岳相公亦不得不遵依朝命。若得孟留守上奏,朝廷俞允,下官愿昼夜兼程,再到东京。"张宪的回答使孟庾和郭仲荀都无话可说,因为他们心里明白,朝廷是决不会同意岳飞派兵防守东京的。

赵士㒟和张焘临时被安排在大相国寺住宿,张宪则统兵暂驻里城的阊阖门外。当夜,赵士㒟正与张焘闲话,有随从通报:"王枢相求见。"于是两人到僧房外把王伦迎接到屋里。王伦显得神色不安,他请求屏退随从,与两人密谈。于是张焘就命令随从们退出。

王伦到此才用低声对两人说:"下官奉王命驱驰南北,数回往返,如今却是深自后悔。"张焘问道:"怎生底?"王伦说:"下官奉命到东京,与四太子兀术交割地界。四太子下有一下官底故吏。他私自告报下官,兀术不满和议,欲诛除挞懒郎君等主和底,然后兴兵。"

赵士㒟说:"此事亦是意料之中,然而王枢相可上密奏。"王伦说:"孟留守与郭副留守甚是畏怯,下官岂敢说与他们知得。下官已上密奏,建议命张德远重建都督府,命张伯英守东京,韩良臣守南京,岳鹏举守西京,吴晋卿守长安,下官亦不须渡河出使。然而至今未得朝廷指挥,亦不知君相有甚计议?"

张焘马上评论说:"张伯英素来怯敌避战,又怎生守得东京?若是为国家计,不如教岳鹏举兼守东、西京。"赵士㒟问:"不知王枢相底意思,须教自家们做甚事?"王伦叹息说:"韩枢相奉使与张通古北上,只是奉表报谢。闻得他如今已是渡过淮水,在南归途中。下官底使命尚须北上,迎护梓宫,奉还两宫。事势如此,下官又如何北上?便是北上,侥倖保全,亦岂得不辱使命?下官愿求二官人归行在之后奏禀圣上,罢下官底使命。"

赵士㒟和张焘听说金朝可能撕毁和约的事,感到兴奋,两人都愿意宋金再次开战,并且认为胜券在握。赵士㒟因为还须遵守宗室不得干预朝政的规定,他望了望张焘,示意由对方表态。张焘说:"下官底意思与王枢相相同,王枢相不宜再去龙潭虎穴,以免大宋受辱。如今唯有备战迎战,方是上策。下官返回行朝,自当奏知主上。"

赵士㒟和张焘也不想在开封多作停留。两天之后,就启程南归,四名金朝战俘留在开封看押。张宪等人还是统军护送,直到淮水北岸的顺昌府和寿春府交界,双方准备分手。赵士㒟、张焘和岳家军将士几个月的相处,彼此都产生了颇深的感情,特别是氾水县的那次战斗,更使他们了解岳家军的战斗力。临别之际,彼此长揖,赵士㒟深情地说:"此次与尔们同行,煞是难忘众将士底忠勇。归报岳相公,虏人败盟在即,国家中兴,一洒仇耻,全在此战,恭祝岳相公与全军将士奏凯歌于燕山。"他不便说出王伦得到的情报,只能含糊其辞。张宪说:"下官自当传语岳相公。"他与众将士目送赵士㒟、张焘一行乘船渡过淮水,然后才沿淮水北岸西行,从信阳军返回鄂州。

再说王伦在开封焦急地等待朝廷的命令,不料急递传来了朝廷的省札,命令将四名金军战俘立即放回,让王伦继续渡河北上,力争挽回和议。王伦万般无奈,只能从开封动身。

[貳捌]
骨 肉 相 屠

当年夏天,完颜挞懒依惯例去北方凉陉避暑,他万没有料想到,在自己逍遥快乐的同时,完颜兀术却依完颜斡本的密令,率领二万以女真人为主的精骑,前往上京会宁府,参加酝酿已久的政变。

自从完颜谷神返回上京,复官尚书左丞相、兼侍中以后,完颜斡本就与他采取亲近的态度,慢慢把意图透露给完颜谷神。与完颜蒲鲁虎等人相比,完颜谷神对完颜斡本还是有一些好感,加之他为完颜粘罕报仇心切,很快就成为密谋的积极参与者。

七月初秋,东北已经充满了令人爽快的凉意,完颜兀术的军队终于抵达目的地。完颜斡本首先就与这个异母兄弟在自己家里密议。不料完颜兀术听完对方的说明,却很不高兴,说:"谷神是粘罕底人,我料得他心怀怨恨,如何也参与此议?"完颜斡本明白,完颜兀术其实对完颜谷神有几分畏怯,特别是十三年前,完颜谷神不让他占有宋钦宗的才人郑庆雲和狄玉辉,一直怀恨在心,就说:"自家们是兄弟,谷神与自家们并非一心。然而事有权宜,且诛杀得蒲鲁虎等,另作理会。"完颜兀术就无话可说。

两天以后,金熙宗就在皇极殿上举行一次盛宴,名义上是招待完颜兀术。当时乾元殿已改名皇极殿。按照宇文虚中设计的新规定,赴宴者近二十人,都不能带刀上殿。金熙宗以郎主的身份居中面南而坐,完颜斡本、完颜讹鲁观、完颜兀术等依次坐在左面,而完颜蒲鲁虎、完颜谷神等人依次坐在右面,每人一个食桌。如今金廷的宴会已经是女真食与汉食的混合型,既有女真人喜爱的大肥肉盘子、茶食之类,更有汉人的精馔。席上的精美餐具,还是十三年前,从宋宫抢掠而得。

酒过三巡,完颜兀术突然对完颜讹鲁观说:"你是自家底兄弟,如何追随挞懒、蒲鲁虎,图谋反背。"这句话当然是一个信号,而完颜讹鲁观却完全没有精神准备,他发怒说:"兀术,你不得胡乱说我有反背底意思。"他的话音刚落,完颜兀术已经起身离席,把他连坐椅按倒在地。

于是殿上引起一阵混乱。完颜蒲鲁虎等另外七名女真贵族知道有变,就掀翻桌椅,大打出手。金熙宗连忙躲到殿后,而殿后埋伏的精兵也突出殿内,擒捉完颜蒲鲁虎等人。既然是一次猝不及防的攻击,完颜讹鲁观等七人先后被擒。唯有完颜蒲鲁虎仗着自己的气力,与完颜谷神扭打成一团。在女真贵族中,完颜谷神的力气原来数第一,但他毕竟年过六十,一时还不能制服完颜蒲鲁虎。埋伏的武士群中冲出了完颜谷神的三子完颜挞挞。他丢掉手里的刀,冲上前去,用双手抓住完颜蒲鲁虎的右手,大喝一声,竟把敌手的右手指逐一折断。完颜蒲鲁虎惨叫一声,顿时丧失抵抗能力,也被众武士捆绑起来。

完颜讹鲁观还是不服,他大喊道:"斡本、兀术,我与尔们是兄弟,你们教我辅佐小郎主,我便辅佐小郎主,又如何谋叛?"完颜斡本说:"蒲鲁虎图谋自做郎主,你自到朝廷,事事处处与他合谋,却是与小郎主二心,岂不是图谋反背?"完颜蒲鲁虎却忍痛大吼:"我恨不能先下手,如今却是教你们先下手!"完颜兀术命令殿上的武士说:"将他们拖出,皆与洼勃辣骇!"于是以完颜蒲鲁虎为首的八名女真贵族被拖出殿外,顿时传来一阵阵惨叫声。金太宗共有十四子,除一人早先去世外,其他的都在去年封王。此次政变,共有四个儿子先后被杀。但既然还有金太祖之子完颜讹鲁观同时被杀,就算遮盖了太祖系对太宗系的政争。

女真人还没有汉人那种满门抄斩或株连九族的残酷政治传统,特别是完颜蒲鲁虎等人都是皇族,上次完颜粘罕被缢杀,而他的孙子辈还是安然无恙。但不幸的却是女子,她们成了胜利者的虏获品。完颜兀术抢占了自己兄弟完颜讹鲁观的全部妻妾,而完颜谷神又同时强夺了完颜蒲鲁虎的妻妾。其他被杀者的妻妾也被全部瓜分。

完颜蒲鲁虎的正妻死去不久,而继室奚人萧氏年轻貌美,完颜挞挞垂涎已久。他首先冲入完颜蒲鲁虎的府第,就在卧室中把萧氏强奸。心满意足的完颜挞挞将萧氏带回自己的府第。不料随即来了两个哥哥完颜把答和完颜漫带,他们命令完颜挞挞去见完颜谷神。原来女真人的习俗与汉人不同,儿子年长,就要与父母分居。完颜挞挞在父亲的府第旁另立门户,平时不须与父亲共爨。

三个儿子进入厅堂,上炕与父亲盘腿同坐。这次由完颜把答首先说话:"挞挞,萧氏是你底叔母,你不得与她成婚。"女真人并不讲究辈分,完颜把答和完颜漫带强调辈分,完全是受了老师洪皓教授汉文化的影响。完颜挞挞听说原来是为萧氏的事,不由火冒三丈,他怒吼道:"如今萧氏已是自家底浑家!"

完颜漫带说:"此是乱伦底事,挞挞不得胡做,须是知过必改,将萧氏交付阿爹。"完颜挞挞继续吼道:"我擒捉蒲鲁虎有功,萧氏是奚人,便成自家底驱口。阿爹得了蒲鲁虎底一百余婢妾,便是赐我一个萧氏,有甚不可?"

完颜把答说:"人是万物之灵,须是知礼节,不知礼节,又与禽兽何异?"完颜挞挞瞪大一双环眼说:"礼节是南房底事,依大金旧俗,又有甚拘碍?"完颜谷神听儿子们争论,已经感到不耐烦,就说:"挞挞须是晓事,不可为一萧氏女子,伤了父子兄弟底情意。挞挞力大,尤须保养得气力,日后尚有机密事,须教你出力。待事成之后,便赐你一千女婢,亦不妨事。"他所谓的机密事,当然是指为完颜粘罕报仇的事。在完颜谷神看来,除掉完颜蒲鲁虎,仅是走了第一步,往后要除掉金熙宗、完颜斡本、完颜兀术等人,还是要依靠这个勇武有力的儿子。

不料完颜挞挞钟情于萧氏,坚决不肯让步。他最后跳下炕,走出屋外,大喊道:"你们可与我角力,若是胜得我,我便将萧氏交付;若是胜不得,便休想取萧氏。"完颜谷神大怒,就命令众家奴一拥而上。完颜挞挞力大无比,他狂吼一声,反而把家奴们逐一打翻在地。完颜谷神就与两个儿子亲自上场,完颜挞挞挣扎许久,才被众人制服,用粗麻绳捆绑后,押回他的居第,扔在炕上,同时又把萧氏带走。

完颜谷神知道完颜挞挞的脾性,他发脾气的时候,简直就无法无天,但脾气过后,却又相当温顺。次日清晨,他正准备与两个儿子去看望完颜挞挞,有家奴禀报:"挞挞郎君已得心风。"完颜谷神急忙与完颜把答、完颜漫带到完颜挞挞的小宅,只见完颜挞挞带着绑缚的绳索,在房中满地乱滚,口里只是不断重复:"我已见得蒲鲁虎,他教我同去!"到此地步,完颜谷神已后悔莫及,他亲自弯下身去,为儿子解缚。但松绑后的完颜挞挞仍然在地上乱滚,重复着以前的话。见到这种景象,完颜谷神不由流下两行眼泪,失声痛哭。完颜把答和完颜漫带孝敬父亲,就把父亲扶回府第。

女真人原本没有医药的概念,自从接触了辽,特别是宋文明后,才慢慢懂得生病可治的道理。完颜把答建议说:"欲治挞挞底病,莫须请洪尚书到此。他稍知医理。"完颜谷神说:"你可去冷山寨,教洪尚书到此。"

完颜把答走后,完颜谷神又向金熙宗请求汉医汉药。金熙宗听说此事,反而幸灾乐祸,他派遣自己身边的御医前来问诊,却是暗下戕害身体的虎狼药。当洪皓由完颜把答陪同,来到上京会宁府时,完颜挞挞已经咽气身亡。完颜谷神伏在儿子的尸身上恸哭,说:"不料杀得蒲鲁虎,竟折了自家底左手!"

再说金廷政变成功后,完颜兀术立即被任命为都元帅、领行台尚书省事,行台尚书省设在燕京,全权掌握自燕山以南汉族聚居区的行政。完颜兀术到此大权在握,他又率领二万精兵急驰燕京。金熙宗同时下诏给完颜挞懒,说他虽然参与完颜蒲鲁虎的阴谋,但既是自己的祖父辈,理宜宽宥,把他由左副元帅降为行台尚书省左丞相,另命杜充为右丞相。

完颜兀术统兵来到燕京城东迎春门前,一批女真贵族和杜充出城迎接。杜充降金正好十年,也历尽了辛酸苦辣。他最大的改变,是一扫过去在宋朝武将面前的骄横倨傲,对于任何女真人,哪怕是一名军士,也能够卑躬屈节。此外,他也学会了一些女真话,并且颇通女真习俗。杜充髡头辫髮,熟练地在完颜兀术马前行女真跪礼,口称:"下官杜充迎拜四太子。"

完颜兀术高兴地说:"杜丞相且起。我当年教你投拜大金,其间挞懒、粘罕等无礼于你。如今我执掌大政,便不当亏负你,所以教小郎主封你为右丞相。"杜充用感激而谦恭的口吻说:"四太子天地之恩,下官唯有策驽励钝,以图报答。"

完颜兀术说:"我教你做右丞相,便是教你监视挞懒,若是有作过底事,须是及时告报。"提到完颜挞懒,杜充马上联想起自己投降之初,所蒙受的羞辱,特别是被完颜挞懒夺走两名爱妾之恨,心想:"挞懒,挞懒,不料今日你竟落于我底手中。"但他在表面上只是继续谦恭地说:"下官理会得。然而下官是南人,做事全仗四太子主张。"完颜兀术又问众人:"挞懒可曾回归燕京?"众人说:"未曾。"完颜兀术就带着合扎亲兵进城,直奔城西南的行宫,如今他已是这里的唯一主宰。

暑期已过,在凉陉的完颜挞懒正准备返回燕京,突然接到金廷的急命,特别是金熙宗所下诛杀完颜蒲鲁虎等人的诏书,这无疑是一个晴天霹雳。他连忙召集自己的儿子们商议,长子完颜斡带说:"阿爹,你与蒲鲁虎下手不早,反受其害。如今若是径去燕京,切恐遭兀术底毒手。"次子完颜乌达补说:"阿爹既已不做左副元帅,自家们唯有合扎亲兵一千,难以成事。不如逃奔他处。北方鞑靼、西方夏国与大金不和,切恐难以容纳,当年耶律余睹逃往北方,只是受死。阿爹于南宋康王尚是有恩,或可接纳。"

完颜挞懒想来想去,也只能逃奔南方。于是他把次要的族人和奴婢们遣散,自己率合扎亲兵护卫家属,取道易州西北的金坡关,直奔中原地区。金朝占领河北路已有十二三年,然而战争的创残还是处处存留,原野萧瑟,少有人烟。完颜挞懒一行沿途缺少食物,还屡次受到汉民武装的袭击。上一章已经交待,完颜挞懒在去年曾以元帅府名义下令,凡是汉民欠女真人官私债务,就须以人口折还,并派兵到处搜捕逃亡。于是成千上万的汉民为免于当债务奴隶,被迫焚烧庐舍,迁入山区,组成武装,伸锄奋梃,抵抗金军。完颜挞懒一行逃到庆源府柏乡县地界,合扎亲兵只剩下不足二百骑。

不料却有一支金军,约有五千人马,拦阻完颜挞懒的去路。一员为首的将领跃马突出军前,此人正是元帅右都监大挞不野。完颜挞懒见到这种阵势,不免心寒,他对两个儿子说:"自家们长途奔波,甚是饥乏,难以迎战。你们且看觑军伍老小,待自家上前理会。"他纵马上前,方才看清对方的面目。大挞不野全身甲胄,执一柄手刀,骑一匹黑马,双目逼视对方,并不主动说话。

完颜挞懒只能首先说："挞不野,你是渤海人,又是自家昔日底部曲。我是大金皇族,如今尚是鲁王,你放我南下,自当感恩不浅。"大挞不野却直呼对方的女真小名："挞懒,你虽是大金郎主底族祖,然而目即自家在四太子、都元帅底麾下,奉命行事,身不由己。你当随我前去祁州元帅府,见四太子面议曲折,或可保全得性命。"

完颜挞懒一时无言以对,他正在设想如何继续劝说,完颜斡带已经急不可耐,他挺一杆长枪,驰马上前,企图偷袭大挞不野。警觉的大挞不野及时拨马驰回军阵,他挥兵分左、右两翼,包围了完颜挞懒的军伍和家眷。包围者大喊："投拜底不杀!"大部分完颜挞懒的合扎亲兵立即扔下兵器,奔向大挞不野的军队投降。

完颜挞懒此时只剩下几十名合扎亲兵,完颜乌达补说："阿爹,事势到此,自家们不如力战突围,尚有一线生机。"完颜挞懒长吁一声,说："自家们势穷力竭,怎生搏战? 不如随大挞不野到祁州,待我劝谕兀术,或有生机。"于是他率领全体逃奔者扔下兵刃,牵马来到大挞不野的军前。大挞不野见到徒步而来的完颜挞懒,满脸堆笑,说："鲁王既是自愿受缚,我自当善待尔们。"他举手刀向部兵们一挥,于是军士们一拥而前,将最后的三百名投降者全部用麻绳捆绑。他又对完颜挞懒说："鲁王,今日将尔们縶缚,亦是万不得已,只是防尔们逃遁,切望恕罪。"完颜挞懒只是绝望地看大挞不野一眼,一语不发。

大挞不野率军伍将完颜挞懒一行押解到祁州,向完颜兀术交差。完颜兀术立即吩咐："将挞懒与斡带、乌达补押来!"祁州元帅府原是完颜挞懒所创。他与两个儿子被押入大堂,转念几个月前,尚且是在此大堂上占据首座,号令一切,转眼间却成了阶下囚,不免流下了两行泪水。但他没有可能发什么悲慨,因为眼前的紧急问题是如何保全性命。父子三人只能向正坐堂上的完颜兀术行女真跪礼。

完颜兀术得意地咆哮："挞懒,你与蒲鲁虎等图谋反背小郎主,如今又有甚说?"完颜挞懒只得低声下气地说："兀术,我若有反背底事,何不先下手? 唯是念你底阿爹开国时,兄弟子侄皆是良将,同心合力,故能荡平天下,无有敌手。如今骨肉相屠,先杀得粘罕,又杀得蒲鲁虎,日后难道不得杀你? 自家如今甘心伏低做小,唯求你恕我一命,日后自当相报。"

完颜兀术不料自己的族叔说出这一番话，他想了一下，说："小郎主是自家底侄儿，我一心扶他做郎主，又有甚嫌隙？"完颜挞懒说："然而讹鲁观本是斡本与你底亲弟，你们又何以杀他？"不料完颜兀术听后，竟激动地站立起来，理直气壮地说："如是反背，便须尽底杀戮，岂得问是自家底兄弟与叔父。"完颜挞懒感到根本没有活路，就开始大骂完颜兀术。完颜兀术不再回答，只是吩咐合扎亲兵说："将他们拉出府外，尽底处死！"

于是以完颜挞懒为首的三百人，全部在元帅府门前处死。但此次不用女真人习惯的敲杀，而是用白练将他们勒死，然后又燃烧柴火，将三百具死尸焚化。

完颜兀术接着又吩咐属官为他起草奏疏，请求出兵河南，收复被完颜挞懒割让的土地。他不久得到金廷回报，说金熙宗的大驾将亲临燕京，与他议事。于是完颜兀术就从祁州赶回燕京，等候金熙宗。

金熙宗欣慕汉文明，他其实是很想利用这个机会，到繁华的中原观光。不料临行前，完颜斡本突然得病，经过商量，完颜斡本只能暂留上京会宁府。金熙宗带着完颜谷神等女真大臣，还有国师宇文虚中南行。一行人马途经榆关，来到燕京。在迎春门外，早有大群官员，包括行台右丞相杜充在那里迎候，大家都到金熙宗马前行女真跪礼。

杜充见到宇文虚中，他完全明白对方如今所处的尊位，就主动走到对方的马前，向宇文虚中行汉礼，打躬作揖，低声下气地说："下官拜见宇文相公。"两人都算是降臣，但不知怎么，宇文虚中见到杜充的满脸肥肉，就有几分讨厌，却也只能下马还礼。双方寒暄几句，杜充惊奇地发现，居然另有一个穿戴宋朝衣冠的人，也在金熙宗的随从行列，就问宇文虚中："此是甚人？"宇文虚中说："此便是康王底使节洪皓，如今教授谷神丞相底把答郎君等儒业，故随郎主前来。"杜充听说是洪皓，就不再说什么。他虽然开始得到完颜兀术的重用，但仍不能忘却七年前受完颜粘罕严刑拷打，险些丧生的教训，处事十分谨慎小心。在他心目中，洪皓当然是危险人物，不可接近。

金熙宗在大群官员和军队的簇拥下，进入迎春门的通衢大道。这是他平生初次领略中原大城市的规模，顿觉心旷神怡。完颜兀术以叔父之尊，只是在城西南宫城东的宣和门外迎接侄子小郎主，将金熙宗安顿于行宫。

杜充为表示友好,当晚特别在私宅设宴,单独招待宇文虚中。两人在席间的谈话,不知不觉地转到了行将对宋用兵的问题。宇文虚中是一种十分矛盾的心态,他固然感激完颜斡本,特别是金熙宗的知遇,但长久居住荒凉的塞北,总是很不习惯,他非常怀念自己的四川故土和亲人,也相当讨厌大多数女真贵族的粗鲁气质。他的内心深处,其实还是希望宋朝取得某种胜利,自己可以把握时机,作为特使返宋,作些调停与和解工作,既可以保全金朝,报答了金熙宗的恩遇,自己又得以重返故里。金熙宗几次征询他对宋用兵的意见,他总是以自己不知兵为藉口,避免表态。

他开始向杜充发出试探,说:"郎主曾问下官用兵事宜,下官唯是一介书生,不似杜相公,曾在江南统军,深知兵机与江南情实。"宇文虚中明白,如今杜充无非是死心塌地充大金臣子,但使他惊讶的,是杜充并没有附和用兵,却显出口欲言而嗫嚅的模样,就进一步说:"下官与杜相公本是同根生,决无倾陷底意思,杜相公有所欲言,直道来,下官决不外传。"

杜充到此才开口说:"蒙宇文相公诚心相问,下官亦不敢不罄竭愚衷。日前有韩常私自言道,如今南军底勇锐,便似昔日底北军,北军底怯懦,恰似昔日底南军。南军底第一个武将,便是岳飞,此人曾是下官底部属,煞是智勇足备。然而四太子执意用兵,下官身为南人,亦谏劝不得。"宇文虚中听后,心中暗喜,但表面上却说:"既是四太子当轴,自家们便是劝解,亦是无用。"

杜充说:"若是于大金有利底,便是秦桧做宰相。秦桧原是挞懒放归江南,屈指算来,已是十年。"他接着就把自己当年与秦桧相处的往事叙述一通。宇文虚中表面上也只能说:"惟愿秦桧暗佑四太子用兵成功。"但内心却想:"秦桧如此行藏,岂得容我归故国?"但又转念说:"且看战事如何,然后相机行事。"

在杜充宴饮宇文虚中的同时,完颜兀术也在行宫的住宅里,礼貌性地招待完颜谷神宴饮。女真人还没有完全接受汉人的一套君臣之礼,尽管金熙宗住进行宫,完颜兀术也不须迁出另住。完颜谷神与完颜兀术虽然有颇深的仇隙，表面上还是嘻嘻哈哈，显得相当亲热和随便。两人按女真习俗并肩坐在炕上，炕上安放一张矮脚红漆桌，其上摆满了女真人嗜好的肉盘子和蜜渍油炸茶食，还有八种宋菜，酒自然是当地有名的金澜酒，开始大吃大嚼。炕下则有十名乐工奏乐，又有四名舞女起舞。

由于金澜酒味醇厚，完颜谷神很快饮酒过量，他带着颇深的醉意，按女真习俗，用手指轻拧一下完颜兀术的耳朵，又用牙齿轻咬一下对方的颈皮，然后说："兀术，你可知我是珊蛮？"完颜兀术说："自家岂得不知？"完颜谷神说："若是我施行诅咒，可教你顷刻间家破人亡。"完颜兀术说："自家们是兄弟，你不得如此。"完颜谷神说："然而讹鲁观是你底亲弟，上回在上京时，岂非是你亲手擒捉得讹鲁观。更说与你，你虽是都元帅，你底千军万马朝夕便在自家底掌中。"他说完，就在完颜兀术眼前张开自己的一只左手。完颜兀术虽是胆勇过人，此时也吓出了一身冷汗，无法回答。

完颜谷神又高兴地饮了几盏酒，然后倒在炕桌上，打起鼾来，而一双环眼却是圆睁着。完颜兀术下炕，在地上走了几圈，突然一个念头在脑中闪过："留得谷神，必是祸患，不如乘机下手！"他蹑手蹑脚走近观察，只见完颜谷神继续圆睁环眼，却鼾声不断，判定他确已酣睡，于是就拔出腰间的佩刀，向完颜谷神的颈脖猛砍，由于用力过猛，刀锋揳入木桌面，竟一时拔不出来。完颜谷神的人头只是在桌上晃动几下，杯盘之间顿时淌满了鲜血，他的尸身倒在炕上，颈部的汩汩鲜血流红了炕褥。

在这可怕的一刹那，乐工们停止了奏乐，而四名舞女则发出惊吓的尖叫。完颜谷神的一名随从大吼一声："四太子！你如何敢杀自家底郎君？"他拔出佩刀，向完颜兀术扑来，完颜兀术手里一时没有兵刃，只能躲闪，他对自己的合扎亲兵大喊道："谷神图谋叛逆，我今日为国除害，你们速来助我！"于是在厅堂发生一场混战。结果是完颜谷神的八名随从全部被杀。

完颜兀术吩咐合扎亲兵，将完颜谷神等人的尸体抬出屋外，他用恶狠狠的口吻，命令两名合扎千夫长说："你们可速去包围谷神行第，将他一门良贱尽底斩馘，不留一人！"完颜谷神的老小也临时住在行宫里，他们根本未想到有此飞来横祸。完颜兀术的合扎亲兵突入完颜谷神的住所，不问男女老幼，逢人便杀。完颜把答、完颜漫带等人惊醒后，慌忙持兵刃抵抗，结果都死于刀兵之下。洪皓不愿随从完颜谷神住行宫，他一人独宿愍忠寺的僧房，算是幸运地躲过这场劫难。

此时正值深夜，但金熙宗却没有睡觉，他在嘉宁殿，与去年封后的裴满氏、德妃乌古论氏，还有小西施张氏等人宴饮。张氏虽然最受宠爱，但因为是汉人，如今还只有一个修媛的名号，作为九嫔之一。她处事十分小心谨慎，决不敢恃宠而骄，故特别得到裴满氏的宽容。如今殿里奏乐，灯烛荧煌，张氏以袅娜的身形，摔动长袖，轻歌曼舞，令人赏心悦目。

金熙宗头戴幞头，身穿赭黄袍，全身汉服，如果人们不注意他垂肩的两条辫子，还会误认为是汉家的少年天子。他一面品味着金澜酒，一面高兴地对裴满皇后说："朕自入榆关以来，方知山河之美、物产之丰、天子之乐，便似上京，只如中原一个小州城。"裴满皇后说："燕京虽大，闻得汴京宫室城池，尤胜于燕京。"金熙宗说："故张通古回朝后上奏，以为不取汴京，极是可惜。若是迁延时日，教南房部署得城防，必是难攻。惟愿四皇叔此回出兵，早定河南之地。"

金熙宗言犹未了，只听得宦官们在殿门外大喊："都元帅、越国王求见郎主！"接着，完颜兀术不待允准，就径自闯入殿内。张氏连忙停止舞蹈。金熙宗对完颜兀术有一种复杂的心理，他既感激四叔父全力护佑自己的皇位，而决无野心，但对四叔父的粗鲁，又有几分讨嫌和畏怯。金熙宗按照汉人礼节，向裴满皇后等示意，教她们退入殿后，自己离席迎上前去。

两人都没有行礼，完颜兀术粗鲁，没有想到须对侄郎主行臣礼，而金熙宗身为皇帝，当然也不愿意对臣叔首先行礼，双方只是站着说话。金熙宗问道："皇叔深夜见朕，有甚紧切事？"完颜兀术说："谷神那厮酒醉失言，要夺自家底兵权，我已将他斩馘，又命合扎亲兵前去，将谷神底老小尽底处死。"金熙宗大吃一惊，但随后就说："谷神久蓄异志，此回奸状败露，皇叔当机立断，便是好事！"他想了一下，又说："皇叔且去处置后事，仲父此回不到燕京，待朕召宇文国师计议。"完颜兀术说："如此煞好！"他不再多说，就离开嘉宁殿。

金熙宗遇到突然的变故，一时手足无措，既然完颜斡本不在，他就必须找宇文虚中商量。宇文虚中从杜充私宅回到临时馆舍，已经上床，闻召之后,只能临时穿戴整齐,急奔行宫嘉宁殿。他恭敬地向金熙宗行女真跪礼,金熙宗亲自将他扶起,赐座,说明缘由。宇文虚中吃惊之余,又沉思片刻,他的内心当然对完颜兀术脱离臣规,深为非议,但依自己身份,却没有资格对金熙宗非议他的四叔,只能说:"既是恁地,切恐须是晓谕中外,以明正典刑为宜。"金熙宗说:"然而须是宇文国师为朕草诏。"

宦官们取来文房四宝,宇文虚中当即在御案上为金熙宗起草诏书。诏书只能强调完颜谷神"奸状已萌,心在无君"。金熙宗看后说:"便依宇文国师所草。然而粘罕余党,尚有萧庆,当怎生处置?"提起萧庆,宇文虚中立即想到三年前处死完颜粘罕时,萧庆那种告哀乞怜的模样,恻隐之心,油然而生,他真想向金熙宗建议,免萧庆一死,然而转念自己所处的不尴不尬的地位,还是不便启齿,他只能说:"萧庆怎生处置,切恐须听仲父计议。"他的建议实际上仍是想暂缓萧庆一死,希望由完颜斡本出面,从轻发落。金熙宗说:"宇文国师所言,甚中事理。"

翌日,金熙宗在嘉宁殿举行朝会,就当着众臣,由宦官口念完颜谷神的赐死诏。等宦官念完,站在班列最前的完颜兀术大声说:"如今谷神虽已受死,萧庆是他底余党,岂得幸免。"萧庆依尚书右丞的高官,正好站在完颜兀术之次。他听到这一番话,真有一种五雷轰顶、覆巢无完卵的深痛,马上走出班列,五体投地,涕泪满面,向金熙宗哀求说:"臣萧庆本是亡辽余孽,弃暗投明,唯求苟全性命而已。蒙太祖、太宗郎主不弃,待罪阙廷,臣在三省朝夕战战兢兢,唯是书名,押字,行遣簿书,岂敢有异志。如今既是都元帅见疑,臣唯求郎主施天地之恩,曲赐保全,教臣退居田里,以养残年。"

金熙宗听萧庆说得可怜,不免心生怜悯,他望着完颜兀术,用眼神表示自己的想法,完颜兀术却粗声粗气地说:"留得萧庆,终是祸害!"金熙宗不敢违反叔父的意志,只得说:"萧庆,念你有功于社稷,朕今特赐自裁。"

萧庆求生不得,悲愤交加,就转而破口大骂:"自古功臣不得有好下场,何况是降臣。自家底下场,便是众降臣底下场!人称大辽亡于操切之政,如今国政操切,尤甚于亡辽,岂得觊望国祚绵长。骨肉尚且相屠,自家们是降臣,便直如草芥。兀术,你杀人如麻,日后岂得好死,如蒲鲁虎、讹

· 236 ·

鲁观、挞懒、谷神等怨魂厉鬼，岂不前来索命!"言犹未了，完颜兀术上前，狠命一脚，把他踢个仰面朝天。一群护卫上前，把萧庆拖出殿门。完颜兀术余怒未息，他随即追出殿外，从护卫手里取来手刀，向骂声不绝的萧庆连砍七刀。萧庆的尸身被抬走后，殿门外留下一大摊鲜血。

参加朝会的辽宋降臣，目睹萧庆的惨死，都不免有兔死狐悲之感，特别是宇文虚中，更深感悲哀，他内心发出深长的喟叹："金廷如此操切，纵然郎主恩遇，岂是自家存身之地！"

萧庆死后不到一月，宋使王伦来到燕京。当时完颜兀术已回祁州元帅府，王伦渡河后，听说金朝政变，完颜挞懒等人已被杀，就知道此次出使决然是虚行，但王命在身，仍然只得继续北上。王伦一行到达中山府，就被金人扣押，他们不再被当作使节，而是当作一群囚徒，由一名千夫长率金军押送。

王伦一行到燕京后，被拘押在馆舍里，只供应粗粝的饮食。王伦愁闷无聊，成天只是对副使蓝公佐埋怨秦桧。过了几天，总算有金朝翰林待制耶律绍文前来。耶律绍文进入，王伦等向他行揖礼，耶律绍文并不还礼，只是居中独坐，然后问站立的王伦等人："尔们可知挞懒底罪过？"王伦说："下官等远道而来，不知挞懒底罪孽。"耶律绍文说："康王与尔们但知有挞懒，岂知有上国。"王伦辩解说："下国君臣已是曲尽事大之礼，只为张通古携大金国诏书前来江南，俞允归还敝国太母与皇族，故特命下官前来迎请。"耶律绍文的鼻子哼了一声，说："尔们所携江南书信，竟无一语言及岁贡，却是要迎请，谈何容易。如今奉大金皇帝圣谕，且教副使蓝公佐归去，江南须是先定岁贡、誓表、册命等大礼。"耶律绍文宣布完金廷的决定，就高视阔步，走出馆舍。

蓝公佐听说自己得以回归，心中暗喜，而王伦却泪流满面，他伤心地说："下官只恨为和议宣力！"蓝公佐动身后，王伦就被金人押往河间府软禁。

[贰玖]
面折廷争

赵士𠋮和张焘返回临安的次日,就进入行宫面对。秦桧、孙近和李光三名宰执也站立殿上,参加旁听。赵士𠋮和张焘上殿行礼毕,宋高宗特命给皇叔赐座,然后说:"二卿为朕祇谒祖宗陵寝,跋涉辛劳,朕心不忘。途中见闻,新复州县利弊,卿等可悉心开陈,朕当虚心听纳。"

按照事先的商议,由张焘首先口奏:"臣愚误蒙使令,恭行祇谒底大礼。然而虏、伪之毒,祸流海宇,上及山陵,岂胜痛愤之情。"宋高宗对金朝与伪齐破坏皇陵,是在意料之中,他本来宁愿自欺欺人,不想多谈皇陵的事,但到此地步,却又不得不问:"诸陵寝如何?"

张焘不愿正面回答,只是用悲愤而高亢的语调说:"万世不可忘此贼!"赵士𠋮却用沉痛的低声说:"八陵皆遭盗掘,哲宗皇帝暴骨,臣只得解衣裹骨,草草掩埋。"说完,就潸然泪下。宋高宗到此只能保持难堪的沉默,发掘祖坟当然是件痛心的事,但他无论如何也不愿改变对金政策。

张焘看着皇帝尴尬的脸色,又激昂地说:"陛下圣孝天性,唯是以归还梓宫、两宫底大愿,姑与虏人讲和。然而祖宗在天之灵,震怒既久,岂容甘休。异时躬行天讨,唯是仰仗陛下圣断坚定。自古戡定祸乱,非武不可。伏望睿慈仰思历圣责望之重,俯念万民意向之切,激励将士,整饬武备,以待异时奋起哀师,长驱燕山,然后告功诸陵,以尽天子底至孝,以成万世底美誉。"颇善表演的宋高宗仍然满脸窘态,一言不发。他只是痛感自己的"孝"字号遮羞布被撕个粉碎。

此时,在场的五个臣僚都非常关注皇帝的一言一行。秦桧的内心一直十分紧张,他最害怕的,当然是皇帝因此赫然震怒,改变媾和的初衷,如今见到皇帝此种表情,不由轻松地长长吐了口气。李光的心里不免哀叹:"张焘底进言,亦足以感动木石,不料主上竟无动于衷,不改乞和底初衷,全无复仇雪耻底意思。"

沉默片时之后,赵士㒟仍打算进一步谏劝,宋高宗却适时转变话题,问道:"二卿前去鄂州,审察岳飞一军,可知情伪?"关于如何回奏此事,赵士㒟和张焘已仔细商量。两人一致认为,目前宋高宗对岳飞猜忌已深,如果一味为岳飞说好话,皇帝反而不爱听,其效果也是适得其反。张焘回奏说:"臣等考查岳飞一军,目即尚无跋扈之迹,军中纪律严明,将士忠于社稷,愿为陛下宣力效命。臣等以为,如岳飞底将才,陛下尚不得不用,待他日北伐功成,然后可依汉光武底前规,将他罢职赋闲。"赵士㒟补充说:"岳飞虽得军心,然而依臣审察,将士尚是服膺王命。异时罢岳飞兵柄,亦是易如反掌。"

宋高宗听后,面露某种同意的表情,他不想再谈皇陵的事,以求尽早摆脱难堪的处境,就说:"二卿此行,委是不负朕底委寄,暑行劳苦,足见卿等忠诚许国,甚慰朕心。二卿请下殿休息。"赵士㒟和张焘不能再在殿里停留,张焘就从笏后取出一份札子,说:"此是臣沿途所见新复州县底利害,恭请陛下圣览。"一名宦官上前接过札子,放在皇帝御案上。于是赵士㒟和张焘只能行礼退殿。秦桧在此后很快设法将张焘调离朝廷,去外地任官。

宋高宗接着又与三名宰执讨论对金事务。原来王伦的密奏传到临安后,秦桧和李光曾在皇帝面前发生激烈争论。李光主张依王伦所奏,终止王伦北行,召张浚开都督府,命令吴玠、岳飞、张俊和韩世忠四军,进驻新复的陕西和河南前沿。但秦桧坚决反对,他说:"虏人若有变故,正宜教王伦前去,审视情实。目即虏人并未举兵,诚如陛下圣谕,岂可调发大军,劳师费财,虚内以事外,而反教虏人有以借口。不如以静制动,以安靖观变故。臣以为不至万不得已,不得轻弃和议大计。"宋高宗最后表态,同意秦桧的意见。如前所述,结果是王伦奉命,被迫北上出使,而被扣押。

宋高宗说:"朕思虑再三,四太子极是狠勇好战,若是如王伦奏中所言,切恐南北盟好难以持久。"李光乘机说:"臣愚以为,朝廷当免于焦头烂额之讥,而预思曲突徙薪之计。河南、陕西之地残破既久,固是难于屯驻重兵。不如命四大将以轻兵进驻,如有缓急,便以重兵继进。四太子并非三头六臂,此前已屡败于王师。若是他败盟兴兵,正便于王师乘机进讨。诚如张焘所奏,八陵祖宗在天之灵,震怒既久,陛下难道不思奋起哀师,长驱燕山,以复不共戴天之仇耻,以慰天下,以尽天子底圣孝。"

秦桧当然反对李光的建议,但要进行反驳,并且使皇帝能够接受己见,却不是易事。他正在考虑时,宋高宗却命宦官向大臣们转送一份韩世忠的上奏,此奏报告金朝发生事变,已将淮阳军的戍兵和中原的屯田兵抽调北上,建议乘虚掩袭。秦桧看后,感到正好利用此奏做文章,就说:"方今疆场之上,自当以安靖为重。虏人有变故,朝廷不宜自坏信约,靖康时无一定之规,朝令夕改,使虏人得以藉口,足以为戒。臣愚以为,陕西、河南之地,以不进驻为便。"

宋高宗马上表示同意,说:"韩世忠武人,不识大体,虏人方通盟好,如是乘乱幸灾,便难以教虏人守信义。孙卿可为朕草手诏,戒谕韩世忠,不得生事。"孙近连忙说:"臣遵旨!"

在孙近起草手诏时,李光仍然申述原议:"如今事势,固不必乘虚掩袭,然而亦当曲尽关防,预作曲突徙薪之计。臣愚以为,王师不可不乘机北上驻守。"秦桧马上反驳:"韩世忠目无朝廷,曾图谋假扮红巾,袭杀张通古,此回又力主用兵。便是命他以轻兵驻守,亦难保他不惹是生非。故臣愚以为,便是轻兵驻守,亦非良策。"

宋高宗说:"四大将固不宜勾抽轻兵北上,然而河南三京之地,是宗庙、陵寝所在,亦不可不预为关防。朕观四大将之外,杨沂中与刘锜尚是安分守职,如今杨沂中身任殿帅,护卫朕躬。刘锜所统八字军一万余人,八字军亦曾是威震中原,不如教他为东京副留守,庶几朝廷易于使令。"李光认为,自己的建议还是优于皇帝的旨意,但已不宜再说。秦桧却说:"陛下圣断,臣滥厕枢庭,自当奉行。然而目即虏人唯是有变故,别无败盟情实。若是命刘锜即时统军北上,恐虏人生疑,有碍和议,不如暂缓时日,相机行事。"

秦桧用"暂缓时日"的手法,实际上就取消了李光的建议。当时的三名宰执,秦桧是右相兼枢密使,孙近是参知政事兼权同知枢密院事,他们可以奉旨发兵,唯独李光单任参知政事,无法直接参与军事。李光心想:"此人煞是善于蒙蔽圣聪。"他正打算与秦桧争论,宋高宗却说:"便依卿议。"秦桧害怕李光另有异论,赶紧说:"臣恭领圣旨。"李光到此只能发出十分轻微的叹息。

突然,张去为急步上殿,下跪叩头,说:"小底奏禀官家,四川宣抚使吴玠在仙人关薨逝。"宋高宗露出哀悼的表情,说:"吴玠为朕守蜀,大功非细,可赠少师,赙帛千匹。"秦桧说:"既是吴玠薨逝,行营右护军不可一日无主。依陛下圣算,目即军权宜分不宜合,不如教吴璘、杨政、郭浩三将分统川陕官军。"

宋高宗说:"此议甚当,朕依卿所奏。"李光说:"虽是命三将分统川陕军,军中亦不可一日无主。胡世将处事练达,如今任四川安抚制置使、兼知成都府,不如命他兼权主管四川宣抚使司职事,以文臣节制三将。"宋高宗也马上批准,说:"以文制武,自是祖宗家法,朕依卿奏。吴璘等三将怎生分兵,便教胡世将处分。"

宋高宗感到大事处理已毕,准备教三名宰执退殿。不料秦桧却说:"臣另有机要事,须是单独面对。"宋高宗盼咐孙近和李光说:"既是恁地,二卿可先退殿。"李光心想:"不知秦桧又有甚奸计?"他虽然很想留下来听个究竟,却只能与孙近一同向皇帝告退。

原来宋朝收归河南之地后,金朝将一些原伪齐的重要臣僚,都召到北方,继续留用。唯独秦桧的亲戚郑亿年,却得到完颜挞懒的命令,要他回归南宋,与秦桧共同促成和议。这对郑亿年说来,当然是一件十分尴尬的使命,因为他在伪齐曾任尚书右丞、资政殿学士等高官要职,并且在七年前正式会见宋使韩肖胄和胡松年时,已经表示了他从伪的坚定立场。郑家在南宋虽然广有亲朋故人,但如今所能依靠的,就只有秦桧。前已交待,当金朝废黜伪齐时,完颜挞懒曾命令郑亿年与秦桧"潜通书问"。当王伦接收了河南之地后,郑亿年就留在开封不走,而向宋高宗上表待罪。接着,郑亿年又在秦桧的帮助和授意下,来到行在临安。秦桧与他私下商量和谋划的结果,认为最重要的问题,是必须得到皇帝的接见和谅解。秦桧明白,如果他当着李光的面提出召见的建议,必然会遭到对方理直气壮的反驳,所以必须避开李光。

宋高宗目送孙近和李光下殿后，问道："卿有甚奏请？"秦桧说："郑亿年万不得已从伪，然而心向王室，故冒刘豫不测之怒，珍藏祖宗、诸后御容五十余轴，今到临安，进献陛下，以明心迹。"宋高宗说："闻得伪齐贼臣皆从虏人北去，唯有郑亿年愿归本朝，亦足以见他从权达变，乃心王室。朕自临御以来，收揽士大夫，一切以宽大为怀。既是恁地，郑亿年亦当弃瑕录用，稍加官职，以示朕矜贷底意思。"他不由发出一声感叹，又继续说："朕继统已十三年，当年元帅府底旧僚，往往沦谢，唯有汪伯彦，实与朕共度艰难。他虽曾误国败事，如今到阙廷，朕亦须召见，稍加恩宠，以示朕不忘故旧之情。"

前已交待，汪伯彦是秦桧的老师，秦桧这次设计让汪伯彦到行在，也是希望重新援引他当执政，做自己的助手。秦桧对郑亿年如何起用，费尽心机，设想了各种困难，不料宋高宗竟如此宽贷，使他喜出望外。他马上说："陛下帝王底大度，非前古帝王所能及，臣既监修国史，自当命史官书之史册，垂范于万世。"

宋高宗说："郑亿年在虏、伪多年，当知虏人情伪。"秦桧立即顺水推舟，说："臣在政事堂，亦曾召郑亿年面谈。如今虏人变故，士大夫议论纷纭，或以为和议不可恃。陛下或可召郑亿年顾问，此亦是一说。"他有意把话说得模棱两可。

宋高宗本来对金朝的政情忐忑不安，就说："可依卿议，且待朕近日召他面对。"秦桧不由暗喜，但依他的狡猾，还须作进一步解释："郑亿年从虏、伪多年，不免招致物议。臣所以单独奏对，亦是忧心与虏人讲和，事或中变，不如召郑亿年体问情实。然而此事须是恭请陛下圣算再三，然后明断，不宜教臣等参与。"他既要援引郑亿年，又必须让皇帝抵挡廷臣的责难，承担由此产生的一切后果。宋高宗说："此非大事，朕意已决，卿不须疑虑。"

宋高宗经秦桧一说，也急于召见郑亿年。次日，就召汪伯彦第一班面对，而郑亿年第二班面对。

汪伯彦自从维扬之变以来，蛰居了十一年。他今年已七十一岁，按古代七十致仕的规矩，照理无重新出山的可能，却仍然恋栈不已。汪伯彦上殿之后，就努力抖擞精神，避免在皇帝面前显现龙钟的老态，他跪拜在地，用尽可能大的音量说:"臣汪伯彦无任犬马瞻恋之情,叩见陛下,恭祝圣躬万福。"宋高宗说:"汪卿少礼。"他见到汪伯彦的跪拜起立姿态,说:"卿是朕元帅府底故人,违离阙下积年,朕岂得不思念。今日见卿四体康强,甚慰朕心。"汪伯彦激动得落泪,说:"臣自知罪戾深重,万诛难赎,唯赖陛下皇恩浩荡,曲赐保全。"汪伯彦明白,扬州逃难,使皇帝至今无法生育,自己确是罪责难逃。

宋高宗下令赐坐,汪伯彦谦避一番,终于坐下。两人酬酢几句,宋高宗还是转入正题,说:"自去年岁末,朝廷与虏人媾和定约。然而近日传言虏人或有内变,败盟在即,士大夫论说纷纭,或以为正宜乘乱幸灾,先发制人。卿老成持重,谋虑深远,自当为朕熟计。"

汪伯彦事先已与秦桧商量,当然是有备而来,他说:"臣当年侍奉陛下于元帅府,便知兵连祸结,终非了局,虏人固有时胜时负之势,而社稷则有或存或亡之忧。故自陛下身登大宝,臣便与黄潜善建请与虏人划河为界。如今陛下坚持建炎划河为界底初议,信用秦桧,收得三京、长安故地,煞是上策。料得陛下必是坚守信约,不为浮议所动摇。"

宋高宗说:"朕所忧底,正是四太子勇狠,背信弃义,悍然出兵。"汪伯彦说:"臣曾闻陛下称赞三代以下,唯有汉文帝待匈奴最为得体,书辞倨傲,则受而勿较,军旅侵犯,则御而不追。臣愚于绍兴五年应诏上奏,便是秉承陛下底圣意。若是不得已而交兵,王师获胜,亦不得急追,以成一时侥倖之功。陛下坚持立国底长策,以诚信待敌,则终归于和,而安南北底生灵。"

汪伯彦的议论自然正中皇帝的下怀,宋高宗高兴地说:"卿煞是朕底股肱旧臣,非卿不闻此金玉良言!"君臣俩谈话,愈说愈投机。

汪伯彦退殿后,轮到郑亿年面对。郑亿年按照他与秦桧预先的设计,拜见之初,就伏地恸哭,哀不自胜,并且进献了宋朝帝后的御容五十多轴,作为见面礼,又说了许多悔罪的话。郑亿年的表演,倒完全在宋高宗的意料之中,他对郑亿年的表演并无多少兴趣,而急于转入正题。

宋高宗说:"卿被虏人驱胁,久在北地,如今又能束身以归,朕当待遇如初,卿可安心居此,以报王室。"郑亿年感恩涕零,一时简直激动得说不出话。宋高宗却不愿他继续啰苏,就说:"卿深知虏人情伪,依卿所料,和议可否得持久?"郑亿年说:"如今虏人亦非初入中原,锐气方张,便是四太子好战妄作,已是兵老气衰。臣愿以全家百口,保天下无事。陛下定和议底长策,必是永享升平之福。"接着,他又介绍女真人入中原之后,很快背弃劲勇刚武的旧俗,而染上好逸恶劳、骄奢淫逸的习气,最后说:"虏人底郎主宛如一汉家少年,并无才略,臣料得虏运必不持久。陛下坐守江、浙,日后必当不战而取中原。"宋高宗犹如吃了一颗定心丸,露出满脸喜悦。

宋高宗再次召见宰执。秦桧通过王继先和张去为的暗线,已得知汪伯彦和郑亿年的奏对,大获成功。但他又明白,要援引这两个臭名昭著的人,还是困难重重。自己不便径直荐举,最好是皇帝本人有旨意,而自己再顺水推舟。

宋高宗说:"朕召汪伯彦与郑亿年面对,甚惬朕意。汪伯彦是元帅府底旧臣,虽有过失,如今尤是老谋深算。郑亿年亦是不得已而从虏、伪,深知敌情,可备顾问。朕方昭大信于天下,寤寐中兴,此二人自当弃瑕录用,卿等有甚计议,可悉心开陈。"

皇帝的旨意固然十分清楚,但将两人安插在什么位置,还是要臣僚提出具体建议。秦桧当然不愿意本人首先出面,因为一个是老师,一个是亲戚,自己的权势不足,而人言可畏,他的目光投向孙近,示意由孙近出头。孙近虽然甘心伴食政事堂,但遇到这件棘手的事,他也不能不计较利害得失,于是把头一歪,佯装没有接收秦桧的目光。

秦桧无可奈何,只能自己出面,他说:"汪伯彦曾任右相,陛下如欲顾问,依臣愚见,不如以资政殿大学士、兼侍读,依执政恩数,参与经筵,自可常备顾问。郑亿年曾授伪官资政殿学士,依陛下绍兴四年冬谕降臣手诏,如伪齐降臣能束身以归,当复其爵秩,待遇如初。"按宋朝的官制,无论是授予资政殿大学士,还是学士的虚衔,都算是执政级的待遇。

李光心想:"欲举荐亲党郑亿年做执政高官,却是援引绍兴四年底手诏,便见得秦桧狡诈,诡计多端。"他不得不出面反对:"臣愚以为,汪伯彦已过致仕之年,况且误国底事,暴于天下,至今人言藉藉,虽是陛下旧僚,亦须示名器之公,赏罚得宜。郑亿年是秦相公底亲戚。当年韩肖胄、胡松年出使,见得郑亿年伏侍刘豫逆臣之志甚坚。此回前伪齐高官,虏人皆留于北方,唯独纵郑亿年南归,便是可疑。或恐是虏人使来,暗坏朝廷,切望陛下圣察。"

李光的话确是一针见血,说中了秦桧的痛处。但到此地步,秦桧也不得不强辩说:"李参政亦是杯弓蛇影,忧虞过当。"李光说:"虏贼狡诈,便是忧虞过当,尚恐有失。如郑亿年端的是虏人细作,教他顾问,岂不误社稷底大计!"说得秦桧哑口无言。

李光打算藉援引郑亿年的问题,进一步揭露秦桧,就说:"郑亿年本是秦相公底亲戚,又有从虏、伪底罪愆,秦相公却是不避嫌疑,力加荐引,是甚道理?臣观秦相公自再相以来,所用皆是亲党,又处心积虑,排斥贤士,略无公道。臣观他底意思,是欲蒙蔽陛下底耳目,盗弄国权,怀奸误国,陛下不可不察。"他说着说着,情绪愈来愈激动,音调也愈来愈高。

秦桧把李光恨得咬牙切齿,但表面上不露声色,也不说话。李光则开始逐一列举秦桧独相近一年间的各种结党营私的劣迹,由于气愤,声调颇高。秦桧只能硬着头皮,静听对方的揭露。等李光说完,秦桧只是用委屈的语调说:"臣猥蒙陛下使令,自任相以来,唯是秉承陛下圣旨,专一任用谙晓朝廷今日事机底臣僚。指臣为结党营私,唯求陛下圣察。然而李光咆哮殿上,实无人臣之礼!"

秦桧言语不多,但传到宋高宗的耳朵里,却比李光的长篇揭露和谴责有力得多。因为宋高宗两年之间,就一直对主战群臣的聒噪无比厌烦,强调用人首先是选拔"知朝廷今日事机底",亦即是附和降金乞和政策者。相反,秦桧指责李光无人臣礼,却使李光对宋高宗的一片忠诚,深恐皇帝大权旁落的忠告,反而招致了宋高宗的恶感和怒意。宋高宗有自己的盘算,汪伯彦虽然言语投机,但毕竟年老,用与不用,是在两可之间。但郑亿年却有另外一种特殊的背景,给予他相当的礼遇,就意味着向金朝表示自己的媾和诚意,关系重大。宋高宗最后表态:"朕依秦卿所奏,授汪伯彦资政殿大学士、兼侍读,郑亿年资政殿学士。"秦桧高兴地说:"臣领旨!"李光却无法掩饰自己的不悦。

汪伯彦和郑亿年的任命发表后,果然招致人言。原来御史中丞勾龙如渊不久前因为过失罢官。新命的御史中丞廖刚却不愿做秦桧的鹰犬,他和右正言陈渊等人接连上奏,抨击这两项任命。宋高宗在公论的逼迫下,改命汪伯彦外任,却仍坚持对郑亿年的任命。

[叁零]
苦心筹划

张宪与赵士㒟、张焘分别后,统军返回鄂州城。他部署将士们回归军营,自己到宣抚司书房会见岳飞,只见岳飞正在与一个素不相识的官员交谈。彼此作揖之后,岳飞就向张宪介绍:"此位官人便是前广南西路转运副使,如今朝廷新命本司朱参谋。"此人接着自我介绍:"下官名芾,表字良茂,祖贯青州益都县。久闻张太尉底英名,今日方得相叙。"

张宪对朱芾的赴任不免感觉突然,因为按照以往的惯例,宣抚司的幕僚是由岳飞提名,皇帝委任。这次却是宋高宗不批准岳飞的提名,不让于鹏任参谋官,孙革任参议官,并不征求岳飞的意见,而突然任命。

事实上,朱芾确是朝廷特别委任,只为监视岳飞。他赴临安行朝,秦桧独自在政事堂找他谈话,说:"方今朝廷底事机,便是依祖宗之法,防五代骄将之患于未然。主上圣明,察见兵柄分属诸大将,无所统一,而岳飞尤是跋扈自肆,拥兵自重,深可忧虞。朱参谋是科举出身,屡经事任,如今朝廷特命,寄托非轻。若有紧切机密事件,须是及时关报。"朱芾只是简单回答一句:"下官禀命!"秦桧又强调说:"若是朱参谋为圣上分忧,为朝廷宣力,圣上岂吝重赏!"朱芾只能谦虚地说:"下官才疏学浅,切恐难以胜任。此回去鄂州,唯求不负使命,岂敢觊求重赏。"秦桧又进一步示意说:"岳飞底恣睢之状,朱参谋自可用心搜访,风闻言事。"朱芾明白,命令他"风闻言事",就意味着有胡乱编造、造谣中伤的自由,他只好说:"下官理会得。"

朱芾不料在临行前,有吏胥前来馆舍,说是李光有请。他只能随吏胥前去李光私第。李光以参知政事的高官,居然亲自迎接,备尽礼意。李光安排朱芾在书房密谈,他说:"秦相公在政事堂召见朱参谋,其意可知。然而朱参谋谙熟孔圣底教诲,须是以江山社稷为重。王枢相在东京密奏,言道虏人有败盟底意思。朝廷若要抵御虏骑,光复旧物,第一便是仰仗岳相公。朱参谋此回去鄂州,可传语岳相公,教他厉兵秣马,枕戈待旦,以备长驱中原。"朱芾也只能说:"下官禀命!"

朱芾乘轻舟出运河,又换坐官船溯大江而上。一路之上,他的心境很不轻松,经常凝望着滚滚江水,江景如诗如画,他只是长吁短叹。官船夜泊江州,朱芾登岸,观赏着满天星斗下的沿江景色,突然,远处传来了笛声,接着又是男女声唱的词曲,男声悲歌张所的《南乡子》和岳飞的《满江红》,而女声则哀吟李娃的《秦楼月》。对这三阕词,朱芾并不陌生,但今夜听来,却激发起一种异样的感情,特别是女声的哀吟,似乎每字每句都在啃咬着他的心。朱芾下意识地向歌声的方向走去,却又是曲终人散,不见人影。他只得惆怅地返回官船,度过了一个不眠之夜。

天色微熹,疲惫的朱芾起身来到船头,又长久地怅望着白亮的江波,他最后终于下了决断,低声自言自语道:"自家底故土沦落十余年,难道便不思恢复,倾听'金明池畔伤心月'底词曲,岂不动情!身为参谋,尤须依李参政底旨意,赞助剿杀虏人,教'光辉重照,汉家陵阙'。身为朝廷命官,亦须尽监军之责,然而无中生有,变乱是非黑白,又岂是儒士所为!"

张宪初次与朱芾相见后,就开始向岳飞报告北上的见闻。朱芾用心听着,也时或发问。岳飞最后说:"张太尉所说,与李参政底传语若合符契。自家们唯有静观事变,相机北伐,以助成主上中兴大业。"张宪问道:"李参政语是甚底?"朱芾又向张宪作了介绍。

张宪当然明白,近二、三年间,岳飞与朝廷的关系相当紧张,但他囿于古代的臣规,即使同岳飞亲近,也不便对主将稍稍涉及这个话题。他对朱芾的来历,又产生了新的疑问,却只能私下对高芸香直说:"知人知面不知心,害人之意不可有,防人之心不可无。朱参谋莫非是秦桧所遣,前来暗坏军机,恭人莫须与李十姐示意。"高芸香说:"朱参谋到鄂州不过数日,然而闻得他博学多识,岳五哥甚是礼敬。防人之心不可无,奴家亦曾与李十姐言及。李十姐言道,如今正须待人以诚,以直道解疑,况且军中别无隐私,无不可与朝廷言。"张宪说:"虽是恁地,我亦须暗自审察。"

朱芾在鄂州了解一些情况,一天,他到书房与岳飞谈话,提议说:"依朝廷指挥,军兴时节,荆湖北路、京西南路自知州、通判以下,暂教岳相公辟奏。如今河南之地既已回归,岳相公不如上奏,言道名器予夺之权,非人臣所当久假,恭请朝廷收回州县官差注之权。"岳飞立即理解对方的苦心和好意,说:"朱参谋教下官远权势,甚是感荷,便有劳朱参谋为我草奏。"朱芾援笔立就,岳飞就照草稿誊录。

于鹏和孙革也走进书房,他们面露喜色,带来了金朝发生政变,完颜挞懒等人被杀的探报。于鹏振奋地说:"如今正是兵机。"孙革说:"岳相公莫须上奏,力请朝廷乘机用兵。"岳飞望着朱芾,朱芾说:"下官体问得自绍兴七年以来,三年之间,岳相公为讨伐虏人,前后上奏数十,然而绩效如何?"

孙革说:"坐待兵机丧失,煞是可惜。依朱参谋底计议,十万大军只得坐守鄂州,虚耗百姓膏血,一无作为。"朱芾认为,这正是向岳飞等人剖白心迹,争取互相信任的机会,就用略带激动的语调说:"下官底故乡沦陷,岂不思重拜祖茔,一洒仇耻。下官到得宣抚司,便传李参政底言语,正是为此。然而此时上奏请缨,不是时机,须是忍耐。"

岳飞说:"朱参谋所言,深中事理。下官久违阙廷,不如乞赴行在奏事,以便相机行事。"朱芾预料,岳飞此行也不可能有什么收获,但也不想劝阻,就说:"岳相公可为此上奏,以待朝命。然而下官到宣抚司不久,正宜在此熟习军务,岳相公可教于、孙二干办同行。"朱芾所以不想随同岳飞去行朝,主要是不愿见秦桧,违心地回报军情。经过在鄂州一段时间的考察和接触,他已对岳飞产生感情,认为自己留在鄂州,尚便于调解朝廷和岳飞的关系,如果秦桧认为自己不称职,另外派心腹出任参谋官,就会对岳飞不利。当然,朱芾的这份心意也不便向岳飞表白。

延挨到九月初,岳飞接到宋廷于八月下旬发来的省札,同意岳飞前往临安行朝。岳飞此次出行与以往不同,除了于鹏、孙革和王敏求三名幕僚之外,李娃和高芸香也带着全体子女同行。她们已与李清照通了书问,准备前去相会。唯一的麻烦是巩㟧娟,她生下的岳大娘满月不久,本来不当出行。但经过商量,为了让在楚州的刘巧娘能见儿媳和孙子、孙女一面,还是决定同行。岳家军的军务则自然由中军统制、提举一行事务王贵,前军统制、同提举一行事务张宪和参谋官朱芾三人主持。

岳飞乘坐水军的车船顺江而下,到镇江府后,又改换轻舟沿运河南行,而岳雲和岳雷兄弟,还有巩岫娟带着岳申和岳大娘,则由渡船送往隔江的扬州,前去楚州,再一次看望亲母刘巧娘。

岳飞一行抵达临安,在馆舍安顿之后,按照惯例,秦桧和孙近、李光三名宰执当夜就在政事堂设宴招待。李娃和高芸香则急于找李清照相聚,不料有李光府的仆役送来请帖,说是李光的夫人管蕙卿约她们明天同游西湖,而李清照届时也将前去聚会。

次日早晨,岳飞前去朝会和面对。管蕙卿则亲自坐轿来到馆舍,拜见李娃和高芸香。她准备了一些空轿,接李娃、高芸香和孩子们出城西涌金门,来到西湖之滨。时值秋末,低沉湿润的雾气笼罩着整个湖面,湖畔的群山则被雾气半遮半露,若隐若现,山色与湖波,编织了特殊的朦胧美,给人以梦幻般的诗情画意。岳安娘、岳霖、岳震、张敌万和张仇娘五个孩子初见西湖,无不欢天喜地,手舞足蹈,唯有岳霭由女使抱着,呆望着湖景,而全然不会欣赏。李光前妻黄氏所生的六个子女都已长大,没有陪同前来,而管蕙卿所生的两男两女都未成人,他们以小主人的身份,与岳霖等一起在湖滨嬉戏。

管蕙卿是南方人,她和两位北方女子虽是初次相识,但因话得投机,很快就不用国夫人等尊称,而是互称管十一姐、李十姐和高四姐,以示亲近。为了便于观赏,三个命妇都脱去盖头。高芸香呆呆地眺望湖景,不免惊叹说:"奴家是北人,从未见得如此美景,煞是聚集得天地造化底神秀。"管蕙卿说:"便是南方,亦非处处皆有如此胜景。常言道,上界有天堂,下界有苏、杭。然而十年之前,虏人曾在临安大肆焚戮,至今创残未复。"说到这里,三个妇人都不免胸怀沉重感。

李娃正想说话,只见一乘竹轿到她们面前停下,里面走出了李清照。李清照卸脱盖头,三个妇人一齐上前,向她行礼道"万福"。五十七岁的李清照最近生活较为安定,她结识了管蕙卿,管蕙卿得知她与李娃、高芸香的旧情,就特地安排了这次聚会。

李清照卸脱盖头,她顾不得还礼,只是激动地伸出双手,紧紧地握住李娃和高芸香的手,她的舌头似乎已经僵直,一时说不出话,只是清泪满腮。李娃动情地说:"十一年前,烽火逼近建康府,城中兵荒马乱,恍如隔日。世事茫茫,难于逆料。所幸今日得以重逢,以慰渴想。"高芸香说:"今日得见易安居士安康,便是大幸!"李清照此时才得以回话:"当年故夫新坟初建,老身又得大病,喘息仅存,幸得你们在危难时节相助,极是感荷深情。"

　　李娃今年三十九岁,管蕙卿三十六岁,而高芸香也已三十二岁。由于当时的生活条件,古人的衰老快于今人,年过四十,开始进入发童齿脱的初老期,年届五十,就是一个心怠力疲的标准老人。如果说高芸香还保留了若干青春的姿色,而李娃和管蕙卿的脸部已不可避免地有明显的皱纹。三人都将李清照当做尊敬的长辈,簇拥着她,在湖边漫步闲话。

　　一座重新装修的高楼矗立在前,彩栏绣柱,华丽异常,正东有草书"丰乐楼"的匾额,其下是彩画的大门,按宋时的习俗,称为欢门,南北花径曲折,亭榭参差。管蕙卿向李娃和高芸香介绍说:"此是西湖畔第一酒楼,曾遭虏人焚坏,今年官家下旨重修,又车驾亲幸。此楼及周遭共有大小七十二酒阁,酒器皆用金银。"

　　李娃说:"国难时节,不当如此侈糜。临安湖山虽美,若是流连此地,滋生骄奢淫逸之心,消磨复仇报国之志,便不足取。奴家以为,自家们不宜在此就餐会食。"其他三人都明白,李娃的话其实是含蓄地指责宋高宗。管蕙卿为了表示盛情接待,本来确是打算在丰乐楼宴请,尽管这是一笔相当昂贵的开支。她只能望着李清照,李清照说:"便依李十姐底意思,可雇一、二轻舟,在舟中就便淡酒蔬食,亦足以自娱。"

　　管蕙卿说:"虽是恁地,自家们亦不可不登楼,一览湖景。"她们连同孩童、男仆、女使共有二十多人来到楼前,有店主在欢门前迎候。李光府第的干人上前说明情况,店主面有难色,说:"既是李参政、岳相公等宝眷前来,男女岂有不迎候之理。然而今日有王八司命包占丰乐楼,委是教男女两难。"干人只得回来禀告主母。高芸香说:"自家们虽是远居鄂州,亦是知得行在王八司命底恶名。"李娃说:"自家们虽是无所畏惧,然而亦不得教店主为难,不如且休。"李清照称赞说:"李十姐煞是贤德!"有了大家的表态,管蕙卿也免于尴尬,她说:"唯是今日不得登楼,不免扫兴。"李娃和高芸香又主动劝慰一番。

于是大家又走向丰乐楼西的柳汀花坞，准备雇一两艘游船，到湖中游乐。突然有一艘精美的"百花"大画舫，其上插一面绯红旗，绣一个斗大的"王"字，划破细浪，很快停靠岸边。那面红旗上的绣字，其实是经过王继先再三斟酌，如果使用官称"王防御"，则嫌防御使的官位不高，加上"东京黑虎丹"的旧招牌，又嫌太卑俗，他想来想去，最后决定只用一个"王"字。原先停靠湖滨的十多艘游船，见到这面"王"字旗，都惧怕王继先的权势，急忙划桨散去。岸边的游客也同样纷纷四散回避。只剩下一个大汉，红黑色脸庞，却依旧站立在就近的湖岸。管蕙卿一行正向湖岸走去，见到此种形势，固然不必逃避，也只能暂时驻足。

"百花"画舫上走下十多名仆役，见到那个大汉依旧站立在那里观望，就喝道："这厮不晓事底汉子，王防御到此宴乐，何不回避！"当时的"汉子"是鄙称，大汉听到对方出言不逊，自然不快，就操着京东口音说："西湖是赵官家底湖山，赵官家到此，百姓方须回避。自家不知王防御是甚人，他到此宴乐，自家到此观览，两不相妨，何须回避！"王继先的男仆们都是他搜罗和豢养的临安恶少，平日惯于欺压善良百姓，如今见到北方大汉孤身一人，更是不胜技痒，一个男仆当即恶狠狠地挥拳直前，说："今日便教你知得王防御底家规！"向大汉当胸猛击。那个大汉熟练地用手接过对方的拳头，只是不费力地将对方的手臂一扭，这个男仆疼痛得直叫，大汉又举腿踢他的臀部，男仆踉跄几步，就跌倒在地。

于是其他男仆就一拥而上，大汉也大吼一声，抡拳动脚，把他们打个落花流水。画舫上接着又跳下十多名男仆，个个手持棍棒，大汉冲上前去，很快用徒手抢到一条木棒，又把来犯者打得狼狈逃窜。王继先在画舫里见到这种情形，害怕大汉冲上船来，慌忙命令船工起碇逃避。大汉一路打来，无人敢敌，等他赶到岸边，画舫已经离岸数丈。几十名男仆一时四散逃窜。大汉对湖中的画舫大叫："一伙狐群狗党，酒囊饭袋，皆是不中用底物事，王防御又是甚物事？你敢上得岸来，与自家见一个高低胜负！"

管蕙卿等人见到这场厮打，人人无不快意。李清照说："王八司命荼毒行在，又屡次欺侮老身，不料今日亦是遭逢得克星！"李娃立即联想到丈夫的军中需要勇士,就吩咐岳霖说:"三宝,你可好言唤壮士前来,言道岳相公底夫人愿见壮士。"十岁的岳霖就带着一个男仆上前,向大汉打躬作揖,说:"自家是岳相公底三子,妈妈今日适在此间,教我前来迎请壮士。"大汉听后,高兴地还礼,说:"我久闻岳相公底大名,闻得他到行在,正欲投奔,不料今日竟有如此机缘。"就扔下木棒,随着岳霖走来。

四个妇人此时都已戴上盖头,岳霖引领壮士前来,介绍和拜见四个命妇。四个命妇礼貌地还礼道"万福",大汉见到她们并不自恃高贵,而能平等相待,就更加高兴,他自我介绍说:"男女姓李,名宝,乡贯兴仁府乘氏县,为不愿剃头辫发,聚集乡民,与虏人交战,杀得虏人所命濮州知州。只为寡不敌众,遂渡江南来,归依朝廷。朝廷命我去楚州,伏侍韩相公。男女唯愿伏侍岳相公,早晚执鞭随镫。不料今日得见国夫人,委实三生有幸。"李清照高兴地说:"今日得见李壮士好身手,日后必是在岳相公军中显立功名!"李宝当天就随李娃回到馆舍。

岳飞到临安,正值金人放回的蓝公佐已经渡过淮水,有急奏飞报朝廷。岳飞认为这正是时机,他在面对时字斟句酌地说:"虏人扣押王伦,放蓝公佐回归,以岁贡、誓表、册命等事目责问朝廷,此是败盟底先兆。河南之地已不可不防。臣愿率轻兵进驻东京,以观事变。若是虏人来犯,便得以乘机剿杀,以副陛下寤寐中兴之志。恭请陛下恩准臣愚底奏请。"

宋高宗对岳飞的面奏早有思想准备,他用赞赏与温和的口气说:"卿是朕所简拔,忠愤许国,人所共知,朕唯是倚卿为长城。河南之地,朝廷已有措置。今委卿驻守鄂州,独当一面,责任非轻,料得卿当在湖北、京西两路曲尽关防,此便是万全之计。若有缓急,朕当亲命卿出师。朕常念靖康时,渊圣朝令夕改,致使虏人有以藉口。朕今日须坚守盟约,若是虏人败盟,便曲直自分。"他对岳飞不得不说好话抚慰,却又坚决拒绝他的奏请。

岳飞说:"若是陛下以为臣不便离鄂州北上,亦可命臣底偏裨另统一军,进驻东京。"宋高宗说:"卿忠智冠世,朕常嘉叹不已,以为天生将臣,足以助成朕底中兴大业。然而河南之地,朕已与宰执大臣计议另有措置,不须烦劳卿底偏裨。"岳飞对皇帝的甘言美语,感情上反而有所不快,但也只能依照臣规,礼貌地结束了此次面对。

岳飞比李娃一行早回馆舍，于鹏等人见到主将闷闷不乐，就向他询问，岳飞只是作了最简单的回答。李娃返回后，就向岳飞等人介绍李宝。岳飞见到李宝雄赳赳的武士气质，先有几分喜欢，问道："不知李壮士惯使甚底兵器？"李宝从行囊里取出双刀，每柄刀各重七宋斤。他就在庭院中当众表演，将双刀抡动如飞，面对着一团团白光缠身，于鹏、孙革和王敏求不由得连连喝彩。等李宝舞刀完毕，岳飞说："虏人必是败盟，李壮士在自家军中，自有立功封官底时机。你惹恼了王继先，料得他难以善罢甘休，不如且在此处暂住，不必外出，数日之后，便随我前往鄂州。"李宝说："既蒙岳相公收留，便是男女底大幸，誓愿随岳相公征战。"

两天之后，岳飞准备启程，李光夫妇、李清照和李若虚特别前来送行。双方男子与男子，女眷与女眷，互相话别。李光对岳飞详细介绍朝廷的政情，李若虚间或插话，岳飞和于鹏、孙革、王敏求仔细倾听。李光最后发问："若是虏人进犯，岳相公可有胜算？"岳飞颔首示意，他说："下官底顾虑，其一是朝廷须有人主张。秦桧巨奸大憝，如今却是深结王继先、张去为等为奥援，主上恩眷不衰，又广布羽翼，急切动摇不得。唯是求李丈在朝中主持公道。"岳飞有意将称呼"李参政"改为"李丈"，以示一种后辈对长辈的亲热和尊敬。李光说："下官在朝一日，自当谋一日国事。"

岳飞又说："下官顾虑之二，乃是诸将分军，胜不相庆，败不相救。张俊是下官底旧帅，怯懦避敌，人所共知，全仗朝廷督责。朝廷既已定刘锜出任东京副留守，此亦是一说。闻得刘锜尚是敢战，切望李丈设法，教刘锜早日赴任，以备缓急。"李光说："下官理会得。"

岳飞嘱托了李光之后，就准备与家眷上路。李清照却言犹未尽，她又专门嘱咐李光和岳飞说："今日军国大事，唯是仰仗李相公与岳相公。秦十阴鸷奸毒，二相公切须小心。"两人都只能颔首示意。

[叁壹]
李 光 罢 政

秦桧一直密切注视岳飞的一举一动,并且派人暗中监视。李光和岳飞的交往更使秦桧不安。他对王癸癸说:"下官底眼中钉,在外便是岳飞与韩世忠,在内便是李光,若不拔除,终是寝食难安。如今须是国夫人教王继先、张去为等在宫中散布流言,言道李光与岳飞过从甚密,形迹可疑。官家猜忌岳飞已甚,必是不喜李光所为,浸润底言语,杯弓蛇影,久必生效。"王癸癸却说:"老身今日不适,待调养数日,然后再去王八司命家。"秦桧已经明白妻子的意思,急忙把身体弯成虾米状,向王癸癸连连作揖。王癸癸笑着捋一下秦桧的髯子,就起身出外。

秦桧一人独坐书房,按惯常的思考方式,嚼齿动腮,他突然心机一动,咬牙切齿地说:"何不乘机复仇!"正说话间,砚童进入书房禀报:"今有郑资政求见。"秦桧听说郑亿年前来,只能出迎。

秦桧对郑亿年有一种十分复杂的心态。两人的政治背景相同,如今在宋廷最知自己底细者,就莫过于郑亿年,两人必须同舟共济,荣辱与共。但是,秦桧也嫌郑亿年臭名昭著,加之两人的亲戚关系,秦桧反而不愿与他过分亲近,希望保持适当的距离。他认为,郑亿年事实上当了皇帝的对金事务顾问,得到资政殿学士的高位,已臻极限,不应当再有新的觊求。他其实又有点瞧不上郑亿年,认为郑亿年不像范同,不可能给自己出什么高明的主意。但郑亿年的心态却与秦桧不同,他不以资政殿学士的头衔为满足,还觊觎着参加秦桧的政府,所以三天两头拜访秦桧,竭尽谄媚的能事。

两人以往互称"秦十"和"郑十八",如今由郑亿年首先改口,称对方"秦相公",秦桧也改称对方"郑资政"。两人相见以后,依照惯例,由秦桧引领郑亿年到书房密谈,王癸癸有时也参加谈话。

郑亿年其实也是耐不得清闲,无话找话。他说:"光阴荏苒,世事茫茫,难于逆料。十三年前,下官在开封围城中与王五造访,不期秦相公旋即北上。十年前,自家们在六合县邂逅相遇,又不得不依依惜别。秦相公曾言道:'他日得志,岂得忘却自家们底情谊。'当时南北相隔,亦不知何日相会。不期今日果然同朝,共扶明主。"他明知秦桧最害怕、最忌讳的,就是重提六合县相会的事,却故意重提此事,以示要挟。

秦桧岂能不清楚郑亿年的弦外之音,他觉得,不如乘机对郑亿年说个明白:"郑资政,自家岂得忘却当年底言语,此回为了复官资政殿学士,亦是不避嫌疑,煞费苦心,用尽九牛二虎之力。然而下官亦是料得,圣上所以教你复官资政,唯是为与大金修好,教你充顾问,而并无教你入政府底圣意。下官虽是蒙圣上恩宠,独相两年,然而朝廷与外郡,尚多有异议奸人,时时撰造浮言横议。下官深惧一旦变故,便有罢相之虞。唯祈郑资政鉴谅。"秦桧如今虽然位极人臣,但慑于王癸癸的雌威,对于如王家、郑家方面的亲戚,一般是不敢怠慢的,特别对于这个握有自己把柄的亲戚,更不得不用委婉的语气说话。

郑亿年露出无可奈何的笑容,说:"下官原知秦相公是重情义底人。"秦桧进一步说:"便如李光,他在御榻之前公然指责下官结党营私,说郑资政是自家底亲戚,疑是虏人使来,暗坏朝廷。"

郑亿年说:"李光极是可恨,秦相公何不设计,将他逐出政府。"秦桧说:"下官亦是恨不能立即将他贬窜琼崖,然而谈何容易。""贬窜琼崖"四字,使郑亿年为之一震,他心想:"自家底意思,亦不过是教李光外任或请宫祠,秦十底心肠煞是狠毒!"

郑亿年又作进一步试探,问道:"若是秦相公他日得以成就相业,便当怎生处分异议底奸人?"秦桧情不自禁,就恶狠狠地说:"下官所深恨底,将臣之中是韩世忠与岳飞,文臣之中便是吕颐浩、王庶、赵鼎、胡铨与李光。若是他日有机便,须是将他们置于死地,方雪自家底心头之恨!至于其他奸人,亦当有一个,杀一个,有两个,杀一双!"

郑亿年简直听得汗毛直竖,心想:"与秦十亲戚一场,今日方知得他底杀机竟是如此之重!官场之中,自不免尔虞我诈,勾心斗角。然而如秦十,当是国朝第一凶相,自家与他虽是亲戚,亦不可不防。"他又改换话题说:"闻得圣上已是嫌忌岳飞,何不飞短流长,说李光与岳飞交结。"秦桧不愿明说王癸癸已为此出外活动,却说:"承蒙指教。"

两人说了一阵,郑亿年准备起身告辞,不料王癸癸回府,来到书房,与郑亿年相见礼毕。郑亿年用戏谑的语调说:"王十三姐必是到王八司命府中辛苦经营。"王癸癸指着秦桧说:"老身今日稍有不适,本不愿外出,便是他百般央求,言道教王继先、张去为等辈去宫中散布流言,说岳飞与李光形迹可疑。老身不免辛苦走一回。"郑亿年听后,忍不住对秦桧继续用戏谑的语调说:"秦相公既是早有胜算,又何必'承蒙指教'!"秦桧只是报以微笑。

当晚秦桧夫妇招待郑亿年晚餐,喝了几盏酒后,秦桧故意装出几分醉意,对郑亿年只吟唱秦观《鹊桥仙》词中的一句:"两情若是久长时,又岂在,朝朝暮暮。"郑亿年马上明了对方的示意,从此之后,除非有紧急和必要的事情,不再常走秦府。

次日三名宰执面对,秦桧口奏说:"陕西新复之地,不可无大臣坐镇,调护诸将,以备不虞。"宋高宗说:"便依卿议。众卿以为,甚人堪当此重任。"孙近只是望着秦桧,李光颇感突如其来,需要用心思考,而秦桧却抢先说:"臣愚以为,吕颐浩元老重臣,堪当此任。"

李光到此已经明白秦桧的险恶居心,分明要将政敌置于险地,宋高宗却首先表态:"吕颐浩忠于社稷,老谋深算,正宜当此重任。"李光说:"吕颐浩是元老重臣,诚如圣谕,然而闻得他在台州闲居,衰病交侵,不知可能为陛下出行?"秦桧说:"君命召,不俟驾,吕颐浩忠心,岂得顾惜衰病。"宋高宗说:"待朕亲下手诏,命宦官与医官宣押前去,召吕颐浩到行在,再与他计议。秦卿可为朕草手诏。"秦桧马上说:"臣领旨!"

李光有意站在秦桧身旁,看他起草,见秦桧写下了"出自朕意,欲烦卿即日就道。卿宜深体至意,毋更执谦",不由暗自骂道:"此人心肠,直是蛇蝎不如!"但迫于古代的臣规,又不能公开斥骂秦桧。

宋高宗看完秦桧的草稿,就照抄一遍,交给宦官,准备让宰执们退殿。

李光却又口奏:"臣观虏人败盟之意,已昭然若揭。陛下既已决定发遣刘锜一军,前去东京,如今正合时宜。"秦桧立即反对说:"臣愚以为,佳兵不祥,古人所戒。陛下既是决策媾和,不至万不得已,不宜轻弃和议,教虏人有以藉口。臣愚以为,虏人虽是拘押王伦,放回蓝公佐,陛下尤宜继遣使节,以示诚信,挽回和议。"

两人于是在殿上争论起来,李光刚直,言语愈来愈激动,而秦桧只是时或平淡地回敬一两句。宋高宗听了一会儿,就不耐烦地说:"二卿不必争议,朕依秦卿所议,另命使节,一以示信好之诚,二亦足以体探虚实。若是虏人拘禁,便曲直自分。"李光只能在内心哀叹说:"主上唯是一心求和,而全然不顾惜使节底身家性命!"但囿于臣规,他又能再说什么。

一名宦官带着医官等飞奔台州,吕颐浩重病缠身,只能由儿子扶着,极其勉强地跪接圣旨。他拜读皇帝的手诏后,就完全料到了秦桧陷害之意。他心如刀绞,老泪纵横,却必须说些"感戴圣眷"之类言语。他只能半卧在小轿里,随宦官和医官就道。一路之上,吕颐浩只是长吁短叹,时而伤心落泪,又不宜公开斥骂秦桧。心情的抑郁,自然更加重了病情。

宋高宗听说吕颐浩抵达行朝,十分高兴,下令召见。不料派去的宦官却单独上殿面奏,说:"吕相公委实病重,难以上殿行礼。"宋高宗还不肯罢休,说:"朕待吕卿静养数日,然后召见。"接连拖延七天,吕颐浩仍然无法上殿。他只得在馆舍的病榻上口授儿子,写一封奏疏,向皇帝表达己见。

宋高宗见到奏上说:"老臣将死,其言也善。窃以虏人无故归陕西、河南之地,必是包藏奸谋。"也不免叹一口气。但对于吕颐浩提出的加强防务的各种建议,还是不想听从。他下令宦官说:"可传圣旨,教吕颐浩归台州养疾。"

吕颐浩在病榻上噙着泪水,听宦官宣旨,他用颤抖的声音说:"臣到行在,却是难以瞻拜天颜,无任悚惧。如今又蒙圣旨许归台州,唯愿来世当牛做马,尚得以补报皇恩底万一。"他又半卧在小轿里,挣扎回台州。

吕颐浩死在半路,他走后仅十六天,其死耗就传回临安。秦桧反而不快,他对王癸癸咬牙切齿地说:"这厮老贼竟是死于中途,教我怎生甘心!

他底儿孙尚在,我须教他断子绝孙!"王癸癸笑着说:"老汉睚眦必报,然而自家们夫妇二十余年,又有多少恩恩怨怨,老汉难道便不图报复?"秦桧连忙说:"国夫人恩重如山,下官唯是无任感戴。"王癸癸高兴地用手指轻轻戳一下秦桧的额头,说:"谅老汉亦无此斗胆!"随着秦桧权势日盛,他阴伏的歹毒心肠,也逐渐有条件得以阳宣,但是,无论如何,他仍然而且也必须是王癸癸手心里一个随意揉捏的粉团。

秦桧特别请范同到自己私第密议。范同到书房坐定后,就首先说:"秦相公今日所忌底,便是李光,莫非教下官共议此事?"秦桧心想:"此人果是诡计多端!"但嘴上又只得说:"择善煞是机敏过人!"

范同说:"此事不难,教台谏官上弹奏,李光必是上章辞免,圣上既已有嫌薄底意思,料想当是恩准。"秦桧说:"然而我悔教廖刚做御史中丞,他上奏官家,言道:'人君之患,莫大于好人从己,若大臣唯从人君,而群臣唯从大臣,则天下事可忧。'此言分明是不附和议。他又与右正言陈渊弹奏汪伯彦与郑亿年,执意破坏。"

范同说:"秦相公必是知得,国朝之制,御史中丞虽是一台之长,然而御史们论事,便是各行其是。只须一个台谏官劾奏李光,此事便济。监察御史何铸是秦相公所拔擢,若是将他升官,待下官私自晓谕,事必有济。"秦桧高兴地说:"择善煞是足智多谋,他时必当重酬。然而李光入政府之后,未见过失,又当怎生弹劾?"

范同笑着说:"常言道,欲加之罪,何患无辞。李光屡次与秦相公在御榻前争议,已是廷臣皆知,可教何铸弹奏他狂悖失礼。"秦桧竟兴奋地拍手说:"煞好!煞好!"

秦桧很快保奏何铸自监察御史升殿中侍御史。何铸也果然依范同的密谕,对李光上劾奏,并且按照惯例,把弹奏的副本转送李光。在他的串联下,另外一些台谏官又跟着上奏附和。

一天,管蕙卿送茶到书房,只见李光在桌上用正楷誊录辞职奏,管蕙卿感叹说:"参政固须难进易退,用行舍藏,然而北房虎视眈眈,相公一去,朝中又有甚人对抗秦桧,主张国事?"李光说:"老夫已历尽官场沉浮,去留原不足挂意,所恨秦桧一手遮天。然而依祖宗之制,既有弹奏,老夫又岂得觍颜在政府,而不上奏辞免。如今唯愿官家不允,则大事尚可挽回。"

管蕙卿说:"奴家自到李府,亦已随参政历尽官场沉浮,唯愿参政得清名,奴又有何憾。圣意高深难测,若是官家俞允参政所奏,参政难道便听任秦桧胡作非为,别无他策?"李光说:"老夫屈指算来,吕、朱二相公曾追随官家,经历艰难,主上圣眷甚深,然而吕相公病故,朱相公亦是闲居养疴,便难以再居政府。赵相公目即在绍兴府,距离行在咫尺,然而此人亦是主和议,谋国不臧。唯是张相公,苗刘之变立功,他虽有疏失,若是重入政府,尚足以主战,而与秦桧相抗。然而用与不用,尚须主上圣断。"

管蕙卿说:"天地之大,难道便无佳士可入政府?"李光说:"老夫思忖再三,天地虽有佳士,皆是主上难以信用。"管蕙卿叹息说:"此煞是一局残棋,然而参政须是力图挽回危局。"李光说:"常言道,谋事在人,而成事在天。唯愿国朝祖宗在天之灵,护佑大宋江山,不教秦桧奸计得逞。"

几天之后,李光还是照常参加宰执们的面对。宋高宗把秦桧和孙近打发下殿,单独留李光谈话。宋高宗说:"卿常面斥秦桧,举措如耿直底古儒。朕退而叹息,方以腹心委寄,卿如何便要引去?"李光听到皇帝如此说话,感觉尚有希望,就说:"臣僚去就是常事,既是有台谏论奏,臣稍知古义,岂得一无作为,觍颜在阙廷。臣愚原以为秦桧在靖康时有大节,故愿与他共事,如今方知其为人。祖宗之法,须是异论相搅。若是教秦桧一人左右朝政,结党营私,陛下底大柄便有旁落之忧,切望陛下以秦桧初次罢相时底旧事为戒。"

宋高宗听李光说到大权旁落的问题,不能不心有所动,就问道:"依卿所见,当有甚人与秦桧相参?"李光说:"依臣所料,虏人必是败盟,文臣中知兵底,便是张浚。他虽有阙失,尚得为陛下所用,足以分秦桧之权。"

宋高宗听李光提到张浚,内心马上产生反感:"张浚成事不足,败事有余,朕岂得将江山社稷轻易委托。"但他既然愈来愈深通帝王之术,却反而在脸上略露赞许之色,说:"天生此人,为朕中兴辅佐!"李光听到这句圣谕,心中感觉宽慰,说:"若是陛下重新启用张浚,牵制秦桧,便是社稷之福。"

李光退殿归家,抑制不住兴奋,向管蕙卿详述了单独面对的经过,管蕙卿也用手加额,说:"诚如参政所言,此便是列祖列宗庇佑大宋江山!"

然而他们高兴得未免太早,两天之后,宋高宗就下令将李光罢政,任提举临安府洞霄宫的闲官,并且让他免于辞谢,以示不再召见。时值绍兴九年十二月。

李光当即收拾行装,他对管蕙卿说:"老夫年迈力衰,理当别离官场,归得故里,安养余生。然而老夫尚须与张德远、岳鹏举作书,备述本末,日后底国事,唯是劝他们捐弃前嫌,为朝廷宣力。"管蕙卿说:"奴与李十姐、高四姐离别数月,甚是思念,奴亦当与她们修书,略叙情怀。"

于是一对夫妇就同在书房写信。管蕙卿提笔写了几句,又对丈夫感叹说:"奴家与她们相叙时,亦曾有感于人生在世,祸福穷通,变幻无常。奴家追随参政,适逢贬官时家境穷困,然而亦比不得李十姐、高四姐,有生离死别之痛,兵荒马乱之难。李十姐曾言道:'人生穷达,自有天命,然而难得便是居患难之中,而不易操守,遭遇横逆,虽是悲愤万分,亦当无惨戚底容色,不屈不挠,不乱方寸。'今日罢政之际,奴家尤是追思此语,感喟万分。"李光说:"人生相处,或是数十年亦如路人,或是一语便成深交。仅此一语,便足见李夫人是女中豪杰,国夫人与她深交,正是情理当然。"

有僮仆进入报告,说是"易安居士求见",李光夫妇就连忙出迎。李清照到了厅堂,竟说不出话,只是放声恸哭。李光夫妇感情本有几分难受,却反而只能用好言劝慰。李清照哭了多时,流尽了伤心泪,才用哽噎的声调说:"老身自故夫辞世以来,尚未有如此伤心!李相公不能主张国事,又怎生了得?难道自今以后,便只得听任秦十祸国殃民,而束手无策。"

李光说:"实不相瞒,老夫在政府,处处受秦桧底掣肘,无所作为,不免自惭尸位素餐。如今主上命自家退闲,得以归老田里,优游林泉,亦是老夫所愿。"他接着又把自己最后一次奏对的情况,向李清照介绍。李清照摇摇头,悲叹说:"知人知面不知心,可惜李相公尚未曾知得秦十底蛇蝎心肠。若是秦十得志,又岂容李相公优游林泉。吕相公唯是七年前底龃龉,秦十尚是处心积虑,必欲置之死地而后快,如今李相公与他面折廷争,他恨之入骨,又岂肯善罢甘休。"

管蕙卿说:"然而官家有圣谕,启用张相公,便足以与秦桧相制。"李清照又长长地叹了口气,她实在无法公开评论这位官家,她也未曾见过官家一面,但经历了靖康二年在济州大元帅府的见闻,经历了建炎四年在台州章安镇的见闻,已经对官家的肝肠了如指掌。李清照只能避免议论皇帝,她想了一下,说:"依老身之见,张相公实难重入政府。他处事非无短处,易于受攻讦。秦十与王八司命、张去为等深结,互为奥援,牢不可破。他们必是知得李相公底举荐,而日夜谮诉于官家。"李光夫妇的心头增加了沉重感,却又只能对李清照好言劝慰。

李光夫妇很快就离开临安,由于朝官大抵已是秦桧的党羽,送行者寥寥无几。岁末凝寒,阴云笼罩,原野萧瑟,更增添人们的伤感。李光夫妇原来劝李清照不必送行,但多愁善感的李清照却仍然坚持到城南浙江送行。彼此似乎都有千言万语,却又不知从何说起,只是相对无言。临到开船时,李清照再也无法克制自己的感情,竟泪如雨泻,泣不成声。李光夫妇强忍着泪水,高声喊道:"易安居士珍重!"李清照简直是声嘶力竭般地呐喊:"苍天有眼,自当护佑李相公与管十一姐平安!"

李光的最后一次口奏,自然通过宦官、王继先的暗线,传到秦桧那里。当秦桧听完王癸癸的叙述,就面露奸笑,说:"李光那厮亦是黔驴技穷,圣上不过虚与委蛇,岂能再用张浚。"王癸癸说:"然而李光说老汉结党营私,教官家分你底相权,亦是可虞。"秦桧说:"李光此语,已在御榻前多次面对,至今不见主上有甚动静。此事唯是有劳国夫人,须是教王继先等多方体探相助。若是下官得成就相业,便当不吝补报。"

事实上,宋高宗对李光的口奏,确是独自反复考虑多时。他并不对任何人表露声色,只是最后在内心下了决断:"朕将秦桧罢相时,非不知他心口不一,有结党营私之渐。然而自朕即位以来,登用数个宰相,唯有秦桧力主和议,力主罢大将兵柄,甚惬朕意。李光反覆,口是心非,朕断不能逐一李光,又进用一个不主和议底做执政。且待朕日后寻访得人,然后分秦桧之权。凡事须有轻重缓急,但得和议告成,岳飞等将削除兵柄,再将秦桧罢相不迟。"

宋高宗打好自己的如意算盘后,就召见秦桧和孙近,正式宣布说:"李光初进用时,以和议为是,故朕予以录用。不料他竟是倾险反覆底小人,朕便决计罢官。自今而后,二卿须是一心一意,竭力辅政,共成中兴大业,同享太平。"秦桧立即说:"臣愚蒙陛下如此恩眷,唯当勉竭驽钝。"孙近也作了同样的表态。

退殿以后,秦桧得意地对孙近说:"李光狂悖,终是难逃圣鉴。"孙近已经听出他话里有话,暗含对自己的警告,就连忙表白说:"下官唯有追随秦相公,仰承深谋远虑,共图中兴。"秦桧听后,就发出得意的大笑:"李光逐出朝廷,自今而后,又有甚人敢于奈何老夫!"

秦桧趁热打铁,乘机命令何铸等人,以李光的朋党为名,将几名不顺从的官员劾罢。余下的唯一眼中钉就是御史中丞廖刚,他又设法将廖刚改任工部尚书,而通过皇帝,任命另一亲信王次翁接任。廖刚也在不久后被王次翁和何铸劾罢。在宋高宗的支持和纵容下,举朝的人事安排,居然成了宰相的一统天下,这在宋朝立国一百八十年以来,还是史无前例的事。

为秦桧不断出谋划策的范同,一直觊觎着窜升,不料王次翁竟走在自己的前头,他满怀委屈,前来秦府。范同又不能直接发泄自己的不满,只是在秦桧面前说孙近的坏话。秦桧已经觉察到范同的用意,就用恳切的语调说:"如择善底智计,他日必是坐政事堂,如老夫年迈,他日必当让贤。"

范同马上警觉到秦桧的试探,就装出惶恐的神色说:"下官唯是秦相公底马前卒,岂敢觊觎坐政事堂。"秦桧哈哈大笑,说:"择善但当宣力,圣上必是论功行赏。"

等范同走后,王癸癸到书房问道:"这厮范同,又到此甚事?"秦桧说:"直如国夫人所言,一只官场底饿狗,已是饥不可耐。然而老夫又岂不知养鹰休饱底道理。此人与王次翁大不同,王次翁决无野心,为自家所用,唯是百依百顺,言听计从,故老夫举荐他做御史中丞。老夫须是教范同亦为自家所用,而又不得逞。"

[叁贰] 巨星陨落

转眼就是绍兴十年(1140年)初。李纲自洪州退闲,归养福州长乐县,已是第四个年头。宋高宗曾诏令他出任潭州知州、兼荆湖南路安抚大使,但李纲坚决上奏辞谢,于是他仍以提举临安府洞霄宫的闲职,在福州一带闲住。他也时或游山玩山,藉以排遣愁闷。张浚在绍兴九年夏以资政殿大学士的身份,出任福州知州。他与李纲虽然有十三年前弹劾的旧嫌,此时却已成过眼烟云。张浚主动写信,请李纲到州城一叙,恰好李纲的三弟李经也住福州城里。于是李纲就前去州城,住在李经家中,而与张浚交往,彼此自然不免议论一些朝政。

福州未经战乱,人烟比北宋时更加稠密。除夕元旦之间,城里家家户户都燃烧爆竹,满城是劈里啪啦的响声,竹烟缭绕,笼罩全城。李纲其实睡不踏实,半夜就被爆竹声吵醒,依当地风俗,五更起身。李经按照礼俗,把他尊为一家之长,请他带头来到厅堂。堂上设祖宗牌位,供奉酒食和茶汤,李纲率领全家拜贺,焚烧楮钱。接着是李经率领其他家人,举着屠苏酒盏,向李纲祝寿。

早饭后不久,张浚派吏胥送来请帖,请李纲到州衙赴午宴。李纲坐轿前往,只见烧红的爆竹劈啪声还是沿路不绝。男女老少穿着各种等级的新鲜衣装,拥挤道路,只要是熟人相逢,就互相拜贺。福州一带的冠服等级差别很严,加之冬日天气暖和,士人不分朝野,都穿褐笼衫,富人和吏胥只能穿皂衫,而一般平民则穿未经漂白的麻布襕衫。女子只有命妇穿霞帔,上等妇女戴冠,穿背子,下等女子只是梳理发髻。李纲在轿中望去,光从服饰就很容易判断各种人的身份。他还见到有一些市人，他们不用闽地方言，而是操着中原的洛阳标准话，在路边呼吉利口号。当时所谓口号，就是七绝小诗，有的行人则向他们投掷铜钱。

轿子来到州衙，张浚出迎，两人互致节日祝贺，就把李纲接入日新堂，这是北宋著名的书法家蔡襄所建，堂上有他题字的匾额。吏胥送上建州名茶，李纲稍感口渴，才呷了一口，就有吏胥进入禀报："今有冯大官前来，只为拜见张相公贺年。"冯益自从绍兴六年被贬到福州，一直闲着无事。张浚当年曾要将他处斩，冯益对张浚自然有几分憎恨。但他能屈能伸，自从张浚来到福州，还是几次三番拜见，面对着被贬的宰相，小心尽礼，不敢怠慢。今天元旦，当然也是礼节性拜见。张浚本来并非不可一见，今天既然有贵客，就吩咐说："今日当职与李相公相聚，不见其余官人，便请他们相谅。"

吏胥出来回话。冯益原来不过是小心尽礼而已，听说张浚不见，心里反而高兴。他也闲着无事，就骑一匹马，带领一个随从，在大街小巷闲逛。走不多久，前面正逢一支迎亲队伍，笙歌鼓乐，好不热闹。冯益怀着好奇心，在让开这支队伍之后，又追随队伍前行。他突然萌发一个恶念："如若新人是个佳丽女子，岂不是好！"迎亲队伍簇拥着花轿，来到一所高第大院之前。冯益下马，命令随从前去打听。

随从不一会儿前来报告："男女禀报冯大官，此是西外宗正司底荣州防御使仲节之子士缵迎娶刘氏。"宋朝原来设在西京洛阳的西外宗正司赵氏皇族，当时正好搬迁到福州。冯益当即吩咐随从："你可去通禀，言道我今日特来拜贺。"赵仲节听说是冯益，只能亲自出外迎接。

冯益事出仓促，竟未带礼品，却厚着脸皮，被赵仲节迎入厅堂，作为上宾。冯益混在贺客群中，终于延挨到为新娘挑盖头的时刻。当他见到新娘的艳色照人，就不由得意忘形地说："奇货可居！"他的声音虽然不响亮，也使附近的贺客为之惊诧。后事如何，本书第七卷再作交待。

再说张浚与李纲在日新堂闲话，两人未尝不关心政事，但在元旦的喜庆日子，却都予以回避，只是说点高兴的事。到正午时，张浚就安排李纲用餐，按照当地风俗，元旦禁屠，只吃素食，饮屠苏酒。李纲年老体衰，只吃了一点素食,饮了一盏酒。直到李纲告辞前,张浚突然发问说:"若是下官重入政府,当如何行事,望李相公赐教。"李纲只是简单地回答:"唐宪宗元和时所以成伐蔡州之功,乃是裴度坚定不移,而又重用李愬。"张浚高兴地说:"下官谨受教!"李纲说:"然而如今张相公处事,尤难于裴度。朝中有大奸,远甚于唐玄宗时底李林甫,主上所倚信。"张浚说:"此事不难。自家们料得虏人必是背盟,秦桧一心求和,便由台谏论劾罢相。"李纲认为张浚过分乐观,但也不想争论。

张浚把李纲送出州衙,从袖中取出一封文字,交付李纲,说:"恭请李相公归家后一阅。"李纲准备上轿时,张浚又想起一件事,说:"下官自到福州,便大治战舰,训练水师。若是虏寇入侵,便可自海上直捣京东。待元宵之后,下官恭请李相公同共阅兵。"李纲高兴地说:"整军经武,是方今第一要义。蒙张相公盛情邀请,下官敢不从命!"

轿子启行后,李纲等不及回家,就在轿中开拆文字,原来里面有一份邸报,第一条消息正是李光罢政,另外还有一封李光给张浚的书信。李纲到此才明白了张浚刚才提问的用意,他长叹一声,低声自语:"朝中幸得尚有李泰发,可以主张公道,他罢政之后,秦桧便无所忌惮。圣谕虽是以张德远为中兴辅佐,切恐张德远未得重入政府。便是重入政府,能否驱逐秦桧,又另当别论。"

李经听说兄长归来,就亲自把李纲接到屋里。李纲兄弟四人,纲、维、经、纶,三个弟弟都十分尊敬长兄,而李纲尤其看重李经,按照排行,李纲居六,而李经居十八,比长兄正好小十岁。李纲常说:"十八哥大器,博学多识,柔中有刚,真是吾家底千里驹,可惜不为时用!"如今李经见长兄的神情不悦,就劝解说:"六哥,今日是元旦,人生似白驹过隙,得欢乐处且欢乐。"李纲感叹说:"老夫岂得不愿依此理,及时行乐。"他就把张浚给自己的一封文字交给李经。李经看后,就不再劝说,因为他对兄长的心境理解太深。

李纲当晚睡不着,半夜披衣,独自在小小的庭院内徘徊。数十年的往事不断地在他的脑海里复映着,他最怀念的是两位故人,一是宗泽,二是张所。李纲独自潜泪挥涕,不断地低声自语:"岂非是天意!岂非是天意!"突然,他又低声吟唱起张所的《南乡子》词,一遍又一遍地唱,边唱边流泪,直到最后哭得唱不下去,然后回屋。

翌日,李纲开始发低烧,不能起床。李经立即找医生诊治,医生说,李纲并无大病,只须调养数日,即可痊愈。从初四开始,李纲又起床活动了。

到十一日,李纲兄弟举行家宴,他们在闲谈中,下意识地把话题转到诗上,李经说:"我爱李太白诗底超凡脱俗,傲睨尘世。"李纲说:"我爱杜子美诗底沉郁顿挫,忧国忧民。'时危思报主,衰谢不能休'。'小臣议论绝,老病客殊方'。'向来忧国泪,寂寞洒衣巾'。"

李经感觉谈诗还是要勾起长兄的伤心事,就马上建议说:"六哥,如今酒足饭饱,自家们不如投壶为戏。"李纲说:"煞好!"于是命仆夫搬来一个长颈大瓷瓶,瓶口之外,另有两个耳瓷口,又取来十支箭。兄弟俩开始作投壶游戏。

首先由李纲向壶口投箭,李纲投下第一箭,正中壶口外的一个耳口,李经拍手说:"此是初中贯耳。"李纲又向另一耳口也投中一箭,李经说:"六哥便是连中贯耳。"李纲十箭投尽,仅有三箭投中壶口和左右耳口。

有仆夫取出瓶上的三箭,又捡起落地的七箭,交付李经投壶。李经连投九箭,九箭都投入壶中,他用手轻轻掂量第十枝箭,喊道:"第十箭须是赢得全壶!"一箭投去,竟中壶口。李经兴奋地说:"我自习投壶之戏以来,唯有今日竟中全壶!"不料他兴奋过度,突然脑中风倒地。

李纲与仆夫们慌忙把李经扶起,就人事不知。尽管请来医生,已无法救治,李经就在正月十一日夜病逝。兄弟俩感情极深,李经的猝然病逝,给李纲极大的精神打击。李家仓促举办丧事,临时把厅堂改为灵堂。李纲终日哀痛得不能自持,茶饭不进,只是在灵堂里不断悲泣。虽然有亲人劝解,全然无效。

很快就到了元宵佳节,正值福州城中张灯结绮,准备欢度节日之际,李家却再一次由李纲带领,举行家祭。李纲哀思涌动,悲不自胜,伏地号啕恸哭。家人不得不把他扶起,进行劝说,李纲想起薛弼当年对自己的评论,他悲愤地说:"薛直老曾言道:'志大则难行,才大则难用,谋大则难合,功大则难成。'老夫为此耿耿在怀,唯是常以'进则尽节,退则乐天'自戒,坐视江山破碎,竟不得施一计,行一策。不料天意难测,竟伤吾家底千里驹!老夫又如何再得乐天?"话音刚落,李纲竟晕厥过去。

家人把李纲扶抱上床,李纲虽然苏醒,气息竟十分微弱。他不得不使尽气力盼咐:"且与老夫吟唱张正方底《南乡子》与岳鹏举底《满江红》!"家人知道李纲平时喜爱这两阕词,就为他歌唱,不料只唱到"政府诸公无远谋。何处觅吴钩?"李纲就长吁一声,与世长辞,时年五十八岁。

一代名相的逝世,很快震惊福州城,全城官民为之停止张灯娱乐。前来吊唁者络绎不绝。第一个前来吊祭者正是张浚,他身穿衰绖,到灵堂上悲声大放:"李相公,下官曾与李相公相约,元宵后同共检阅水师,不料元旦相聚,竟成最后一别,哀哉!痛哉!"他前后三次到灵堂吊唁,并且亲自写了祭文和挽诗。挽诗中说:"十相从明主,唯公望最隆。"宋高宗自即位以来,至今正好登用十个宰相,他们是李纲、黄潜善、汪伯彦、朱胜非、吕颐浩、杜充、范宗尹、秦桧、赵鼎和张浚。张浚只能称宋高宗为"明主",但他把李纲列于首位,还是表达了对死者的由衷敬意,自愧弗如,以及对当年弹劾事件的悔悟。

即使是外地的官员,其中包括岳飞和薛弼,都纷纷寄来悼文和挽诗。退居绍兴府的李光也寄来挽诗说:"南国忽闻梁木摧,中原犹望衮衣归。平生学术唯心知,晚节功名与愿违。"

宋高宗得知李纲死讯,就特命李纲的二弟、两浙东路提点刑狱李维到福州主持丧事。与福州相近的一些官员和士人也主动前来吊祭,其中有两个人特别引人注目。一是以提举江州太平观的闲职,退居故乡台州临海县的陈公辅。他得到噩耗,就立即辗转山路,南下福州,向这位故交敬献祭文和挽诗,在灵堂上,他念自己的诗文,当读到"有心安社稷,无计避功名。忧国唯知重,谋身只觉轻"时,就恸哭失声,再也念不下去。

正在此时,有仆役报告:"今有寄居建州底新兴郡夫人前来祭奠。"李维不知这位命妇的来历,问道:"新兴郡夫人是甚人?"那名仆役说:"她便是当年威名远播底一丈青。"李维连忙与女眷出迎。

一丈青王燕哥绍兴元年退隐,在建州一住就是十年,但生活并不幸福。虽然她听从李娃的劝告,为张用纳妾,却仍然没有得子,只生了一个女儿。张用在六年前病死,于是一丈青就在家守寡。不料五年前,她得了一种奇怪的病,最初是下肢无力,不能骑马,如今已发展到几乎不能行走的地步。这次一丈青只能坐一顶小竹轿,从建州沿山路抵达福州。当李维和女眷们出迎时,一丈青全身缟素,只能由两个女使扶着下轿,艰难地走向灵堂。

一丈青倒在地上,呼天喊地、声嘶力竭地痛哭:"李相公!李相公!你是天生英杰,天下底忠臣义士、匹夫匹妇,又有何人不钦敬。不料奴家竟不得在相公生前,见得一面!常言道:仁人必长寿。谁料昊天上帝、列祖列宗,竟是恁地不公,教秦桧那厮狼心狗肺底物事,主张朝廷,作威作福,却教李相公有志不得伸,有才不得使,屈死在此地!"说得所有的在场者都肝肠寸断。

一丈青的极度悲愤,使她由哀啼变成怒骂。陈公辅此时有几分清醒,他担心一丈青由斥骂秦桧转而斥骂皇帝,就上前对李维轻声提醒。李维连忙派女眷和女使们一面上前劝慰,一面把一丈青强扶出灵堂。

李纲悲剧的一生,就此告终了。但一个时代的悲剧却并不因此告辍。读者们欲知岳家军如何大举北伐和岳飞等人的殉难,可读本书的第七卷。